KB038934

Interweaving Curriculum and Classroom Assessment
Engaging the 21st-Century Learner

• •   • •

교실에서 교사가 개발하는

통합교육과정으로
수업과 평가 엮기

Susan M. Drake · Joanne L. Reid · Wendy Kolohon 공저

정광순 · 조상연 · 김세영 공역

학지사

INTERWEAVING CURRICULUM AND CLASSROOM ASSESSMENT:
Engaging the 21st-Century Learner
by Susan M. Drake, Joanne L. Reid and Wendy Kolohon

Copyright © Oxford University Press Canada 2014

역자 서문

  이 책의 저자들은 20세기 후반 캐나다에서 통합교육과정 개발과 실행 분야 연구자이다. 저자들은 이 책에서 21세기에도 교사는 교실에서 학생과 함께 통합교육과정을 개발할 것이라고 예상한다. 그리고 저자들은 교실에서 교사들이 해 온 수업-평가를 엮는 교실 기반의 통합교육과정 이야기를 새로 쓰고 있다.

  역자들 역시 21세기에는 우리나라 교사들도 교실에서 교육과정을 개발할 것으로 예상하고 있다. 그리고 이런 징후들은 이미 충분히 나타나고 있다. 우리나라에서 '교육과정'은 '교실'보다는 '국가'라는 장에서 주로 사용하는 용어이다. 그래서 교사가 교실에서 학생과 함께하는 활동을 '교육과정'보다는 '수업'으로, 교육과정이라고 해도 교육과정 개발이라고 부르기보다 '교육과정 재구성'으로 인식하는 편이다. 그러나 역자들은 머지않아 우리나라에서도 교사가 교실에서 학생과 함께 수업을 만들어서 하고, 이를 '교육과정'이라는 언어로 소통할 것이라고 본다. 21세기가 되자마자 한국 교사들은 '교육과정 재구성'이라는 슬로건 아래 '수업' 패러다임에서 '교육과정' 패러다임으로 이동하기 시작했다. '교육과정 재구성'은 교사들이 교육과정의 세계로 들어가는 입구가 되어 우리나라의 교육과정 생태계에 새로운 길을 내고 있다. 교육과정은 국가를 넘어서 교실에서 교사와 학생이 함께하는 실천을 포섭하기 시작했다. 향후 교사는 교실을 중심으로 교육과정의 세계를 더 활짝 열 것이다. 전통적으로 해 온 수업과 평가를 교실에서 개발하는 통합교육과정의 세계로 새롭게 창조할 것이다. '국가교육과정 → 수업 → 평가'로 엄존해 온 일체화의 길은 점차 옛길이 되고 '교실교육과정 ↔ 국가교육과정'을 오갈 수 있게 교실 안에서 교실 밖으로 나는 새 길을 낼 것이다. 이를 위해서 '교육과정-수업-평가 일체화^{curriculum-teaching-assessment alignment}'라는 개념을 국가교육과정에 맞춰서 교실에서 수업하고 평가하자는 말로 오해하지 말아야 할 것이다. 오히려 교사와 학생들이 교실에서 개발하는 교육과정에 무게를 두고 교실에서 수행하는 수업과 평가를 교육과정이라는 언어로 설명할 수 있어야 할 것이다.

역자들이 이 책을 한국어로 번역하면서 고민한 것 중 하나는 한글판 번역서의 제목을 정하는 일이었다. 이 책의 주 저자인 Susan Drake는 책 제목, 『Interweaving Curriculum and Classroom Assessment: Engaging the 21st-Century Learner』를 '교실에서 교사와 학생이 함께 가르치고 배우는 교육과정을 개발한다'는 의미라고 설명했고, 역자인 우리와 대화하면서 그렇게 개발한 교육과정이 통합교육과정 모습을 하고 있다는 뜻을 덧붙였다. 이에 따라 번역서의 제목을 『교실에서 교사가 개발하는 통합교육과정으로 수업과 평가 엮기』로 정했다. 이렇게 해서 기존에 통합교육과정에 관심을 가진 독자뿐만 아니라 최근 국가교육과정에 후속해서 로컬에서 개발하는 다양한 교육과정, 특히 교실교육과정을 개발하는 데 관심이 있는 독자들도 이 책을 읽어보기를 바라는 마음을 담았다. '오래된 이야기-통합교육과정 이야기'를 '새로운 이야기-교실교육과정 이야기'로 새로 쓰려는 의도를 잘 접어서 넣어 보려고 했다. 이제 우리나라도 '교육과정'이라는 개념을 교실 밖 국가 등 다른 곳에서 개발하는 것을 가리키는 용어가 아닌 본래 이 개념이 존재하던 곳인 교실로 돌려놓을 때가 왔다.

특히 교사들이 이 책을 읽으면서 '교사가 교실에서 학생과 개발하는 교육과정은 왜 주로 통합교육과정 모습일까?'라는 질문에 소소한 답을 찾기를 바란다.

2022년 12월
역자들 씀

한국어판 서문

나(S. Drake)는 13년 전에 한국을 처음 방문했다. 남편 Mike와 나는 공항에서 정광순 교수를 만났고, 일주일 동안 한국통합교육과정학회(회장 강충열 교수)와 일정을 같이했다.

정 교수는 대구, 진주, 서울 등에서 개최하는 세미나에 내가 참여할 수 있도록 주선했고, 이 과정에서 여러 사람을 만났고, 내가 미처 몰랐던 한국의 면면들을 접했다. 매우 인상적이었다. 내가 만난 한국 사람들은 지적이고 사려 깊고 효율적이고 친절했다. 한국에서 우리를 태우고 다닌 자동차(아마도 현대자동차)에 달린 내비게이션도 신기했고, 이런 기술 덕분에 우리는 한국에서 여기저기 돌아다닐 수 있었다.

그 후 나는 두 번 더 한국을 찾았고, 더 많은 교육학자를 만났다. 나에게 한국은 여전히 쾌활하고 지적이었다. 나는 아시아 지역 국가들이 전통적인 교육과정을 오랫동안 유지해 왔고, 오랜 시간 공부하며, 교사는 주로 교과를 강의하고, 학생은 지식을 습득하는 편이고, 표준화 지필 시험을 통해서 평가한다는 인상을 가지고 있었다. 그러나 내가 캐나다와 한국을 오가는 동안에 한국은 몇 차례 교육과정을 개정했고, 좀 더 통합적인 접근을 했다. 여러 나라가 평가를 강조하던 그 시기에 한국은 통합교육과정을 실행했다.

이 책에서는 교사들이 어떻게 책무성을 지키면서 의미 있는 수업을 만드는가 하는 두 문제를 다루고 있다. 대체로 통합과 구성주의 철학을 기반으로 한다. 우리는 교사가 책무성을 가져야 하고, 학생은 일정한 도달 기준을 충족해야 하고, 이런 도달점들이 대부분 교과를 기반으로 한다는 것을 알고 있다. 그럼에도 불구하고 수업이나 교수 · 학습 활동들은 교과의 경계를 오가는 경향, 간교과적인 경향이 있다. 교사들이 통합이나 구성주의 철학을 추구하는 동시에 이런 책무성을 동시에 충족시킬 수 있을까? 이 질문에 나는 '예'라고 답한다. 학생이 이런 결과를 얻을 수 있도록 하는 것은 교사의 과제이다. 학생이 이런 결과에 도달하게 하려면 그저 기다리는 것이 아니라 교사가 의미 있는 수업을 자유롭게 만들어야 한다.

교육과정으로 수업, 평가를 엮는다는 것은 교사가 21세기 학습에 참여하기 시작한다는 뜻이다. 이 책의 제6장에 등장하는 교사들은 혁신적이고 자신의 학생들과 자신이 하는 수업에 대한 애정이 크다. 21세기 학습이라는 관점에서 독자들이 이 장을 먼저 읽어 보아도 좋을 것이다.

제1장은 변화를 이야기 모델로 포착하는 방식을 설명하면서 시작했다. 이 책에서는 교사가 체감하는 새 이야기를 썼다. 여러분은 이야기 모델에 자신의 이야기를 써 볼 수 있을 것이다. 여러분은 한국 교육계에서 일어난 지난 이야기를 새로 쓸 수 있을 것이다. 새로 쓰는 이야기는 교육과정 통합이나 대안적인 평가뿐만 아니라 지나간 이야기 혹은 전통적인 교육에 대한 이야기들도 일부 포함할 것이다. 이야기 모델을 통해서 우리는 변화란 복잡하고, 모순덩어리이고, 안에서 연결된다는 것을 알 수 있을 것이다.

이 책에서는 거시적-미시적 교육과정을 모두 조망했다. 거시적인 차원의 빅 픽처들을 교육과정 문서에서 찾을 수 있다. 학생은 무엇을 알아야 하고, 할 수 있어야 하고, 되어야 하는가? 알아야 하는 것은 지식이고, 할 수 있어야 하는 것은 기능이고, 되어야 하는 것은 태도이다. 우리는 이 셋이 모두 중요하고 서로 연결되어 있다고 생각한다. 우리는 우리가 알고 있는 것을 실행해야 하고, 그것을 어떻게 실행하느냐 하는 것도 중요하다.

우리는 거시적인 차원에서 학생들이 알아야 하고, 할 줄 알아야 하고, 되어야 하는 것들을 파악해야 이들을 교실에서 조직할 수 있다. 그래야 미시적인 차원에 집중해서 교실교육과정을 설계할 수 있다. 제1장에서 우리는 바로 책무성과 적절성을 모두 갖춘 교육과정을 교실에서 어떻게 개발할 것인가에 중점을 두었다. 우리는 백워드 방식으로 접근했는데, 그 과정 전반에서 수업과 평가를 동시다발적으로 다루었다. 그리고 나서 동일한 백워드 방식으로 통합교육과정을 개발했다.

여러분은 이 책에서 실제로 교사들이 어떻게 자신의 교실에서 이런 일들을 하는지 보게 될 것이다. 또 수업하면서 어떻게 평가하는지, 등급을 매기는 것이 아니라 피드백을 주는 구성주의식 평가를 어떻게 하는지를 볼 수 있을 것이다. 그렇다고 해서 전통적인 방식들이 모두 사라지는 것은 아니다. 우리가 생각하기에 둘 다 포함할 것이다. 여러분의 교육과정은 자연스럽게 통합으로 나아가겠지만, 여전히 여러분은 교과 지식을 다룰 것이고 부분적으로는 전통적인 평가도 할 것이다. 그럼에도 불구하고 여러분은 창의적이고 혁신적인 교사로서 기본적인 교육과정에 학생들이 참여할 수 있는 새로운 교육과정을 창조해서 이 둘을 서로 엮을 것이다.

It was 13 years ago that I got my first invitation to Korea. My husband Mike and I were met at the airport by Kwang-soon Jeong. For the next week we were in excellent hands with her and the Integrated Curriculum group of Korea headed by Professor Chung-yul Kang.

Kwang-soon had arranged educational sessions in many different areas of Korea. We got a quick, but thorough, tour of a large part of the country. Not only did we meet many wonderful people and see historical sites, but we learned a lot about a country that I confess we did not know much about. We were very impressed by what we saw. The Koreans we met were smart, thoughtful, efficient, kind and great hosts. We determined then and there that our next car would be a Korean car. We were sure that it would be an efficient, technologically sophisticated vehicle-which our Hyundai Kona definitely is. It is also bright electric yellow and really stands out in a parking garage.

Since that first week, I have been to Korea two more times to work with educators and nothing has changed my impression of a resilient and intelligent nation. My image of Asian education had been of traditional curriculum strategies, long hours studying, the teachers lecturing in different disciplines, the students being passive recipients of knowledge and being evaluated writing standardized tests. But during these visits and reviewing curriculum guidelines, I found a curriculum that was open to an integrated, holistic approach. The challenge, as it is everywhere, is in implementing such a curriculum at a time when test results are so important.

How teachers can be both accountable and create meaningful lessons is the basic theme of this book. The dominant educational philosophy is holistic and constructivist. We know that educators have to be accountable; students need to meet mandated outcomes and many of these mandates are discipline-based. Yet, relevant lessons tend to go beyond the boundaries of a discipline and are interdisciplinary with engaging instructional activities. Can educators hold a holistic, constructivist philosophy and meet accountability mandates at the same time? Yes. A teacher is tasked with students meeting the outcomes. How the students meet those outcomes is not mandated and the teacher is free to create meaningful lessons.

Interweaving curriculum, instruction and assessment was written as teachers were beginning to engage into 21st Century learning. Chapter 6 describes some of those teachers who were innovative and whose students loved their classes. Some educators choose to read this chapter first to get a sense of the possibilities of 21st Century learning.

Chapter 1 begins with the Story Model which is a model that captures change and transformation. This book describes the new story through the lens of real teachers' experiences. You can apply it to your own personal story or to social change. You can chart what is happening to education in Korea from the old story to a new story. The new story will include some aspects of the old story or traditional model as well as an integrated approach to curriculum and alternative assessments. The Story Model tells us that change is complex and full of contradictions and interconnections.

Throughout the book, we look at the Macro curriculum and the Micro curriculum. The Macro level is the Big Picture, and this can be found in curriculum documents. What is most important for students to know, do and be? The know is knowledge, the do is skills and the be refers to values, attitudes and behaviours. We think all three are important and interconnected. We need to do something with our knowledge and how we behave when we are doing it is the be.

Once we know what students should know do and be from the macro level, we can use this as an organizer. Then we can zoom in and begin to design the micro curriculum. In the first chapters we focus on how to build curriculum that is accountable and relevant at the disciplinary level. We use a backward design process. We ask you to think of instruction and assessment simultaneously throughout the design. Later, we look at integrated curriculum using the same backward design process.

You will see how real teachers have brought the real world into their classroom while using the principles in this book. You will also see how assessment is embedded into the instruction and a lot of assessment involves constructive feedback and not an actual grade. This does not mean that the traditional methods disappear. We believe that the path forward is both/and. While much of your curriculum may be holistic in nature, you will still see disciplinary knowledge and some traditional evaluation. But as a creative, innovative educator you will be able to weave together the basics of curriculum design to create a curriculum that will truly engage your students.

—Susan M. Drake

저자 서문

우리는 이 책을 쓰면서 많은 것을 배웠다. 우리는 서로 멀리 떨어져, 매우 바쁘게 살고 있고 관심 있는 연구 분야도 조금씩 다르다. 그러나 우리 셋은 모두 현장 교육에 오랫동안 열정적으로 참여하고 있다는 공통점이 있었다.

Wendy와 Joanne은 서로 초면이지만, Susan과 Joanne은 같은 중학교에서 몇 년 동안 함께 근무한 적이 있어서 이전부터 서로 알고 지내던 사이이다. Wendy와 Susan은 온타리오 교육부에서 주관한 학술대회에서 만났고, 이후에도 통합교육과정 개발 및 교육과정 실행 연구를 함께 해 왔다.

어느 해 여름, 우리 셋은 오두막에서 함께 휴가를 보냈다. 그해 그 휴가지에서 이 책에 관한 이야기를 하기 시작했다. 우리는 함께 식사를 하고, 와인도 한잔하면서, 각자 자신의 교육철학과 교육 경험을 나누었다. 우리는 부엌 한쪽에 작은 작업 공간을 마련하고, 소나무 판넬 벽에 프로젝터와 화이트 스크린을 설치했다. 우리는 가장 먼저 21세기 캐나다 교사에 대해 이야기했다. 우리는 휴가지에서 인터넷을 사용하기 어려웠기 때문에 도입과 제3장까지만 구성하고 10월에 다시 만나기로 한 후 일단 헤어졌다.

우리가 그해 여름 논의했던 내용들은 생각보다 빨리 낡은 이야기가 되어 버렸다. 공학·기술의 발달이 많은 것을 바꾸어 놓았기 때문이다. 우리는 이러한 변화를 반영해서 처음 3장은 다시 구상했다.

생각해 보면, 그해 여름은 정말 값진 시간이었다. 휴가가 끝나고 가까이 사는 Susan과 Joanne은 계속 만날 수 있었지만, Wendy는 그러지 못했다. 그리고 우리는 2년 동안 각자의 방에서 이 책을 매우 열심히 썼다.

이 책을 쓰면서 우리는 21세기를 공부할 수 있었다. 우리는 이 책의 대부분을 구글 공유 문서를 사용해서 썼다. 우리는 스카이프를 통해서 관련 문헌들을 검토하고 논의했다. 마이크로소프트 워드를 통해서 수많은 그림과 표를 그리고 업로드하며 완성했다.

우리는 이 책에 등장하는 교사들에게 너무나 많은 도움을 받았다. 그들이 보태 준 시간이나 생각들을 이 책에 다 담지는 못했다. 우리는 이 글을 쓰면서 그들을 실제로 만나기도 했지만, 사실 대부분은 트위터, 스카이프, 구글 채팅, 메신저 등을 통해서 만났고, 그들이 운영하는 블로그나 웹사이트를 방문하기도 했다. 그래서 우리가 직접 만나 보지 못한 교사들이 더 많다.

우리는 이 책을 쓰면서 보고 들은 이야기에 우리 스스로가 놀랐다. 우리는 교육에 대한 이야기를 새로 쓴 것이다. 우리는 몰랐지만, 이미 캐나다 곳곳에서 새로운 이야기를 하고 있었다. 놀랍고, 혁신적이며 사려가 깊은 교사 전문가를 만난 것이 정말로 좋았다. 이들이 위험을 무릅쓰고 시도하고 도전한 것들이 바로 교수·학습에서는 본질이고 기본이었다.

여기서 또 어디로 갈 것인가? 변화가 너무 빨라서 따라가기 어려울 수 있다. 빠르게 변한다는 사실은 이제 어쩔 수 없는 현실이다. 우리는 이 책에서 교실에서 개발하는 교육과정으로 불확실한 미래를 대응할 수 있다는 것을 보여 주었다. 우리가 이 책에서 이야기한 21세기도 또한 변할 것이다. 우리는 이 책에서 부분적이지만 21세기의 비전을 일부 제시했고 여러분을 초대했다.

차례

제**5**장 간학문적 통합교육과정 개발하기 • 207

제**6**장 21세기 교사 이야기 • 243

21세기 학습 서론

　이 책은 학생들에게 풍부하고, 철저하며, 적절한 교육 경험을 제공하길 원하거나, 제공해야 하는 21세기 교사들을 위한 책이다. 여러분이 이 책에서 만나게 될 캐나다 교사들은 **책무성**(국가교육과정 요구 등에 부합하는)과 **적절성**(학교, 학생, 상황에 적응하는) 간의 균형을 유지하는 교사들이다. 동시에 학생들이 잠재력을 최대한 드러낼 수 있도록 교실을 혁신하는 교사들이다. 학생과 교사 자신의 성장에 깊은 관심을 갖고 있고, 오늘날 공학 기술이 자신의 교실과 전문적 교사 생활에 미치는 가능성도 탐구한다. 무엇보다 이들은 자신의 교육과정 실행을 개선하기 위해 배우려고 노력한다.

　우리의 목적은 교사가 **교육과정, 수업, 평가** 간의 관계를 이해하고, 21세기 학습 문화를 조성하기 위해 이 세 요소를 연결할 수 있게 도와주는 데 있다. 지금까지는 교육과정, 수업, 평가를 분리해서 다루어 왔다. 교육과정 책에서도 평가를 언급하지만, 또 평가 책에서는 학생 평가 원리(예를 들어, 평가 과제를 다양하게 개발하는 법, 루브릭이나 체크리스트, 효과적인 평가 도구를 만드는 법 등)를 소개하지만 둘을 관련지어서 설명하지는 않는다. 마찬가지로 수업 관련 책에서도 수업을 교육과정이나 평가와 관련짓지는 않는 편이다. 그러나 이들과 달리 이 책에서는 **교육과정, 수업, 평가**를 서로 관련지어 보려고 한다.

우리는 이 책의 제목을 『Interweaving Curriculum and Classroom Assessment: Engaging the 21st-Century Learner』라고 붙였다. 그 이유는 교육과정, 수업, 평가가 교실에서 역동적으로 상호 엮인다는 의미를 전하고 싶었기 때문이다. 우리는 '엮기'라는 메타포를 사용해서, 풍부한 학습 경험을 위해서 교육과정, 수업, 평가를 잘 연결하여 엮어야 한다는 것을 보여 주고 싶었다.

캐나다에서는 주 정부에서 교육과정을 제공하지만, 캐나다 연방 정부에서도 교육과정을 제공한다. 이에 모든 주를 아우르는 공통성을 발견할 수 있다. 캐나다 연방 정부에서 교육과정을 제공하지만 이를 토대로 각 주에서는 다양한 교육과정을 개발한다. 이는 전 세계 어디서나 볼 수 있는 현상이다. 이 책에서는 캐나다를 중심으로 최근의 교육 경향 및 정책들을 다루었다.

1. 이야기 모델

우리는 현재 세계화와 급속한 기술 발전으로 인해 끊임없이 변화하는 세계에 살고 있다. 이제 세계 각국의 교사들이 하는 일을 알 수 있으며, 서로에게 배울 수 있다. 과거에는 상상하지 못했던 새로운 기술들을 사용한다. 이러한 상황은 교사에게 21세기에 맞는 새로운 이야기를 하도록 요청한다.

학생도 변화를 원한다. 학교에서는 이미 학생이 참여하는 일들이 늘었다. 32,000명의 캐나다 학생에게 "여러분은 오늘 학교에서 무엇을 했나요?"라고 질문하고 답한 내용을 분석했더니, 지적인 활동에 참여가 저조하다는 점(6학년의 60%, 10학년의 30% 학생이 응답함)과 학교 출석률도 6학년 90%에서 12학년 50%로 감소했다는 점을 알 수 있었다(Willms, Friesen, & Milton, 2009).

새로운 이야기를 하려면, 이런 변화를 이해해야 한다(Fullan, 2013). 이야기 모델은 교사가 이런 변화를 이해하는 하나의 방식이다([그림 1] 참조).

이야기 모델에서는 개인, 사회, 문화, 전 세계, 보편적인 변화를 종합하도

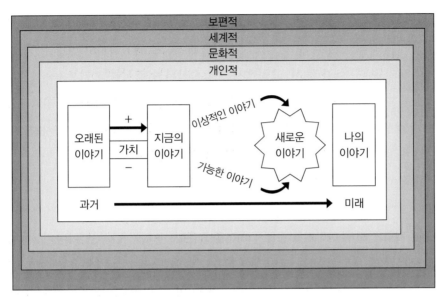

[그림 I] 이야기 모델

출처: Drake (2010).

록 한다. 이에 이야기는 우리가 가진 앎의 방식을 보여 주기도 한다. 우리가 아는 것들은 첫 번째로 **개인적인** 경험을 거친다. 아마 여러분의 교실에 있는 학생들은 조금씩 다르게 배울 것이다. 왜냐하면 그들은 새로운 지식을 자신의 과거 경험과 연결하기 때문이다. 따라서 이렇게 개인이 한 경험은 학습에 영향을 미친다. 두 번째는 우리가 아는 것들은 **문화적**이다. 문화란 특정 집단의 삶을 이끄는 일련의 가치와 신념으로 정의할 수 있다. 우리는 문화를 형성하고, 이를 당연한 것으로 여기고 행동한다. 이 책에서 우리는 캐나다 문화에서 하는 학습을 탐색할 것이다. 여러분의 학생들 역시 여러분의 문화(예를 들어, 국적, 공동체, 지역, 언어, 인종, 민족성, 종교 등) 안에서 학습한다. 세 번째, 우리가 아는 것들은 사람들이 **세계적인** 경험을 하는 것들과도 관계가 있다. 21세기 우리는 모두 연결되어 있고 서로 영향을 주고받으며, 교육도 마찬가지이다. 전 세계 사람들이 문제에 개입하고, 해결책을 찾기 위한 아이디어를 공유하며, 다양한 과제를 놓고 협력한다. 마지막으로 우리가 아는 것들은 사람들이 보편적으로 아는 것과도 관계가 있다. 우리가 서로 다름에도 불구하고, 우리 모두는 인간이기에 비슷한 필요, 욕구, 감정을 지니고 있다는 점을 상기시켜 준다. 예를 들어, 교육에서는 소속감과 인정이라는 기본적인 인간 욕구를 다룬다. 이야기 모델은 우리의 앎이 개인적·사회적 배경에 따라 다르게 형성된다는 것을 보여 준다. 그리고 우리의 앎이 다른 사람과 유사하며, 그래서 보편적인 경험으로 형성된다는 것을 보여 준다.

이에 이 이야기 모델은 다음 4가지를 전제로 한다.

1. **사람은 모두 이야기를 통해서 의미를 만든다.** 우리가 말하는 이야기는 대부분의 사람이 겪는 경험의 본질을 의미한다(비록 실제 개인적인 이야기는 서로 다른 방식으로 나타나지만). 뿐만 아니라 세계는 놀랍고 예견할 수 없는 방식으로 변화하기 때문에, 새로운 이야기는 끊임없이 등장한다.

2. **'지금' 이야기나 현재는 변화 혹은 변형 중이다.** 오래된 이야기 중 일부는 유효하지만, 일부는 그렇지 않다. 여기서 "오래된 이야기 중 어느 부분이 더 이상 유효하지 않으며, 왜 그런가?" 하는 질문을 한다.

3. **새로운 이야기는 변증적 과정을 거쳐서 나온다.** 우리는 극단적인 두 이야기가 조화를 이루거나 동화될 때까지 양극단을 오가며, 새로운 이야기를 만든다. 예를 들어, 우리는 총체적 언어 학습과 발음 중심 언어 학습을 서로 다른 것처럼 여긴다. 그러나 여기서 만들어지는 새로운 이야기란 교사가 지금까지 해 온 발음 중심 언어 학습을 새로 등장하고 있는 총체적 언어 학습의 맥락에서 가르치는 이야기이다. 즉, 이것은 '둘 중 하나'라기보다 '둘을 통합한 이야기'이다.

4. **우리는 집단적 가치와 신념을 기반으로 새로운 이야기를 만든다.** 우리는 새로운 이야기를 만들기 위해서 선택을 한다. 예를 들어, 안전벨트 착용의 경우, 사람들이 만든 '새로운 이야기'는 스스로 안전벨트를 매도록 훈련하는 이야기이다. 지금 안전벨트 매기는 새로운 이야기라기보다 이미

우리 문화에 붙박여 있는 '오래된 이야기'이다. 이런 변화는 안전에 대한 연구, 공교육, 법률의 제정과 시행으로 나타난다. 이 과정에서 사람들은 (오래된 이야기를) 의심하기도 하고, 저항하기도 하다가, (새로운 이야기를) 받아들이기도 하며, 이 둘 사이를 왔다 갔다 한다. 최근 새로운 이야기들[성(性) 이야기, 금연 이야기, 여성 평등 이야기, 폭력 이야기 등]이 우리의 개인적, 공적 삶을 변화시키고 있다.

2. 오래된 이야기란 무엇인가

지난 100년 동안 교육 분야에서는 서로 다른 두 극이 있었다. 하나는 전달 모델 혹은 공장 모델로 알려진 **전통적인 접근**이고 다른 하나는 **구성주의적 접근**이다. 이 두 극은 때로 갈등에 처하거나 경쟁하여 서로 다른 신념을 보이거나 서로 다른 결과를 초래하지만, 이 두 극은 계속 변증적 과정을 거친다. Sewell(2005)은 이 둘을 결과 기반$^{outcome-based}$ 접근과 경험 기반$^{experience-based}$ 접근으로 구분하기도 한다.

알버타에 사는 교육자 Sharon Friesen과 David Jardine(2009)은 서북 캐나다 조약 문서에서 전통적인 모델과 구성주의 모델에 대해 자세히 설명하고 있다. 그들은 전통적인 모델과 구성주의 모델이 취하고 있는 기저를 이해하는 일을 21세기로 나아가는 데 중요한 일로 보았다.

학교교육과 관련해서 전통적인 모델은 공장을 더 효율적으로 만들고자 했던 미국의 엔지니어인 Frederick Taylor(1911)의 원리에 기반하고 있다. Taylor의 원리는 표준화를 포함하고 있다(세부적인 업무, 위계적인 규칙, 노동자의 규정 준수 등). 철학적으로 전통적인 모델은 John Locke(1693)와 Francis Bacon(Vickers 편, 2002)이 제기한 분석 철학을 기반으로 한다. 분석 철학은 논리적이고 정확한 언어로 현상을 묘사하는 것을 중시한다. 내용 중심 교육과정은 이런 분석 철학을 반영한다. 교육과정에서 다루는 지식을 **경험 연구**나 **과학적 방법**으로 연구해야 한다고 생각한다. 또 마음을 비어 있는 것으로 본다(백지 상태). 교사는 비어 있는 병에 이미 설계해 둔 지식을 넣어 준다. 심리학적 관점에서, 학습 과정은 자극–반응의 심리 기제이다. 이는 행동주의 심리학 관점을 반영한 것으로, 학습자를 정적–부적 강화로 형성 가능한 수동적 존재로 본다(Thorndike, 1911; Skinner, 1954, 1968). 따라서 교사는 지식을 전달하는 전문가이며, 학생은 수동적인 학습자이다. 모든 학생들은 같은 교육과정을 동시에 같은 방식으로 수행한다. 지식을 학문별로 조직한다. 3R(읽기^{reading}, 쓰기^{writing}, 셈하기^{arithmetic})은 학생들이 가장 먼저 습득해야 할 학습 내용이다. 지식 습득 여부를 지필평가로 판단한다. 표준화 평가는 학급, 지역, 국가 수준에서 모든 학생들을 한 줄로 세운다. 경쟁과 힘의 가치를 강조한다.

이와 반대로 구성주의 접근은 1930년대 **진보주의 교육**, John Dewey(1938, 1966) 철학을 기반으로 한다. 실용주의 관점에서 Dewey는 민주주의, 문제 해결, 학생 성장을 강조했다. 심리학자 Jean Piaget(1963)의 인지발달 이론이 학습에 영향을 주었다. 그 후 구성주의적 접근은 Lawrence Kohlberg(1981)의 도덕성 발달 이론, Vygotsky(1978)의 사회적 구성주의 개념을 기반으로 확장되었다. 사회적 구성주의는 우리가 다른 이와 상호작용하며 발달한다고 주장한다. 학습자는 교사와 동료와 상호작용하면서 지식을 구성할 수 있다.

구성주의 접근에서 학생들은 과거 경험과 지금의 학습을 연결한다. 지식은 미확정적이며, 하나의 정답은 없다. 교사는 학생들의 상호작용을 돕는 조력자이다. 집단 학습 상황에서, 학생들은 그룹 과제를 수행하고, 프로젝트 학습 방식을 선호한다. **통합교육과정**은 학생들이 프로젝트를 수행하는 데 필요한 지식과 기능을 배울 수 있게 돕는다. 학생들은 서로 다르기 때문에 서로 다른 시간과 서로 다른 속도로 배운다. 평가는 수행으로 드러나며, 교사는 학생에게 지속적인 피드백을 제공한다. 협력과 공정의 가치를 강조한다.

지난 20세기 동안 교육 정책과 실행은 마치 두 개의 추가 왔다 갔다 하는 것처럼 전통적인 접근과 구성주의 접근 사이를 오갔다. 북아메리카 온타리오주의 교육정책과 실행이 어떻게 바뀌어 왔는지 보라([그림 2] 참조). 북아메리카에서는 전통적인 접근도, 구성주의 접근도 전적으로 따르지 않았다. 오히려 두 접근이 혼재해 있다.

연도	접근	정책/실행 변화
1840~1936	전통적	표준화, 교과의 세분화
1937~1950	구성주의	진보주의적 초등 교육과정과 운영 방법(프로젝트기반)
1951~1966	전통적	과학적으로 세분화된 교육과정으로 돌아가기
1967~1974	구성주의	인간화에 영향을 준 Hall-Dennis 리포트 지방분권적 교육과정
1975~1993	전통적	책무성 증가로 인한 전통적인 접근으로 돌아가기
1994~1997	구성주의	4개의 포괄적인 주제를 중심으로 학습을 조직한 공통 교육과정The Common Curriculum
1998~2003	전통적	엄격한 세분화와 표준화를 강조한 온타리오 교육과정The Ontario Curriculum
2004~현재	둘 다	전통적인 접근과 구성주의적 진보주의의 종합

[그림 2] 전통적인 접근과 구성주의 접근의 전환
출처: Clausen & Drake (2010).

이 그림은 북아메리카에서 두 개의 추가 어떻게 왔다 갔다 하는지를 보여 준다. 학문 내용이나 책무성을 강조하던 시기에는 학생들에게 학습 동기를 유발하기 어려웠고, 이로 인해 학생 중심의 교육과정 모델(구성주의 모델)을 지원하는 정책을 촉발했다. 또 구성주의 모델을 실행한 시기에는 학문적 엄격성과 표준화 시험 문제에 대한 대중의 관심이 집중되었다. 구성주의에 대한 신뢰가 부족할수록, 더 표준적이고 내용에 중심을 둔 교육과정과 책무성을 묻는 평가로 돌아갔다. 예를 들어, 1990년대 중반에는 북아메리카뿐만 아니라 거의 모든 나라가 책무성으로 회귀했다. 대규모 평가는 학업 성취를 평가하는 신뢰할 만한 도구가 되었고, 상의하달식으로 외부에서 주어지는 표준화 교육과정이 일반화되었다. 그러나 대중은 여전히 확신할 수도 만족할 수도 없었다. 책무성은 교육과정을 축소했을까? 학생들은 학습에 참여했을까? 학생들은 국제적인 경쟁력을 갖추었을까?

3. 새로운 이야기를 하기 위해서

교육자들은 21세기 교육을 위해서 새로운 이야기가 필요하다고 말한다 (Friesen & Jardine, 2009; Barbar, Donnelly, & Rizvi, 2012). 새로운 이야기는 이전의 이야기를 묵살하는 것이 아니다. 원치 않는 것을 없애려다가 소중한 것까지 잃는 것은 현명하지 못한 일이기 때문이다. 우리는 여전히 우리에게 영향을 끼치는 전통적인 접근과 구성주의 접근의 긍정적인 점을 모두 고려하면서 새 이야기를 해야 한다. 또 학습을 촉진하는 테크놀로지의 힘도 고려해야 한다. 학습을 고취하는 새로운 혹은 상상할 수 없는 혁신으로 열려 있어야 한다. 이야기를 새로 하는 과정은 변증적 과정이며, 이 과정에서 두 접근을 구별만 하려는 것은 도움이 안 될 것이다(Horn, 2013).

우리는 새로운 이야기를 만들 힘을 가지고 있다. 미디어와 테크놀로지 전문가인 Donald Tapscott(2012)는 지금이 가장 적기라고 주장한다. 그러나 하루아침에 이야기를 새로 할 수는 없다. 변화 과정에서 저항은 불가피하다. 새로운 이야기를 구현하기를 원한다면, 교사로서 자신의 실행을 통해 '나의 이야기'를 만들어야 한다. 여러분은 이 책을 통해 캐나다라는 지역의 문화 속에서 교사가 자신의 이야기를 새로 만들고 있는 사례들을 볼 것이다.

4. 저자의 이야기

Susan Drake는 Brock 대학교 교육학과 교수다. Susan은 Brock 대학교에서 교수-학습으로 교육학 석사를 취득하였으며, Toronto 대학교에서 교육과정으로 박사를 취득했다. Susan은 40년 넘게 교육에 종사하였으며, 모든 학교급에서 가르친 경험이 있다. Susan은 경력의 절반을 교사로 지냈는데, 주로 중등학교에서 물리학과 건강, 영어를 가르쳤다. 나머지 절반은 Brock 대학교 교육학과 교수로 지내면서 교육 개혁 관련, 특히 교육과정 및 평가 혁신을 위해 노력해 왔다. Susan은 최근 교육에 막강한 영향을 미치고 있는 테크놀로지에 대해서도 관심을 가지고 있다.

Joanne Reid 역시 중등학교에서 여러 해 동안 영어, 역사, 사회과학을 가르쳤다. Joanne은 문해력 자료 개발, 학생의 성과 및 학교 개선을 코디네이터하는 역할을 수행해 왔다. 최근 Joanne은 문해력 및 평가 영역에서 일하고 있다. 또 Joanne은 통합교육과정에 관심이 있는 박사과정생이다. 특히 협력적 쓰기 과정에도 관심이 있다.

Wendy Kolohon은 15년 동안 초등학교 교사였고, 특수반을 포함하여 모든 학년과 모든 교과를 가르친 경험이 있다. Wendy는 특수교육과 읽기를 가르치는 자격증을 가지고 있다. Wendy는 지난 6년 동안 특수교육과 읽기 위원회에서 활동했고, 리더 교사였다. 이 위원회 활동을 하면서 새로운 교육과정과 평가 모델을 유치원에서부터 중등학교 교사 및 관리자들이 사용할 수 있게 도왔다. Wendy는 간학문적 설계, 교수, 학습으로 석사학위를 받았고, 지금은 K-12[1]학교의 관리자이다.

---

1) 역자 주: 유치원부터 중등학교까지를 이르는 캐나다 교육 체제.

5. 이 책의 각 장에 대해

제1장에서 우리는 전통적인 접근과 구성주의 접근에서 교육과정, 수업, 평가를 어떻게 다루는지 논의하였다. 우리는 특히 두 관점에서 취하는 교육과정, 수업, 평가 모델들을 살펴보았다. 또 우리는 두 관점과 상관없이 평가를 실행하는 데 필요한 원리들을 살펴보았다. 마지막으로 우리는 테크놀로지로 인해 전반적으로 바뀌고 있는 캐나다교육에 대한 새로운 이야기를 제시하였다. 우리는 두 접근 모두 취할 것이다. 전통적인 접근과 구성주의 접근을 종합한 책무성과 적절성이 21세기 교육과정의 강력한 기반이라고 생각하기 때문이다.

제2장에서 우리는 두 가지 주제, 학습과 교육과정을 다루었다. 교육과정 측면에서 우리는 'K^{Know}D^{Do}B^{Be} 개념'을 살펴보고, 이것을 교육과정 문서에서 어떻게 확인할 수 있는지 알아보았다. 'Know'는 빅 아이디어, 영속적 이해를 뜻하며, 'Do'는 21세기 기능들, 'Be'는 우리가 이 세계에서 학생들이 되기를 바라는 상태로서, 가령 윤리적인 시민으로서의 삶 등을 뜻한다. 우리는 Know, Do, Be 중 가장 중요한 것들을 종합하면서 KDB 우산 모델을 개발했다. 또 K-12 교육과정을 KDB로 조정하는 방법을 살펴보았다. 마지막으로 왜 학생에 대해 아는 것이 중요한지, 그리고 왜 이러한 방법이어야 하는지를 이야기하였다.

제3장에서는 백워드 설계 과정을 3단계로 살펴보았다. ① 교육과정 문서를 사용하여 학습 목표 정하기, ② 풍부한 수행/평가 과제^{Rich Performance Assessment Task: RPAT} 설계하기와 학생의 학습 여부를 평가할 수 있는 적절한 평가 도구 만들기, ③ 학생의 학습 목표 달성을 위한 학습 경험 조직하기 등이다. 우리는 백워드 설계에 통합적 사고가 필수적이라고 생각하고, 다학문적 접근의 교육과정 단원 개발 사례를 제시했다. 이 단원은 10학년의 역사 단원

으로 개발하였지만 모든 학년, 모든 교과에도 적용 가능하다. 평가도 함께 설계했다. 마지막으로 AfL^assessment for learning을 소개했다.

제4장에서는 탐구 학습과 통합 모델들을 살펴보았다. 우리는 사례를 활용해서 학문적 관점과 간학문적 관점으로 탐구 학습 원리를 확인하였다. 또 간학문 모델과 통합 모델도 살펴보았다. 우리는 이 모델을 뒷받침하는 최근의 연구들을 검토하고, 21세기에는 왜 이들 유형이 적합한지를 살펴보았다. 그리고 교사들이 서로 다른 방식으로 개발한 교육과정을 분류하여 통합 연속체로 제시했다. 우리는 학생의 동기나 참여와 함께 주어진 교육과정을 강조하기 위해서 교육과정을 통합하는 교사들의 사례를 제공하였다.

제5장에서는 통합교육과정의 개념에 대해 살펴보았다. 첫째, 다섯 개의 'W^what, why, where, when, who'를 살펴보았다. 그리고 'how'에 대해 살펴보았다. 또한 통합 단원 개발도 자세히 다루었다. 여기서는 4학년을 예시로 다루었지만, 우리는 독자들이 모든 학년에 적용할 수 있기를 바란다. 이 단원 개발에서는 평가^AfL도 함께 다루었다. 학문적 관점과는 달리, 통합적 맥락에서 평가를 어떻게 할 수 있는지 논의하였다.

마지막 제6장은 실제로 이 책의 첫 장이다. 이 장은 21세기 교육자인 바로 여러분에 대한 장이기 때문이다. 우리는 자신이 그리는 이상적인 교사가 되지 못한 교사들의 이야기와 삶을 살펴보았다. 또 캐나다 전역에서 인터뷰한 교사들을 통해서 Fullan(2013)의 21세기 교실 개념도 살펴보았다. 마지막에 우리는 다시 '나의 이야기'로 돌아갔다. 교사로서 나는 누구인가? 나의 가치는 무엇인가? 나는 어떤 방식으로 새로운 이야기를 만들어 낼 것인가?

토론해 봅시다

1. 이야기 모델은 여러분이 교육을 이해하는 데 어떤 도움을 주었는가?

2. 교육에 대한 이전 이야기와 새로운 이야기를 심도 있게 분석한 Friesen과 Jardine (2009)의 연구를 읽어 보고, 전통적인 접근과 구성주의 접근이 전제하는 가치나 신념들을 확인해 보라. 여러분이 알게 된 것은 무엇인가? 여러분은 사람들이 어떻게 배우는 것이 가장 좋다고 생각하는가? 다음의 글을 읽어 보시오(http://education. alberta.ca/media/1087278/wncp%2021st%20cent%20learning%20(2).pdf).

3. '새로운 이야기'는 교사교육에 영향을 미친다. Susan Drake(2010)의 논문, 「이야기 모델을 활용한 캐나다 교사교육Enhancing Canadian Teacher Education Using a Story Framework」을 읽어 보시오. 여러분이 경험한 교사교육은 '새로운 이야기'에 어느 정도 반영되어 있는가? 다음 글을 읽어 보시오(http://ir.lib.uwo.ca/cgi/viewcontent. cgi?article=1012&context=cjsotl_rcacea).

4. 미래 교육에서는 적극적인 대화와 창의적인 탐구가 중요하다. 유튜브에는 21세기 교육에 관한 영상들이 많다. 이런 영상들은 여러분이 교사로서 역할을 생각하는 데 어떤 도움을 주었는가? [예를 들어, Ken Robinson(www.ted.com/talks/lang/en/ ken_robinson_changing_education_paradigms.html), the New Brunswick Department of Education(www.ourschool.ca/21st-century-education-in-new-brunswick-canada), Alberta Department of Education(http://education.alberta.ca/department/ipr/curriculum. aspx)을 보라.]

교육과정, 수업, 평가  제1장

> ◆ **이 장의 주요 내용** ◆
> • 지금까지의 교육과정, 수업, 평가 이야기
> • 오늘날 교육과정, 수업, 평가 이야기
> • 교육과정, 수업, 평가 이야기 새로 하기

이 장에서 우리는 서론에서 소개한 이야기 모델을 통해서 교육과정, 수업, 평가 이야기를 할 것이다. 이 이야기는 우리가 앞으로 교육에 대한 새로운 이야기를 하기 위해서 교육과정, 수업, 평가 등을 파악하도록 도와줄 것이다. 마지막으로 우리는 캐나다 교사들이 선도적으로 실천하고 있는 것들을 바탕으로 새로운 이야기를 할 것이다.

1. 교육과정이란 무엇인가

교육과정은 일련의 교과, 내용, 학교에서 가르치는 모든 학습 프로그램 등 그 모습이 다양하다. 교육과정은 형식적이기도 하지만 비형식적이기도 하다. 형식적 교육과정은 교육부에서 발행하는 공문서와 교육과정 문서 등을 포함한다. 비형식적 교육과정은 교과 외 활동으로 다양한 체험 활동 등을 포함한다. 또 잠재적 교육과정과 비의도적 교육과정도 있다(성 역할, 게임 등 교사와 친구들에게서 배우는 것을 포함한다).

비형식적 교육과정

학생이 현장 연구를 주도한다면, 교육은 학생 주도로, 학생 중심으로 이동할 수 있다. 2012년 토론토에서 열린 학생 연구 심포지엄에 참여한 Timmins 고등직업학교 10학년 학생 4명(캐나다 토착 민족)의 발표 내용에서 이런 내용을 확인할 수 있었다.

이 연구에서 학생들은 토착 민족으로서 자신의 경험을 기반으로, 다음 연구 문제를 설정하였다. "Timmins 고등직업학교로 이전한 토착 학생들이 겪은 경험은 무엇인가?"

그들은 통상적인 연구 절차를 따랐다. 그들을 먼저 이 문제에 관심을 가지고, 토착민으로서 자기 정체성을 가진 학생 62명에게 설문조사를 하였다. 설문 문항은 인구조사, 일상생활상의 어려움, 적응, 변화 과정, 지원에 대한 내용이었다.

연구를 수행한 학생들은 설문에 응답한 학생들이 자신과 유사한 경험을 했다는 것을 발견하고 놀라워했다. 학교에서는 토착민 학생 자문 위원회Aboriginal Youth Advisory Committee: AYAC를 구성하고, 연구를 수행한 학생들이 다른 학생들의 관심을 끌 만한 활동을 추진했다. 그들은 자신들의 문화, 전통, 축제를 공유하기 위해 사람들을 초청하였다. 또 Anishinaabe족 올림픽을 개최하였다. 연구를 수행한 학생들은 여기서 멈추지 않고, 봉사 팀을 구성하고, Cochrane 고등학교 학생들과 교직원들을 참여시켜서 연구 과제도 수행했다. AYAC 위원 중 한 명은 이 연구 결과를 온타리오주 교육부의 담당자와 공유하고, 자신의 고향을 방문하기도 했다.

이 사례는 학생이 주도하는 협력 연구로서 이런 비형식적 교육이 학교와 지역사회에 미치는 영향을 보여 준다. 온타리오주 교육부에서는 이를 계기로 향후 학생이 목소리를 내도록 하는 정책에 반영하였다.

교육과정 혁신가이자 진보주의 교육자인 Hilda Taba(1962)는 교육과정이라면, 요구 파악, 목표, 내용의 선정과 조직, 내용을 효과적으로 가르치는 방법, 목표 달성 여부를 알아보기 위한 평가 같은 요소들을 포함해야 한다고 주장한다. 교육과정을 이렇게 정의하면 수업도 교육과정 중 하나이다.

또 다른 연구자들은 경험(학생을 성장시키는 경험)에 집중한다(Tanner & Tanner, 1995). 그러나 모든 경험이 교육적인 것은 아니다(Dewey, 1938).

Peter Hlebowitsh(2005)가 설명하듯이 교육적인 경험은 학습자의 특성, 사회적으로 허용되는 가치 있고, 유용하고, 힘이 있는 지식 체계를 반영해서 '개발'해야 한다(p. 8).

시카고 대학교의 과학교육자였던 Joseph Schwab(1983)은 숙의를 통해서 교육과정을 개발해야 한다고 주장했다. Schwab은 교육과정을 개발할 때 네 가지 공통요소(학습자, 교사, 교과, 환경)를 고려해야 한다고 보았다. 그에 따르면 이 공통요소 중 하나가 바뀌면, 나머지 세 개도 바뀐다. 예를 들어, 교사가 바뀌면 학습자, 내용, 환경 역시 변한다. 따라서 만약 교육과정 개발자가 한두 개의 공통요소에만 집중한다면, 교육과정은 균형을 잃게 된다. 다시 말해서 Schwab은 교육과정 개발을 네 가지 공통요소들이 유기적이고 역동적으로 작동하도록 하는 것으로 보았다.

또 다른 연구자들은 학교교육을 넘어서(학교 건물과 학교에서 일어나는 것을 넘어서) 사고하였다. 캐나다 학자인 Jean Clandinin과 Michael Connelly는 교육과정을 '삶'으로 정의한다(1992, p. 393). William Pinar와 그의 동료들은 교육과정이 제도적이고, 담론적이며, 구조적이고, 어떤 이미지나 경험을 포함한다는 점에서 교육과정을 '상징적인 표상'으로 정의한다. 이에 교육과정은 다양하게 표상할 수 있으며, 정치적, 인종적, 자서전적, 신학적, 성정체성 등의 관점에서도 탐구할 수 있다(Pinar, Reynolds, Slattery, & Taubman, 1995).

우리는 IB[International Baccalaureate]에서 제시하는 학습자상, 교육과정 정의에 동의하면서 교육과정을 다음과 같은 의미로 사용하고자 한다(International Baccalaureate Organization, 2009).

- 교육과정과 관련하여, 무엇을 배워야 하는가[the written curriculum]
- 수업과 관련하여, 무엇을 가르쳐야 하는가[the taught curriculum]
- 평가와 관련하여, 무엇을 평가할 것인가[the learned curriculum]

이 정의는 서로 독립적으로 상호작용하는 교육과정내용(내용), 교수학습(수업), 평가 3요소를 종합적으로 인식하도록 돕는다.

1) 교육과정 모델

20세기의 교육과정 정책은 전통주의 접근과 구성주의 접근을 오가고 있다. 여기서는 네 개의 모델을 살펴볼 것이다. 하나는 전통주의 모델이고, 다른 세 개는 구성주의 모델로, 프로젝트기반 학습, 홀리스틱 교육과정, 사회재건주의이다.

(1) 전통주의 모델

전통주의 모델은 이 책의 도입부에서 살펴보았듯이, 교사는 교실의 앞에서 설명하고 학생은 줄을 맞춘 책상에 앉아서 듣는다. 교사는 학생들에게 지식을 전달해 주는 전달자로서 수업을 주도한다. 학생은 대부분 암기를 하고 제한된 사회적 상호작용을 하지만 주로 혼자 공부한다. 보상과 처벌이 학생의 행동이나 학습을 강화한다. 학습한 것을 지필로 평가하며, 정기적으로 표준화 시험을 본다. 이러한 직접교수법은 대규모의 집단 교육이나, 일부 학생, 또는 학문 중심의 대학교육에 효과적이다. 이 모델은 오늘날 교육에도 여전히 남아 있다.

(2) 프로젝트기반 학습

종종 '프로젝트'로 수업하고 평가하지만, 프로젝트기반 학습은 구성주의 학습, 내용 이해, 비판적 사고를 중시하는 보다 종합적인 접근 방식이다. 프로젝트기반 학습에서는 더 이상 전달 방식으로 접근하지 않는다. 학생들은 교실에서 내용이나 지식을 배운 다음 프로젝트에 적용하는 것이 아니라 프로젝트를 하면서 배운다. 프로젝트는 수업을 하면서 동시에 적용하게 하기 때문이다.

학생들은 앎에 대한 그들의 흥미와 배우려는 열망을 불러일으키는 **개방형의** **'발문'**에 대한 대답을 탐구하는 과정을 밟는다. 때문에 문제나 질문이 먼저 나온다. 그리고 질문에 답하거나 문제를 해결하기 위해 필요한 내용 지식과 기술 등을 학생들이 정한다. 예를 들어, 학생들은 아이팟을 사용하기 위해서 필요한 전력을 제공하는 풍력 발전용 터번을 만든다.

프로젝트기반 학습은 내용에 관한 깊이 있는 탐구뿐만 아니라 탐구, 연구, 비판적 사고, 문제 해결, 조직화, 협력, 의사소통과 같은 21세기 기능들을 다룬다. 또한 학생의 의견과 의사 결정은 프로젝트기반 학습에서 중시하는 요소이기 때문에 학생의 참여도 중요하다.

프로젝트기반 학습은 과정과 결과를 평가한다. 이런 점에서 책무성을 충족시킨다. 수업은 모든 학생에게 주어지는 결과에 도달할 수 있고, 이를 입증할 수 있는 활동을 학생들이 함께 수행한다. 학생평가는 학습 목표를 명확히 한 루브릭을 통해서 평가한다.

온라인에서는 프로젝트뿐만 아니라 다양한 평가 도구나 전략들을 사례로 제공한다. 예를 들면, 교육 연구소(www.bie.org), 국제 교육 및 자원 네트워크(www.iearn-canada.org), 에듀토피아(www.edutopia.org/project-based-learning) 등이다. 알버타 학습센터(http://education.alberta.ca/media/313361/focusoninquiry.pdf)에서는 탐구기반 학습에 관한 정보를 제공한다. 캐나다 프로젝트기반 협력 학습 교사 안내서(www.tact.fse.ulaval.ca/ang/html/projectg.html)는 프로젝트기반 학습에 대한 역사적, 이론적 정보뿐만 아니라 실질적인 전략들을 제공한다.

✋ 여기서 잠깐!　　**프로젝트기반 학습**

캐나다 서남부 주의 David Wees는 9학년 수학을 대상으로 한 프로젝트기반 학습 사례를 제시한다. 그는 학생들에게 다음과 같이 질문했다. "나에게 가장 적합한 핸

드폰을 사려고 하는데 어떻게 해야 할까?" 학생들은 10주 안에 이 질문에 대한 답을 구해야 했고, 다양한 수준의 수학적 탐구 학습을 수행해야 했다. 학생들은 연구를 통해서 문제를 해결해야 했다.

먼저, 학생들은 수많은 선택사항들을 조사했다. 좋은 핸드폰을 사는 계획을 평가할 수 있는 준거를 적용하면서 선택의 폭을 좁혀 나갔다. 준거를 만들기 위해서 학생들은 여러 가지 요소들(예를 들어, David 연령대의 전형적인 사용 패턴 등)을 조사하였다. 학생들은 교차 방정식을 적용해야 했고(교육과정 성취기준), 끊임없이 새로운 고려사항들을 직면하면서 문자 메시지, 발신자 표시 등을 추가했다.

평가(AfL[assessment for learning]로 다음 장에서 다룸)는 학생들이 비유하고 판단하는 것을 관찰하고 논의하는 전 과정에서 실시했다. 학생들은 그들의 계획이 이치에 맞는지 여부를 판단하면서 (구성주의자로서) 의미를 만들어 나갔다. 각 학생들은 그들만의 독특한 가정을 기반으로 답을 구했으며, 타당하고 논리적인 증거를 근거로 선택사항들을 제공했다. David는 학생들의 과제 참여 정도와 그들이 사용한 과정을 이해할 수 있다는 점 때문에 프로젝트기반 학습에 만족했다. 그는 IB에서 제공하는 중등 수학 과정의 성취기준을 루브릭으로 만들어 평가를 했다. 이 루브릭은 문제 해결, 특히 그래프 그리기와 의사소통에 초점을 두었다.

David가 개발한 루브릭은 https://docs.google.com/document/d/1rHWkPaW4k_ stm LLntMzOhj8n6cROneGmqP35EcOVLKc/edit?usp=sharing에서 확인해 볼 수 있다.

(3) 홀리스틱 교육과정

홀리스틱 교육과정은 전인(학생의 몸[body], 마음[mind], 영혼[spirit])에 중점을 둔다. 기본 철학은 모든 것(교과, 몸, 마음, 영혼)이 연결되어 있다고 본다(Emerson, 1903; Huxley, 1970; Miller, 2007). 홀리스틱 교육은 심리학자 Abraham Maslow(1970)와 Carl Rogers(1969)의 인본주의 개념을 기반으로 한다.

교육 현장에서 홀리스틱 교육과정은 아동이 처한 전인적 맥락에서 구성주의 특성을 끌어낸다. 토론토에 있는 Equinox 홀리스틱 대안 학교는 홀리스틱 교육과정이 취하는 철학을 바탕으로, 매일 아동의 몸, 마음, 영혼을 교육 활동에 담는다. Equinox 학교는 John P. Miller(2007)의 책인 『홀리스틱 교육과정The Holistic Curriculum』에 나와 있는 일곱 가지 원리를 적용하여 학습을 조직하고 연결한다. 야외에서 하는 수업에서는 지역사회, 지구, 내면, 몸과 마음, 교과, 직관, 탐구 스토리텔링을 중시한다. 유치원 아이들은 대부분 밖에서 활동하며, 초등학교 1~6학년 학생들은 매주 오후에 공원, 골짜기, 숲으로 나가서 자연을 관찰하고 자연과 함께한다(Toronto District School Board, n.d.).

  교사들도 교과를 통합적으로 가르친다. 브리티시컬럼비아 초등교사 자격을 가진 스페인어 교사 Michelle Metcalfe는 고등학교의 스페인어도 가르친다. 그녀는 처음에 구조와 문법을 강조하는 전통적 방식으로 가르친 다음에 스토리텔링 수업을 한다. 이를 위해서 그녀는 TPRS 교수법Teaching Precision through Reading and Storytelling을 적용하였다(더 자세한 내용은 http://en.wikipedia.org/wiki/TPR.Storytelling을 보라). 이 프로그램 운영을 위해 학교에서는 두 명의 스페인어 정규 교사를 채용하고 수업 시간도 2시간 늘렸다. 학생들은 논리적으로 문법을 배우는 과정을 거치지 않고도 TPRS의 읽기와 스토리텔링을 통해 언어를 배운다. TPRS는 몰입에 기반한 모델로 최근 뇌 연구와 운동감각 연구들의 영향을 받았다. 언어를 '배우는 것'이 아니라 언어 '습득'을 목적으로 한다. 교실에서 사용하는 모든 언어를 홀리스틱 방식으로 소개하고 학생들은 특정 맥락에서 이해한다. TPRS는 발문법을 기반으로 한 학생 중심 접근이며, 학생 개인에게 적절한 방식으로 수업한다. 학생들은 스스로 주인공이 되어 이야기를 만들기 위해 질문한다. 여기에는 완전학습법을 적용하는데, 학생의 80%가 숙달해야 다음 차시로 넘어간다.

✋ 여기서 잠깐! **홀리스틱 교육과정**

  홀리스틱 교육과정 사례는 발도르프 학교에서 찾을 수 있다(www.waldorfanswers. org). 첫 발도르프 학교는 1919년 오스트리아의 철학자이자 과학자, 예술가인 Rudolf Steiner가 개교한 학교였다. 오늘날 60여 개 나라에서 900여 개 발도르프 학교와 유치원들이 있다. 어린 시기에는 능동적 학습을 강조하며, 1~8학년은 감각적 몰입과 상상에 집중한다. 또 고등학교에서는 독립적인 사고를 강조한다. 같은 교사가 몇 년 동안 학생과 함께한다. 모든 아이를 영적인 존재(몸, 정신, 영혼)로 본다. 매일 영어, 수학, 지리, 역사, 과학, 예술을 통합한 수업을 한다. 또 머리, 마음, 손 사용을 강조한다. 수업은 학생들이 색칠하고, 그리고, 노래 부르며, 음악을 하고 스토리텔링을 하는 것을 핵심으로 한다. 쓰기를 읽기보다 더 먼저 가르친다. 읽기는 2학년까지 가르치지 않으며, 자연스럽게 습득하도록 한다. 캐나다에서는 브리티시컬럼비아, 알버타, 온타리오, 퀘벡, 마리팀 등지에서 32여 개의 발도르프 학교가 개교 중이다(www.maplesplendor.ca/waldorf_schools.htm).

(4) 사회 재건주의

사회 재건주의의 목적은 사회를 변화시키는 데 있다. "비판이론은 학교에서 다루는 지식과 그 이익을 취하는 사람이나 계층을 드러내서, 학교교육과정에서 나타나는 부당함과 불평등을 폭로한다."(Hlebowitsh, 2005, p. 78).

 사회 재건주의

매니토바주의 교사 Cara Zurzolo는 Asper 재단으로부터 재정 지원을 받아서 10개 중학교 8학년과 9학년 학생을 대상으로 유태인 대학살과 인간의 권리 교육 프로그램을 운영했다. 주당 3시간씩 13주 운영하는 프로그램으로, 학생들은 유태인 대학살의 역사, 인간의 권리, Gandhi와 Martin Luther King과 같은 지도자, 우리 삶의 변화에 긍정적인 영향을 미친 실천가(www.tvdsb/ca/programs.cfm?subpage=155749)들을 다루었다. 실천가upstander라는 용어는 FHO 단체Facing History and Ourselves(www.facinghistory.org)에서 사용하는 용어이다. Cara는 비판적 문해력을 삶의 다른 차원에도 적용하고 연습하도록 했다. 예를 들어, 그녀는 캐나다 원주민의 이야기와 역사도 다루었다. 캐나다를 세웠지만 역사에서 빠진 그들의 목소리도 교육과정에 포함시켰다. 그녀는 인류발달과 문명화(Know), 비판적 문해력(21세기 기능)을 빅 아이디어로 교육과정을 개발했다. Cara는 또한 Know, Do, Be^{KDB} 중 Be 요소에 집중했다. 그
녀는 학생들이 실천가가 되길 바랐기 때문이다.

Peter McLaren(토론토 우범 지역 학교를 연구함)과 같은 연구자는 비판이론
을 근거로 교수법으로 개발하였다. 비판이론에서는 지식을 어떻게 선정하
며, 그 지식으로 누가 이익을 얻는지를 탐구한다(McLaren, 1989).

교사는 사회 정의를 어떻게 가르칠 수 있는가? 어떤 사람들은 21세기 기능
인 비판하기를 교과에 접목시켜서 가르친다. 우리는 가르칠 지식을 선정하
기 위해서 문화적, 역사적, 일상적인 모든 텍스트들을 살펴보아야 한다. 얼
마나 '진실한지', 그 이권을 누가 누리는지, 불이익은 누가 받는지, 소외되는
사람은 누구인가 하는 질문들을 해야 한다(Janks, Dixon, Ferreira, Granville, &
Newfield, 2013).

✋ 여기서 잠깐! 사회 정의 수업

사회 정의를 가르치는 데는 실천을 넘어선다. 캐나다의 노바스코샤주에 있는
Mitch Redden라는 12학년 학생은 교사 Steven Van Zoost가 제시한 문제를 해결하
기 위해서 사회적 네트워크를 활용해 친구를 만들었다(Van Zoost, 2012). Van Zoost
교사가 가르친 12학년 학생들은 학교 문화를 개선하기 위한 '리얼프렌즈'라는 네트
워크를 개발하였다. 처음에는 30명의 학생들이 친교 활동으로 시작했지만, 나중에
는 240명까지 늘었다. 학생들은 공통 목적에 몰입했다. 240명의 학생들은 다른 학
생들의 참여와 CWF$^{Children's Wish Foundation}$ 단체를 홍보하기 위해 플래시몹을 하였
다. Van Zoost는 리얼프렌즈를 계획하는 동안 학생들에게 공평에 대해 생각해 보도
록 했다(그들이 한 경험을 에세이로 출판했다). 여기에 기여한 공로를 인정받아서
Mitch Redden은 2011년 6월 노바스코샤의 긍정적 변화상을 수상하였다. 우리는 이
이야기를 www.stevenvanzoost.com에 올라와 있는 두 개의 문서를 통해서도 확인
할 수 있다.

브라질의 교육자이자 철학자, 영향력 있는 비판이론가인 Paulo Freire는 1970년에 발간한 책, 『피억압자들의 교육학^{Pedagogy of the Oppressed}』에서 그가 생각하는 교육에 대해 설명하였다. 문해력 교육을 통해서 가난하고 글을 깨우치지 못한 많은 피억압자들을 변화시킬 수 있으며, 이를 위해서 교육은 은행에 예금하는 방식인 저축성 모델(전달 모델, 전통적 모델)에서 변혁적 모델(새로운 이야기)로 바뀌어야 한다. 즉, 학생들은 자신이 속한 문화나 사회 맥락을 개인과 연결할 수 있어야 한다. 소외계층은 권력의 차이를 인식해야 억압받는 상태를 벗어날 수 있으며, 삶의 장에서 공평하게 경쟁할 수 있고, 지식을 사용할 수 있다. 페미니스트, 탈식민적, 퀴어 이론 모두 이러한 세계관에서 나왔다.

비판이론은 교육에 막강한 영향을 미쳤다. 오늘날 OECD는 학교의 성취와 형평성, 이 두 가지를 학교교육의 성공요소로 평가한다(Schleicher, 2010). OECD는 전 세계적으로 교육이 개선되었다고 평가하는데, 이런 성공은 대부분의 나라들이 돈과 에너지를 쏟았기 때문이다. 교육은 접근 기회와 부^{wealth} 간의 균형을 맞추도록 하는 데 기여했다(OECD, 2011).

캐나다의 거의 모든 주에서는 형평성에 관심을 둔다. 이에 차별화 수업, 평가 정책을 개발하였다. 그러나 캐나다 보호구역에 있는 학교의 원주민 학생과 그들의 교육은 이 형평성에서 소외되었다. 원주민 교육은 주가 아니라 연방의 책임으로 보았기 때문에 전반적인 재정지원이 불공정했다. 결과적으로 주의 지원을 받은 학교에 비해 교육의 질이 현저히 낮았다(Assembly of First Nations, 2010; Auditor General of Canada, 2011).

사회 정의를 위한 교육과정은 이념에 대한 비평을 필요로 한다. 저널리스트 Cynthia Reynolds(2012)는 『Maclean』이라는 매거진에 "왜 학교는 학생들을 세뇌하는가?"라는 충격적인 비평을 썼다. 이 글에서 그녀는 사회 정의라는 이름 아래 학교에서 송유관 건설에는 반대하고 일부다처제에는 찬성하는 등의 사례를 들었다. 교수들은 사회 정의에 대한 교육과정을 신뢰하였지만 교사들, 특히 신규 교사들은 이런 주제를 더 주의 깊게, 더 민감하게 이해할 수 있도록 도와주는 교육이 필요하다고 하였다. 이런 교사들에게 국제사면위원회Amnesty International가 제공하는 국제적인 인간의 권리에 관한 교육과정 지침서를 사용하도록 한다면 도움이 될 것이다(Amnesty International, 2012).

2. 수업이란 무엇인가

여기서 우리는 교육과정에 대한 전통적인 접근과 구성주의 접근을 명확하게 하기 위해서 수업을 넓은 관점에서 살펴볼 것이다. 두 가지 접근은 서로 대조적인 관점에서 수업을 설계한다(〈표 1-1〉 참조).

표 1-1 수업 설계 관점 비교: 전통적인 접근과 구성주의 접근

전통적인 접근	구성주의 접근
• 교사 중심. 전달(예: 전달법, 강연, 설명) • 학생의 기억에 집중한다. • 전체 집단 학습 중심이다. • 교사는 "오늘 학생들은 무엇을 하지?"라는 질문으로 활동과 시간을 계획한다.	• 학생 중심. 발견/탐구(교사와 학생의 상호 과정) • 학생의 사고력에 집중한다. • 개인/소집단 학습 중심이다. • 학생들은 자율성과 자기주도성을 개발한다. 교사는 "학생들은 궁극적으로 무엇을 얻지?"라는 질문으로 시작한다.

수업 전략은 학생들이 교실에서 매일 경험하는 학습 활동과 관련이 있다. 캐나다 전역의 주 수준 교육과정 문서는 성취결과를 충족하기 위한 수업 활동들을 제안한다. 그러나 교육과정을 살아 숨쉬게 만드는 것은 바로 로컬의 교육과정 개발자(교사)들인데, 교사들은 적절한 수업을 설계해서 학생이 의미 있는 활동을 할 수 있도록 해야 한다. 다시 말해서 교사는 자신의 교실 학생들에게 적확하고 효율적인 교육과정을 만들 권리가 있고 책임이 있다.

1) 수업에 접근하기

효과적인 전략은 대부분 포괄적이고, 다양한 맥락에 적용 가능하다. 그러나 수업 전략은 대부분 특정한 학습 과제를 수행할 때 교사가 선택한다. 예를 들면, 수업 전략은 은유, 벤 다이어그램, 선행조직자, 협동학습, 명시적 교수법, 추론적 발문, 실물 모델, 조작활동, 필기와 요약하기 연습 등이다(Dean, Hubbell, Pitler, & Stone, 2012).

이외의 다른 수업 전략들은 특정한 기능을 하기보다 포괄적인 수업 모델(교수법)이다. 교사는 여러 모델 중에서 교육과정을 가르치기에 좋은 전략을 고른다. 우리는 아래 몇 가지 '모델'을 기술하였으며, 이것은 『교사를 위한 전략과 모델: 내용과 사고 기능 가르치기Strategies and Models for Teachers: Teaching Content and Thinking Skills』(Eggen & Kauchak, 2012)와 『수업: 모델로 접근하기Instruction: A Models Approach』(Estes, Mintz, & Gunter, 2011)를 바탕으로 했다.

교육과정과 마찬가지로 수업 모델 역시 실제에서 하나만 나타나는 것이 아니다. 아마도 연속체로 보는 것이 더 도움이 될 것이다. 실제 수업에서는 직접교수법, 프로그램 학습, 완전학습법은 전통주의 접근 등이 나타난다. 반면에 구성주의 접근도 있다. 21세기 교사는 자신의 교실에서의 학습 목표, 학생, 환경 등에 가장 알맞은 모델들을 선택하여 사용할 것이다. 이것은 '둘 중 하나'라기보다 '둘 모두'일 것이다. 다양한 전략이 있지만 그중 몇 가지만 간단하게 살펴보자.

- **직접교수법**은 수학의 문제 해결이나 지도 읽기처럼 절차적으로 가르칠 때 적합하다. 교사는 설명하고 학생들은 안내에 따라 수행한다.
- **프로그램 학습**은 개인적으로 하는 자기 학습이다. 과제를 세분화하여 순서대로 제공한다. 학생들은 각 과정에서 각 단계마다 즉각적인 피드백을 받는다. 테크놀로지를 활용하면 즉각적인 피드백이 가능하다.

- **완전학습법**은 Benjamin Bloom(1956)의 교육목표분류를 기반으로 한다. 명확하게 정의한 목표를 계열화해서 조직한다. 학생들은 기능을 숙달할 때까지 계속 반복한다. 완전학습은 직접교수법, 자기주도적 학습, 협동 학습처럼 다양한 방법으로 할 수 있다.

- **강의법**은 단시간에 지식을 가르치는 방식이다. 토의는 이전 지식을 돌아 보고 새 지식을 확인하며 종합적으로 검토하고 이전 지식에 새 지식을 통합할 때, 또한 정리를 위해 정보를 요약할 때 사용할 수 있다.

- **집단 활동과 협력학습법**은 학생 간 상호작용을 고양하고, 사회성 발달과 비판적 사고를 증진한다. **집단 활동**의 예로 짝과 함께 생각하기^{think-pair-share} 방법을 들 수 있다. 학생들은 교사의 발문에 조용히 답하고 나서 짝과 함께 생각한다. **협력학습**은 학생의 상호의존과 책무성을 고양하기 위해 수행한다. 한 예로 직소^{jigsaw}를 들 수 있다. 학생들은 전문가 집단을 구성하고 흩어져서 각자 한 주제씩 공부한다. 그리고 다시 모집단으로 돌아가서 공부하고 배운 것을 다른 친구들에게 가르친다. 이런 전문가 집단은 새로 구성하고, 이전 전문가 집단 구성원을 포함하기도 한다. 학생들은 각자 주제에 대한 '전문 지식'을 서로 공유한다.

- **안내를 따르는 발견 학습법**에서는 학생들이 개념을 영속적으로 이해하도록 안내한다. 첫 번째 단계에서 교사는 어떤 개념 체계를 가르치기 위해서 예와 비예를 제공한다. 두 번째 단계는 발산 단계로, 학생은 교사의 예시를 관찰하고 비교한다. 세 번째 수렴 단계에서 교사는 학생들이 개념을 이해할 수 있게 더 구체적인 질문을 한다. 최종 단계에서 교사는 학생이 한 일을 정의하고 학생은 그것을 새로운 맥락에 적용한다.

- **개념 획득 학습법**은 비판적 사고를 통해서 개념을 더 발전시키고 정교화하는 데 집중한다. 교사는 예와 비예를 고르고 학생들은 개념에 대한 가설을 설정한다. 교사는 더 많은 예와 비예시를 제공한다. 학생들은 그들이 설정한 가설이 타당한지 분석한다. 학생들은 새로운 가설을 정교화

한다. 학생들은 개념의 본질을 확인한다. 이 모델은 과학적인 방법을 사용해서 가설을 검증한다.

• **탐구 학습법**은 문제 해결력과 자기조절력을 가르치는 데 집중한다. 책무성이 학습자에게 있다. 교사는 이전 지식을 검토하고, 문제를 제시한다. 학생들은 문제를 해결하기 위한 계획을 세운다. 학생은 전략(교사로부터의 몇 가지 도움이 필요함)을 세우고 실행한다. 결과에 대해 토의하고 평가한다. 더 학생 중심적인 탐구에서는 학생이 스스로 문제를 확인한 뒤 이를 해결한다.

2) 수업 전략의 차별화

구성주의 접근은 학생이 서로 다른 속도로 배우고, 서로 다른 방식으로 배운다는 것을 인정한다. 이러한 믿음은 수업과 평가의 차별화differentiation, 소위 말하는 **수준별 수업**Differentiated Instruction: DI을 가능하게 한다. 온타리오 교육부는 수준별 수업을 '개별 학생의 학습 준비도, 서로 다른 흥미, 학습 방식에 적합한 수업을 적용하기 위한 교수 방법'이라고 정의한다(Ontario Ministry of Education, 2011, p. 58). 수준별 수업 연구자로 널리 알려진 Carol Tomlinson(2001)은 교사가 다양한 수준의 학생이 있는 교실에서 수준별 수업을 위해 고려해야 할 4가지 범주를 제공한다(〈표 1-2〉 참조). 여기에는 수업과 평가가 모두 포함된다.

표 1-2 수준별 학습 전략

범주	초점	수준별 수업을 하는 교사는…
인지	학생들은 어떻게 사고하고 배우는가?	• 연구기반 수업 전략을 사용하라. • 성공적인 학습을 위해 유사한 준거를 지닌 다양한 도전 과제(산물)를 통해 학습 증거를 높이라. • 비슷한 시간이 소요되고, 유사한 학습 결과를 기반으로 한 과제를 완성하기 위한 선택권을 주라.

지능	학생들이 선호하는 학습 방식은 무엇인가?	• 학생들의 준비도, 흥미, 선호도를 알고 있으라. • 학생이 적절히 도전할 수 있도록 수업과 평가를 수준화하라.
집단 성향	학생들은 다른 사람들과 함께 일하는 것을 어느 정도 선호하는가?	• 학습에 유연성을 제공하라: 전체학습, 집단, 혼자, 짝과 함께 또는 이 배열의 혼합 • 집단과 재집단 • 학습을 위해 공유된 책무성 문화를 개발하라.
환경	학습 환경은 어떠한가?	• 학생 홀로 혹은 집단과 함께 할 수 있는 공간을 만들라. • 준비도, 개념에 대한 흥미, 학습 선호도와 같은 구체적인 학습에 공간을 맞추라. • 테크놀로지를 효과적으로 사용하라. • 유용한 자료를 다양하게 제공하라. • 학생들이 서로 협력할 수 있는 행동강령을 만들라.

출처: Tomlinson and Imbeau (2010)와 Ontario Ministry of Education (2010a)을 기반으로 함.

 수준별 수업

Heather Best는 온타리오에서 4학년 학생들을 가르친다. 학생 중 6명은 모국어가 영어이고, 3명은 이전 학교의 생활기록부가 아직 도착하지 않았고, 4명은 특별한 도움이 필요한 학생들이다. "나는 우리 교실의 다양한 학생들을 7개의 소그룹으로 나누었어요. 각 그룹은 각각 2~3개의 강점이 있어요."

Heather는 수학 수업을 어떻게 했는지 다음과 같이 설명하였다.

나는 수준을 진단하는 활동으로 시작했어요. 예를 들어, 나는 학생들이 분모와 같은 필수 용어를 알고 있는지 확인했어요. 나는 새로 전학 온 학생들에게 교육과정 성취기준 중 어느 것부터 가르쳐야 할지 알 수가 없었어요. 나는 이 아이들에게 적합한 것을 확인해야만 했어요. 이를 위해 나는 교묘한 방식을 자주 사용했어요. 진단평가를 통해 나는 각 집단의 아이들에 대해 알 수 있었어요.

나는 수업의 중점을 잡고, 집단에 맞는 자료를 준비하는 등 학습을 준비하는 데 많은 시간을 보냈어요. 나는 각 그룹에서 다른 그룹을 '도와줄 학생/도움이 필요한 학생'을 정했어요. 만약 A그룹에서 어떤 학생이 도움이 필요한데 교사인 내가 갈 수 없을 때, 도움이 필요한 학생이 B그룹의 누구에게 가야 하는지 알려 주었어요. 만약 B그룹에서 문제가 생기면, C그룹에서 도와줄 학생을 정했어요. 이렇게 리더 역할들을 지속적으로 바꾸죠. 학생들은 자신의 역할에 책임감을 느낍니다. 이러한 상호 교수는 자신의 학습을 강화하는 역할도 해요. 게다가 나는 모든 그룹을 동시에 지도할 수 없죠. 나는 차시 수업에서 개념을 도입할 때 항상 전체 학생을 대상으로 시범을 보이고, 그 때는 그룹들 가운데 서서 설명을 했어요. 그러고 나서 그룹을 옮겨 다니면 지도했죠. 나는 계속 움직였어요. 마치 저글링을 하는 것처럼요. 아마 7~10분 간격으로 움직였을 거예요.

나는 항상 클립보드를 가지고 다니면서 관찰한 것들을 썼어요. 이 기록은 구체적인 예가 되었고, 나는 그것을 통해서 활동 사례를 얻었어요. 내 노트에는 수업과 평가가 모두 있어요. 왜냐하면 그것은 나에게 학생들이 지금 어느 단계에 있으며 어느 단계로 가야 하는지 알려 주기 때문이에요.

3) 학생이 주도하는 학습

새로운 이야기는 학습을 학생이 주도한다는 점에서 전통적인 접근과 차이가 있다. 학생이 주도하는 학습[1](www.personalizelearning.com)을 공동 창시한 Barbara Bray(https://barbarabray.net)와 Kathleen McClaskey(http://kathleenmcclaskey.com)는 차별화differentiation, 개별화individualization, 학생이 주도하는 학습personalization에 대해 이렇게 설명한다.

---

1) 역자 주: 학생이 주도하는 학습은 최근 북미에서 등장한 미래학교 운동의 일환으로 테크놀로지를 사용해서 학생이 자신의 학습을 위한 수업을 계획하고 수행하는 전 과정을 주도한다. 이런 점에서 기존의 차별화 수업, 개별화 수업이 교사 주도 하에 수업을 소집단으로 그리고 개인에게 맞추어 온 접근이다. 이런 점에서 학생이 주도하는 학습 혹은 개인화 수업으로도 부른다.

- **차별화**에서 학생들은 학습 목표가 같다. 그러나 방식은 다르다. 교사는 각 학습 집단별로 수업하고 평가한다.
- **개별화**에서 교사는 개별 학습자의 요구를 충족시키는 수업을 한다. 차별화와 개별화 모두 교사가 학생에게 맞춘다.
- **학생이 주도하는 학습**은 학생으로부터 시작한다. 학습자 개개인이 자신의 학습 목표, 열정, 흥미, 방법 등 자신의 학습을 계획하고 주도한다. 각 학생들의 학습은 서로 다른 방식으로 나타나지만 교육과정이 지향하는 '큰 방향'을 공유한다. 교사는 학생이 자신의 학습을 계획하고 주도하도록 조력하고 안내한다.

학생이 주도하는 학습과 개별화학습을 혼동할 수 있는데, 둘 다 전체 집단보다는 개별 학습자를 고려하기 때문이다. 그러나 둘은 동기유발과 학생 통제에서 다르다(〈표 1-3〉 참조).

표 1-3 차별화 vs. 개별화 vs. 학생이 주도하는 학습

차별화differentiation	개별화individualization	학생이 주도하는 학습personalization
교사는…	교사는…	학습자는…
학습 집단별 수업을 제공한다.	개별 학생에게 수업을 제공한다.	자신의 학습을 주도한다.
학습자 집단의 요구에 맞춘다.	개별 학생의 요구에 맞춘다.	스스로의 학습 흥미, 재능, 열정, 영감을 조정한다.
각 학습자 집단의 학습 요구에 맞춰 수업을 설계한다.	개별 학생에 맞춰 수업을 설계한다.	자신의 수업 설계에 능동적으로 참여한다.
학습자 집단별 수업을 책임진다.	개별 학생의 요구에 맞는 수업을 책임진다.	무엇을 어떻게 배울 것인가를 선택하고, 의견을 내고, 자신의 학습에 책임을 진다.
학습 집단은 다르지만 학습 목표는 같다.	학생별로 학습하지만 학습 목표는 같다.	교사가 안내하는 학습 계획을 통해서 학습 목표를 확인한다.

학습 집단별로 테크놀로지와 자료를 선택한다.	학생별로 테크놀로지와 자료를 선택한다.	테크놀로지나 자료를 선택하고 사용법을 개발한다.
학습 집단의 학습 지도는 교사 의존적이다.	학습 지도는 교사 의존적이다.	학습은 안내하고 지원할 수 있는 동료, 전문가, 교사망을 구축한다.
학점 및 학년 기반으로 학습을 평가한다.	학점 및 학년 기반으로 학습을 평가한다.	학생이 한 학습 정도나 내용을 기반으로 학습을 평가한다.
AfL assessment for learning	AoL assessment of learning	AaL assessment as learning
다음 학습을 위해 학습 집단과 개인에게 피드백을 제공한다.	학생이 학습한 것을 기록하고, 진보 과정을 확인하고 평가한다.	자기주도적 학습자로서 자신이 학습한 내용, 기능 등을 되돌아본다.

출처: Barbara Bray & Kathleen McClaskey (2013)의 학생이 주도하는 학습 차트 v2(Creative Commons Attribution-NonCommercial-NoDerivs 3.0)를 원한다면, personalizelearn@gmail.com이나 www.personalizelearning.com 에서 구할 수 있다.

✋ 여기서 잠깐! 교실 밖에서 학생이 주도하는 학습

아홉 살 Sam은 학생이 주도하는 학습을 하는 대표적인 사례를 보여 준다. Sam은 교실은 아니지만 학습 집단에 소속되어 있다. Sam은 스크래치 소프트웨어를 좋아한다. Sam은 스크래치 프로그램을 활용해서 아바타 만드는 법을 배워서 게임을 한다. Sam은 여름 수업에서 스크래치에 대해서 더 배웠다. 그리고 나서 그는 자신의 게임을 온라인에 올리기 위해 어떤 단체에 가입했다. 수천 명이 게임을 하고, 게임을 수정할 수 있었다. 다른 사람의 게임을 혼합할 수도 있었다. Thomas와 Brown은 Sam이 프로그래밍을 더 많이 배우게 되었다고 보고했다. 피드백을 주고받는 과정에서 21세기 기능인 협력, 의사소통, 시민의식도 함양할 수 있었다고 보고했다.

3. 평가란 무엇인가

평가^{assessment}는 그동안의 측정 중심의 평가^{evaluation}에서 판단 중심의 평가 ^{assessment}로 바뀌고 있다. 측정 중심의 평가는 가령 학생의 학습 성취 정도를 평가하기 위해 학기말에 기말시험을 보는 식이다. 이런 기말시험은 대규모 의 표준화 평가다. 반면에 판단 중심의 평가는 교실에서 교사가 그동안 지켜 본 학생을 평가하면서 등장했다. 진단평가를 포함해서, 학생이 지금 하고 있 는 학습을 좀 더 개선하기 위해서 학기 중에 형성평가를 하고 그 결과를 학생 에게 피드백한다.

전통주의 모델에서 지식은 객관적이며 정량화 평가를 한다. 성취는 시험 및 지필평가로 측정했다. 평가는 규준지향적이었다(상대평가). 학생들이 정 상분포곡선 어디에 위치하는지를 알려 주고 등급으로 구분한다. 학생의 다 양한 성취를 정상분포곡선에 넣어서 본다([그림 1-1] '가' 참고). 학생들은 대 부분 정상분포곡선 중간값 근처에 있으며, 소수의 학생들은 정상분포곡선 양 끝에 위치한다. 정상분포곡선은 학생들을 이렇게 분류·구분하여 실패한 소 수와 아주 성공한 소수를 보여 준다.

구성주의 접근은 평가철학이나 평가의 실제가 전통주의 접근과 다르다. 그동안의 뇌 연구나 인지 발달 및 학습 분야 연구들로 인해 형평성과 포용 성에 대한 관심이 커졌고 전통주의 모델이 가진 전제를 다시 검토하게 되었 다. 만약 학생들이 능동적이고 자기를 이해하는 데 동기가 부여된 사람이라 면, 모든 학생들은 서로 다른 것들을 서로 다른 방식으로 배울 수 있지 않을 까? 구성주의로 인해 등장한 이러한 가정들은 한 발 더 나아가 교사들에게 교 육과정을 개발하고, 더 광범위한 전력들을 수업에 적용할 수 있도록 안내한 다. 규준참조평가(상대평가)와는 반대로, 준거참조평가(절대평가)는 모든 학 생들이 설정한 기준을 성취할 수 있다고 가정하고, J곡선으로 나타낸다([그

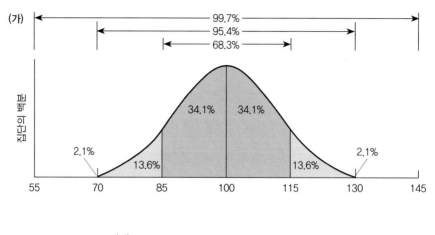

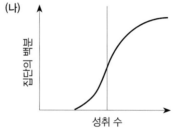

[그림 1-1] 규준참조평가와 준거참조평가

출처: http://www.doctorramey.com/musings-by-dr-ramey/horse-psychics-chic-houses-spy/
attachment/iq-bell-curve-03/

림 1-1] '나' 참고). 그러나 실제로 교실에서는 구성주의 접근과 전통주의 접근
이 혼재하고 교사들은 이 상황에 긴장하고 불안해한다(Harris & Brown, 2009;
Leighton, Gokiert, Cor, & Heffernan, 2010).

1998년 Black과 Wiliam은 형성평가를 메타분석한 '블랙박스 속으로: 교
실 평가를 통한 표준 높이기'를 발표했다. 형성평가는 학생의 학습을 통해 학
생뿐만 아니라 교사의 수업 능력을 향상시키게 한다. Black과 Wiliam은 학
습하는 과정에서 형성평가 결과로 제공하는 피드백이 학업 성취에 미치는
영향력이 매우 크다는 결론을 내렸다. 이 결론은 영국의 ARG^Assessment Reform
Group(2002)에 영향을 미쳤다. 오늘날 평가 결과를 피드백하는 것을 당연시하

지만, 책무성을 강조하면서 시험을 통한 평가를 주로 했던 당시에 Black과 Wiliam의 연구 및 ARG는 교육평가 분야에서 큰 쟁점이었다. 이 연구는 평가 분야에 있어서 새로운 이야기의 촉매제가 되었다.

Black과 Wiliam의 연구에서는 평가가 학생의 학습을 평가하는 역할보다 학생의 학습 촉진 역할을 해야 한다는 것을 보여 준다. 피드백은 학생을 등급으로 분류하는 것보다 학생의 성취를 강조한다. 피드백은 평가에 대한 전제를 '모든 학생이 성취할 수 있다.'는 것으로 바꾸었다. 평가자로서 교사의 역할도 달라졌다. 교사는 학생들이 성취 준거를 충족하도록 돕고, 지속적인 정보를 모으고, 대화하고, 실천해야 한다. 학생에게 맞추어 수업을 차별화하고, 평가도 차별화했다(Reeves, 2011).

요약하면, 평가에 대한 오래된 이야기와 새로운 이야기 간의 주요 차이는 평가의 목적에 있다. 오래된 이야기에서 평가 목적은 최종 판단활동이었다. 퀘백의 『학습 평가 정책Policy on the Evaluation of Learning』(Quebec Ministry of Education, 2003)에서는 학습 과정에 평가를 포함하는 방법을 다음과 같이 제시한다. "학생은 평가를 위해서 배우는 것이 아니다. 학생은 평가를 통해서 더 효과적으로 배울 수 있다. … 따라서 교육에서 학생의 학습을 평가하는 것은 필수다. … 평가에서는 학생이 습득한 개념보다도 학습 과정을 고려해야 한다."(p. 12) 교사는 대부분의 학생이 높은 성취를 보일 수 있는 J곡선을 기반으로 평가해야 한다.

Lorrie Shepard(2000)의 연구에서는 구성주의 관점에서 교육과정, 수업, 평가를 통해서 '학습 문화'를 어떻게 증진할 수 있는지를 설명한다([그림 1-2] 참조).

이 그림에서는 교육과정과 평가 측면에서 수업을 설명하였다. 우리도 이런 관점에 동의한다. 책무성 있는 교육과정에서 수업은 교육과정 문서에 진술된 것뿐만 아니라 학생이 중요시하는 것도 학습하도록 한다. 그리고 이를 평가할 수 있는 타당하고 신뢰할 수 있는 평가도 필요하다. 이 책에서 여러분

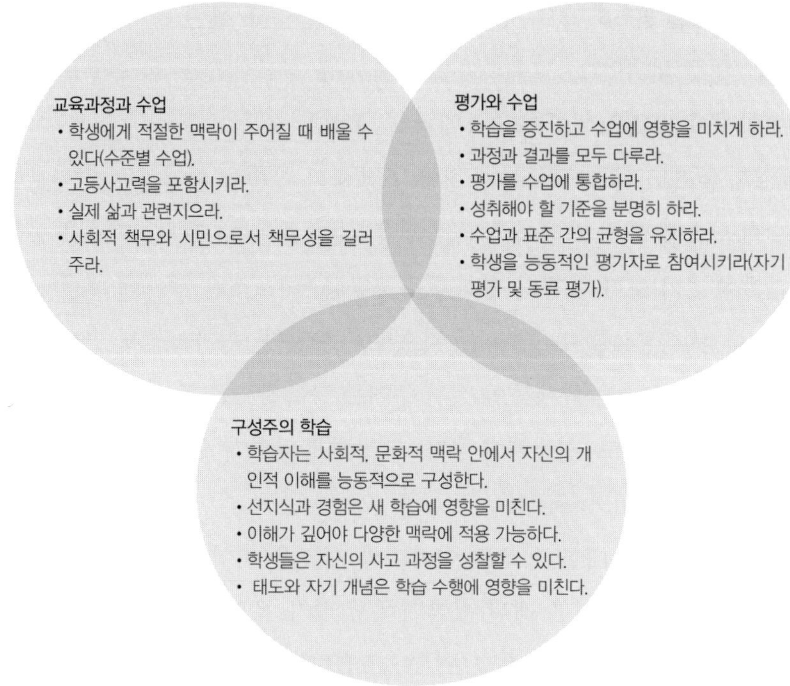

교육과정과 수업
- 학생에게 적절한 맥락이 주어질 때 배울 수 있다(수준별 수업).
- 고등사고력을 포함시키라.
- 실제 삶과 관련지으라.
- 사회적 책무와 시민으로서 책무성을 길러 주라.

평가와 수업
- 학습을 증진하고 수업에 영향을 미치게 하라.
- 과정과 결과를 모두 다루라.
- 평가를 수업에 통합하라.
- 성취해야 할 기준을 분명히 하라.
- 수업과 표준 간의 균형을 유지하라.
- 학생을 능동적인 평가자로 참여시키라(자기 평가 및 동료 평가).

구성주의 학습
- 학습자는 사회적, 문화적 맥락 안에서 자신의 개인적 이해를 능동적으로 구성한다.
- 선지식과 경험은 새 학습에 영향을 미친다.
- 이해가 깊어야 다양한 맥락에 적용 가능하다.
- 학생들은 자신의 사고 과정을 성찰할 수 있다.
- 태도와 자기 개념은 학습 수행에 영향을 미친다.

[그림 1-2] 새로운 이야기의 요소로서 평가

출처: Shepard, L. (2000), p. 8.

은 교육과정 문서와도 연관이 있으며, 평가 과제 및 도구도 될 수 있는 수업 이야기를 들을 수 있을 것이다.

1) 평가의 목적

캐나다에서 평가를 연구하는 Lorna Earl은 평가를 '모든 것을 위한 것^{purpose} $^{is\ everything}$'이라고 했다(2003, p. 12). 캐나다에서 평가는 평가 목적과 평가 실제 모두가 변화했다. 이를 Earl은 세 가지 평가, AoL$^{assessment\ of\ learning}$, AfL$^{assessment\ for}$ ^{learning}, AaL$^{assessment\ as\ learning}$로 설명한다.

(1) 학습한 것을 평가한다[AoL]

교실에서 평가[evaluation]는 학습한 것을 평가해 왔다[AoL]. 평가는 포트폴리오 등과는 다른 시험의 형태였다. 이는 학생이 학습한 것을 증명하는 형태이다. AoL의 목적은 성취한 것을 기록하는 것이다. 이 결과는 항상 수나 문자로 나타내는데, 서술을 하는 경우는 매우 제한적이다. 평가는 한 학생을 다른 학생과 비교하여 그가 어느 위치에 있는지를 보여 준다. 평가 결과에 따라 진급을 결정하고 다음 학업이나 프로그램을 수행할 수 있는지 여부를 판단하는 데 사용한다. AoL이 일제고사와 같이 표준화될 때, 평가 결과는 성취기준(주의 교육과정 문서에서 제시하는 기대/결과/역량)과 관련하여 책무성으로, 학생의 수행 능력을 평가하는 데 사용한다.

AoL은 주류적인 평가였다. 여기에서는 학생들의 성취를 비교한다. 그러나 교육과정이 다양한 학습 요구들을 조정하는 구성주의 접근으로 이동하면서, 평가의 목적도 학습을 촉진하는 기능으로 바뀌었다. 진단 평가처럼, 평가의 목적은 형성평가로 바뀌었다. 예를 들어, 어떤 학교는 읽기 평가로 표준화 평가를 하는데, 이는 학생들에게 주의 일제평가를 준비시키기 위한 것이다.

(2) 학습을 위해 평가한다[AfL]

AfL에서는 평가 결과를 학생의 학습을 고양시키는 데 사용한다(Black & Wiliam, 1998; Brookhart, Moss, & Long, 2008; MacPhail & Halbert, 2010; Shepard, 2000). 이는 형성평가로 명확한 준거별로 학습을 하는 동안에 학생이 수행한 것을 서술하여 후속 학습에 피드백한다. 교사와 학생은 수업 과정과 결과를 모두 고려하여 평가 과제를 개발한다(Hattie, 2009). 피드백(등급 없는 평가)은 학생의 강점, 혼동하는 부분, 성장을 위한 다음 단계에 집중한다. 다른 학생과 비교하지 않으며 평가의 목표를 학생의 학습 향상과 진보에 둔다.

이 책에서는 교육과정, 수업, 평가 간의 관계를 다룬다. 21세기의 평가 관점에서 특히 학습을 위한 평가[AfL]는 평가를 수업의 일부로 포함시킨다. 예를 들어, Black과 Wiliam(2004)은 평가를 수업의 일부로서 학습에 접근하도록 다음 사항을 제안한다.

- 고등사고를 위한 질문하기
- 손 안 들기(교사는 손을 든 학생에게 묻기보다 누구에게나 언제든지 묻는다)
- 신호등 기법 활용(학생들은 이해 정도에 따라 빨강, 노랑, 초록 카드를 든다)
- 성찰 카드[2] 쓰기 또는 수업 후기 쓰기(학생들은 수업 끝부분에서 그들이 배운 것을 요약하거나 혼동되는 것을 짧은 글로 쓴다)

AfL은 이런 전략을 활용하는 것 이상이다. AfL은 다음과 같은 신념을 전제로 한다. AfL은 모든 학생이 배울 수 있고, 교사의 책무성은 평가한 것을 기록하는 것이 아니라 학습을 적극적으로 지원하는 것이다(Earl, Volante, & Katz, 2011). AfL에서는 교사와 학생의 역할을 재정의한다. 교사와 학생은 학습 파트너로 협력하고 서로에게 집중할 것을 강조한다(Black, Harrison, Lee, Marshall, & Wiliam, 2003; Gipps, 1999; Popham, 2008). 교사는 다양한 학생의 요구를 충족시키기 위한 수업을 언제, 어디서, 어떻게 할 것인지 준비한다. 또 학생 간에 학습 차이가 어디에서, 왜 나는지를, 그리고 그것을 어떻게 개선할 수 있는지를 이해하려고 노력한다.

(3) 학습으로서 평가다[AaL]

AaL은 자기 평가와 메타인지를 발달시키는 데 초점을 둔다. AaL에서는 평가 목적을 학생이 자신의 학습을 검토하는 데 둔다. 계속적인 자기 평가를 통해서 학생은 성공적인 성취에 부속하는 메타인지 기능을 개발하고, 메타인지 기술 습득 여부를 확인하고, 메타인지 기능을 효과적으로 학습할 수 있는 전략

---

2) 역자 주: Exit Card, 보드게임의 일종.

을 고안하고 활용한다. 뉴질랜드의 저명한 연구자 John Hattie(2009)는 메타인지와 자기주도적 전략이 학습에 강한 영향력을 준다는 것을 확인하였다. Lorna Earl(2003)은 AaL이 평가의 궁극적인 목적이며, 학생이 메타인지 기능과 자율성을 기르도록 가르쳐야 한다고 말한다.

이 책에서 우리가 사용하는 평가는 AfL(진단평가, 형성평가)과 AaL(자기 평가와 메타인지)을 모두 포함하는 용어다. 왜냐하면 많은 문헌에서 평가를 이 두 종류의 평가를 모두 포괄하는 용어로 사용하기 때문이다. 또 AaL을 AfL에 속하는 개념으로 사용한다. 우리가 이 책에서 살펴본 AfL과 AaL에 대해서는 AfL, AaL, AoL을 모두 사용하는 캐나다 상황에서 구체적인 수업/평가에 대해서 설명할 때 다시 구분할 것이다.

〈표 1-4〉는 실제로 평가할 때, 왜 평가하는가(평가 목적), 무엇을 평가하는가, 언제 평가하는가, 어떻게 평가하는가, 누가 평가하는가를 보여 준다(Earl, 2003).

표 1-4 평가의 실제

	AoL	AfL	AaL
왜 평가하는가?	주의 성취기준 성취 이수 여부를 종합적으로 판단하기 위해, 최종평가를 하기 위해	학습자가 하고 있는 학습을 확인하기 위해, 다음 학습 목표를 설정하기 위해, 다음 단계에 해야 할 것을 학인하기 위해, 과정을 검토하기 위해	성찰과 자기 평가 기능을 기르기 위해, 학생의 자기 평가 능력을 기르기 위해
무엇을 평가하는가?	• 내용 지식, 기능 • 준거지향적, 규준지향적	• 내용 지식, 기능, 학습 전략, 태도 • 준거지향적	• 내용 지식, 기능, 학습 전략, 태도 • 준거지향적
언제 평가하는가?	주요 단계가 끝난 후 (단원평가, 기말평가)	자주. 수업 전(진단평가), 수업 중(계속해서)	자주. 수업 전(진단평가), 수업 중(계속해서)

누가 평가하는가?	교사	교사, 동료, 자기	동료, 자기
평가 결과를 어떻게 알리는가?	등급, 통지표에 일화 기록	임의 등급, 일화 기록/루브릭, 체크리스트	저널, 성찰 카드, 일화 기록/루브릭, 체크리스트
평가 정보는 어떻게 활용하는가?	• 학년 진급, 프로그램 편성, 주의 성취기준과 관련하여 학생의 수행을 판단하기 위해 • 정보는 부모/후견인, 학교, 지역의 직원, 다른 교육전문가들에게 공유할 수 있다(예를 들어, 통지표나 교육과정 개선을 목적으로).	• 학생과 교사가 최근의 성취를 확인하는 데, 주 교육과정 지침에 제시된 성취와 관련하여 학습 목표를 설정하는 데 • 교사가 자신의 수업을 확인하는 데, 차별화 수업을 계획하는 데	• 학생이 동료에게 피드백을 제공하는 데, 자신의 진보를 검토하기 위해, 전략(메타인지)을 살펴보기 위해, 학습 목표를 설정하는 데 • 동기를 부여하는 데
교사와 학생은 어떤 역할을 하는가?	• 교사가 판단한다.	• 교사와 학생은 협력하고, 상호작용하며, 평가 파트너이다. 계속 성찰하고 진전에 대한 검토를 한다. • 교사는 형성평가와 학생 반응을 가지고 자신의 계획을 판단하고, 협력적인 교수에 참여한다. • 학생은 학습을 향상하기 위해 피드백에 응한다.	• 교사는 평가 책무성을 점진적으로 학생에게 위임할 수 있도록 설계한다. • 학생들은 자신의 성취 수준을 판단하는 기능을 개발하여 독자성을 키워 나간다. • 학생들은 평가 정보를 학습 개선에 사용한다.

2) 함께 생각해 보기

앞에서 우리는 평가를 세 가지로 구분해 보았다. 이런 구분이 명확한 것은 아니다. 세 가지 평가는 상호작용한다. 예를 들어, 소크라테스의 문답법은 전통적인 수업 설계 방식이지만, 학생의 답변은 최근의 이해 중심 수업에 대한 풍부한 정보를 제공해 준다. 따라서 이런 문답법은 평가 방식이기도 하다[AfL]. 평가는 수업에 어떤 기회를 제공할 수 있다. 학생이 루브릭 등 평가를 설계하는 데 참여할 때, 자신과 자신이 이해하는 것을 평가 과제에 적용할 수 있다. 이러한 활동은 학생이 모범적인 수행의 특성을 명확히 알게 해 주며, 학생들이 평가 준거를 이해하고, 다음 단계의 수행을 이해할 수 있도록 도와준다. 그 결과 학생들은 더 효과적인 자기 평가자가 된다. 따라서 평가는 교육과정-수업-평가의 역동적 체계를 구성하는 한 요소로서, 세 가지 평가 방식을 상호 관련하여 다루어야 한다.

4. 평가의 원리

1) 평가 요소

『캐나다에서 교육에서의 공정한 학생 평가를 위한 원리[Principles for Fair Student Assessment Practices for Education in Canada]』(Joint Advisory Committee, 1993)는 평가를 위한 필수 요소를 알려 주는 기본 문서이다. 다른 문서들도 평가의 기능적 측면을 더 잘 알려 준다(예를 들어, Airasian, Engemann, & Gallagher, 2012; McMillan, Hellsten, & Klinger, 2010; Popham, 2008을 보라). 우리는 효과적인 평가를 위해서 가장 핵심이 되는 세 가지 요소(타당도[validity], 신뢰도[reliability], 공정성[fairness])에 대해 간단하게 설명할 것이다.

(1) 타당도

타당도는 평가 자료를 판단하는 신뢰성과 관련이 깊다. 평가가 충분한 정보를 제공하며, 판단하는 데 필요한 정보를 제공하는가? 다시 말해서 평가하고자 하는 것을 얼마나 잘 평가하는가? 교사에게 평가 타당도는 교육과정 목표와 평가 내용을 동일하게 계획하는 것이다. 성취 결과가 나오도록 수업을 계획하는 것이다. 이런 방식으로 교육과정을 계획하는 것이 '백워드 설계'이다. 백워드 설계는 제3장과 제5장에서 자세히 다루었다. 백워드 설계는 ① 평가 과제와 학습 목표 일치, ② 학생들이 평가 과제를 성공적으로 수행하는 데 필요한 지식과 기능을 배울 기회를 확실히 보장한다(Black et al., 2003; Cooper, 2006, 2011).

(2) 신뢰도

신뢰도는 평가 결과의 일관성과 관련이 있다. 어떤 평가든 어느 정도는 오차가 있다. 왜냐하면 여러 가지 외적 요소들이 학생의 수행에 영향을 미치기 때문이다. 가령 건강, 분위기, 환경, 혼란스러운 수업, 행운 등이 학생의 수행에 영향을 미친다. 그러나 만약 다른 평가자가 학생의 수행 결과를 다른 방식(프로젝트, 테스트, 구술)으로 평가해도 평가 결과가 같다면, 공정하다고 할 수 있다. 학생의 능숙도에 대한 명확한 지표가 없더라도 평가 결과는 상당히 신뢰할 만하다.

✋ **여기서 잠깐!** **평가자들 간 평가 조율하기: 평가 신뢰도 높이기**

평가하는 교사들이 채점 결과를 서로 조율하는 평가 조율하기moderated marking를 통해서 평가 신뢰도를 높일 수 있다. 다음은 6학년의 사례이다.

첫 번째로 나는 동료와 쓰기 과제 평가 루브릭을 개발했다. 우리는 쓰기 과제에 집중했다. 먼저 과제를 통해서 학생의 수행 수준을 평가할 만한 샘플을 골랐다. 그러고 나서 채점을 시작했는데 처음에는 함께 채점했고, 나중에는 각자 한 후에 서로 채점한 점수를 비교했다. 이렇게 한 것은 평가 기준을 좀 더 잘 이해하기 위해서였다. 처음에 우리가 채점한 점수가 얼마나 차이가 날 수 있는가를 알아차리면

서 실망도 했다. 과제 자체만 살펴보는 대신에, 채점에 영향을 줄 수 있는 것들도 고려했다. 또 평가에 대한 방어적인 우리의 태도도 극복해야 했다. 우리는 몇 년 동안 함께 활동했지만 때로 상대방이 하는 판단 때문에 감정이 상하기도 했다. 우리가 채점 결과를 비교하기보다 기준을 중심으로 학생들이 실제로 한 수행에 집중하면서 채점은 점차 일치했고 편향성도 줄었다.

　평가자로서 교사들이 평가를 조율하는 일은 복잡하다. Wyatt-Smith, Klenowski, Gunn(2010)은 개별 교사의 개인적 전문적 경험이라는 암묵적 지식과 루브릭과 같은 명시적이고 외재적 지식 사이에서 나타나는 긴장과 갈등이 있다는 점을 지적한다. 그들은(Wyatt-Smith, Klenowski, Gunn) 초・중등 교사들이 주의 성취기준을 채점한 것을 비교하면서 나눈 대화를 녹음하여 분석하였다. 그들은 교사들이 평가할 때 '성취기준보다도 훨씬 더 많은 것들을 고려한다.'고 결론지었다(p. 72). 사회적 상호작용, 평가 결과에 대한 이해나 존중, 교사가 말하지 않은 경험적 지식들이 평가에 영향을 주었다.

(3) 공정성

　공정성은 성별, 선지식, 교사의 편견 등 평가하려는 것과 관계없는 요소들이 평가에 영향을 미쳐서는 안 된다는 것만은 아니다. 공정성은 모든 학생들에게 성공할 기회를 제공해야 한다는 의미를 포함하고 있다. 교사가 공정해야 한다고 강조하지만, 교사들은 실제로 이런 '공정성' 개념을 믿지는 않는다. Tierney, Simon, Charland(2011)는 77명의 교사들(온타리오주와 서스캐처원주 교사들)을 대상으로, 학생 진급을 평가할 때 교사들은 준거를 따르지만 사실 이 준거만 따르는 것이 아니라고 했다. 학생을 진급시킬 때 교사는 이수한 교과, 교과를 이수하는 동안에 학생이 보여 준 성장, 대학 입시 기준 등을 종합적으로 고려하였다. 게다가 교사의 평가 의견에는 학업성취요소들이 아닌 다른 요소들(예를 들어, 출석, 학생의 노력 등)도 포함되어 있었다. Tierney, Simon, Charland는 '실제로 교사들이 학생을 평가할 때, 준거를 온전히 다루기보다는 우리가 확인하기 힘든 요소들을 포함하여 공정성을 다룬다.'고 결론을 내렸다(p. 224).

교사에게 평가 초기에 평가 원리 및 평가 기준을 명확히 안내해야 공정성을 보장할 수 있다. 공정성은 모든 학생들에게 배울 기회와 배운 것을 확인할 기회를 충분하고 적절하게 제공할 때 더 잘 보장할 수 있다. 공정성이 표준화 평가(모두를 위한 성취기준, 평가 기준 및 평가 과제)를 의미하는 것은 아니다. 아이러니하게도 표준화 평가에 대한 비판 중 하나가 표준화 평가가 불공정하다는 비판이다. 왜냐하면 표준화 평가는 개별 학생을 고려하지 않기 때문이다. 교사는 학생에 대해 더 충분히 알기 때문에 학생들을 더 잘 평가할 수 있다.

2) 평가, 동기, 학생으로서 정체성

'학교에서 무엇을 하는가?What Did You Do in School Today?' 이 연구에서는 학생이 일반적으로 교실에서 지루해한다고 보고했다(Willms & Friesen, 2012). 우리는 학생들을 어떻게 고무시킬 수 있을까? 이 문제에 ① 풍부한 과제 설정, ② 적절한 교수 방법으로 접근해 볼 수 있다. 학습동기를 위해서는 학습 참여를 높이고, 평가 정보를 제공해야 한다. 평가는 학습동기, 학습노력, 학생으로서 정체성에 영향을 미치는 정서적인 요인이다(Brown, 2011; Kearns, 2011; Marsh & Martin, 2011; Pulfrey, Buchs, & Butera, 2011; Stephan, Caudroit, Boiché, & Sarrazin, 2011).

심리학자 Carol Dweck(2006)은 '고정적fixed 사고'와 '성장적growth 사고'라는 용어를 사용해서 동기, 노력, 정체성 간의 관계를 설명하였다. 고정적 사고를 하는 학생은 자신의 성공 요인을 지능, 재능, 유전 등 '물려받은 것' 때문이라고 생각한다. 이런 학생들이 어려움을 만났을 때 당황하고, 좌절하고, 무력감을 느낀다. '우리 아빠 닮았지, 뭐. 난 수학을 잘할 수가 없어.'와 같은 생각을 하며, 자신의 실천과 노력의 가치를 평가절하한다. 반대로 성장적 사고를 하는 학생은 실패를 일시적인 사건으로 생각한다. 때문에 그들은 계속 노력하면 성공할 수 있다고 믿는다. 이런 학생은 도전적인 상황에 처하면 이 상황을 어려움을 극복하면서 배울 수 있는 기회로 삼는다. 또 실천해 보는 것을 성공을 위한 궁극적이고 효과적인 전략이라고 생각한다. 평가 피드백을 제공할 때는 성장적 사고를 형성하도록 돕기 위해 학생의 태도보다도 수행 중인 활동 자체에 대해 집중해야 한다.

평가가 개선 가능성을 지적해 줄 때, 평가를 통한 성공 경향성을 높일 수 있다. 교사는 특정 순간에 특정 평가 도구를 사용하기보다, 평가는 학생들이 성취하는 어떤 행동을 포착할 때 실제로 더 효과 있고 더 가치 있다. Neal(2012)은 가치 있는 평가를 다음과 같이 정의하였다. "가능성에 초점을 둔 긍정적이고 지지적인 피드백을 학생에게 제공함으로써 학생이 자신의 독특한 능력과 소질을 발견하고 형성할 수 있도록 돕는 모든 것이며, … 학생은 자신의 성취에 만족하며, 과제에 도전하려는 동기를 형성하는 것이다."라고 말한다(p. 7).

〈표 1-5〉는 교사가 평가하면서 무슨 말을 할 수 있고, 어떻게 대화할 수 있는지를 보여 준다. 교사는 이런 평가를 통해서 학생의 자기 효능감을 더욱 발전시킬 수 있다(단적으로 성장적 사고방식을 키울 수 있도록 도울 수 있다).

✋ **여기서 잠깐!** 　성장적 사고

　　온타리오 수학교사인 Laura Inglis와 Nicole Miller(2011)는 학생들이 성장적 사고방식을 개발하도록 돕기 위해서 문제기반 수업을 하였다. 그들은 학생들에게 온타리오주의 성취평가 과제를 재구성할 수 있도록 다음과 같이 말했다. "제시하는 사례를 그대로 사용해도 된다. … 각 과제를 수행하는 수준을 평가한다. 각 과제별로 구체적인 사례를 사용해도 된다. … 친구의 과제와 비교하지 않는다. 오로지 과제만 평가한다. 특히 6학년 평가는 전략적이다."(p. 9) 이후 온타리오주에서 하는 평가에서 3학년은 12%, 6학년은 4%가 올랐다. Inglis와 Miller는 학생들이 자신의 성공 비결을 타고난 재능보다도 문제 해결 전략에 두도록 했다. 학생들은 자신감을 얻었고, 설명도 잘했다. 결국, 학생은 평가를 효과적으로 잘 수행했고 동시에 수학 성적도 더 나아졌다.

표 1-5 교사 피드백

교사 행동	교사 피드백
학생이 재능, 운, 교사 도움이 아니라 자신의 노력으로 성공할 수 있다는 것을 알 수 있도록 돕는다.	"너는 또 다른 출처를 찾느라 시간을 많이 썼구나. 그래서 너는 결과를 풍부하게 도출해 낼 수 있었구나." "너는 흥미진진하고 정보가 풍부한 발표를 하려고 많은 노력을 했구나."
학생이 추상적이 노력이 아니라, 관찰 가능한 노력에 관심을 갖도록 돕는다.	"나는 네가 쓴 이 보고서 초안을 유심히 보았어. 너의 생각은 꽤 명확했어." "난 네가 점심시간에 체육관에서 연습하는 걸 보았어. 레이업 숫이 나아졌더구나."
피드백은 구체적이고 서술적으로 한다. 구체적으로 개선된 전략을 확인해 준다. 사용한 전략과 성공 결과를 연결해 준다.	"너의 생각이 잘 나타나게 문단을 구성했어. 이번에는 형용사와 부사를 사용하여 더 풍부하게 표현해 봐." "너는 유의어를 효과적으로 썼구나. 적절한 단어들로 미묘한 차이를 표현하고 다양하게 표현했구나."
피드백은 가능한 한 많이 준다. 학생을 순회지도하며 관찰하고, 경청하고, 면밀하게 살핀다.	"내가 알기로는 (여기서 이렇게) 시작했는데, 지금은 얼마나 진척되었니?" "네가 한 과제 중에서 내가 무엇을 살펴보면 되겠니?"
목적을 명확히 한다. 채점기준을 교실에 게시한다. 학생이 스스로 평가할 수 있는 예제를 제공한다.	"네가 쓴 수필을 이것(평가 기준)과 비교해 봐. 비슷하니? 네 수필에 무엇이 빠졌니?" "오늘은 정확하게 관찰하는 것이 목표야. 이를 위해서 실험하면서 관찰한 것을 어떻게 기록해야 할까?"
학생이 이전 과제와 비교해서 얼마나 개선되었는지 알게 한다. 학생들에게 다음 과제를 어떻게 개선할 수 있는지 보여 준다.	"그래프 그리는 것이 나아졌구나. 이번 시간에 너는 축을 그렸다는 것을 기억해. 다음 시간에는 데이터 점을 더 정확하게 표시하면 좋아질 거야."
다음 활동을 결정하는 데 학생을 참여시킨다.	"너는 4분 걸렸어. 다음 목표는 2분이야. 그렇다면 무엇을 해야 할까?"
긍정과 부정 간의 균형을 맞춘다.	"구두발표를 참 잘했구나. 너는 주제를 파악하고 있었고, 목소리에도 힘이 있었어. 다음에 말할 때는 청중을 꼭 보면서 해 보자."
교사가 성장 사고방식 모델이 된다.	"난 카메라를 다루는 데 문제가 있어. 어떻게 다루는지 나에게 보여 줄 수 있겠니? 배우고 싶구나."

출처: McMillan, Hellston, & Klinger (2010), pp. 134-137.

3) 성적 통지와 등급매기기

이야기 모델에서는 두 가지 서로 다른 관점을 변증법적으로 전환해야 하는데, 특히 성적 및 등급문제에 대한 관점은 확실히 바뀌고 있다. 북아메리카는 오늘날도 전통적인 경쟁, 성적 문화를 가지고 있다. 그러나 미래 교육문화를 조성하는 새로운 이야기는 이런 전통적인 평가에 도전적이다. 평가에 대한 수많은 논쟁들이 평가에 대한 새로운 이야기를 하고 있다는 것을 방증한다.

오늘날 교사와 학생은 전통적인 평가 문화(경쟁, 성적 중심)와 새로운 평가 문화가 동시에 공존하는 상황에 놓여 있다. 이에 계속 등급을 매겨야 하는지에 대해서도 서로 갈등하고 있다. 교사에게는 평가 책무성이 있고, 일정한 시기별로 성취 결과를 제시해야 한다. 등급은 학생들에게도 중요하다. 등급은 학생들에게 자신의 학업에 대한 가시적인 성취를 확인할 수 있게 해 주기 때문이다. 학생들은 높은 등급을 받기 위해서 서로 경쟁하는데, 이런 등급으로 학생은 어떤 교과, 어떤 프로그램에 접근할 수 있는지를 확인한다. 지금까지 평가 전통(문화)은, 지금도 영향을 미치고 있다(Earl, Volante, & Katz, 2011).

동시에 교사는 구성주의 관점에서 활동한다. 구성주의 관점에서 교사는 학생의 성장을 중심에 두기 때문에 많은 시간과 노력을 형성평가에 쏟는다. 어떤 교사들은 자신의 교실에서 사용하는 웹 사이트를 통해서 학생 포트폴리오, 학생이 주도하는 회의, 학부모의 밤에서 나눈 대화 등을 평가에 활용하기도 한다. 교사들은 평가 정보를 수집하는 창구를 하나로 통일할 때 스트레스를 받는다. 전통적인 평가와 구성주의 관점에서의 평가, 이 두 평가 정책을 모두 받아들여야 하는 교사에게 평가는 평가로 그치는 것이 아니라 가치 문제로 다가간다(Crossman, 2007; Harlen, 2005; Nolen, 2011; Pope, Green, Johnson, & Mitchell, 2009; Steinberg, 2008).

우리는 오늘날 이런 평가 문제를 해결할 수 있는 해결책을 제공할 수는 없다. 그러나 세 가지 요소(교육과정, 평가, 수업)를 통합한다면 문제는 줄어들

것이다. 등급을 매긴다고 해도 타당한 평가 정보를 수집할 수 있을 것이다. 이상적인 등급은 지속적인 형성평가를 통해 축적된 확인 가능한 정보를 근거로 해야 한다. 수준, 성적표(통지표), 백분율, 등급 등은 학생들이 최근에 한 활동을 효과적으로 정확하게 보여 주는 척도여야 한다(Winger, 2009; Guskey, 2003; Marzano & Heflebower, 2011; O'Connor, 2011; Erikson, 2011). Brookhart는 "무엇보다 중요한 점은 어떤 척도를 사용할 것인가가 아니라 얼마나 자주 보고할 것인가, 평가활동 중 등급을 매기는 활동을 얼마나 동시다발적으로 할 것인가, 어떻게 함께 할 수 있는가 등이다. 또 두 번째로 중요한 점은 다음 질문에 답하는 일이다. 등급을 매겨서 우리가 전달하려는 것이 무엇인가? 등급에 대한 정보는 주로 누가 원하는가? … 등급은 학생들이 얻은 것이 아니라 학생들이 배운 것이다."(2011, p. 12)라고 하였다.

5. 새로운 이야기

앞에서 말했듯이 교육은 새로운 이야기를 써야 한다. 이 이야기는 지금 막 나오고 있는 이야기다. 이 이야기는 고정되어 있지 않다. 과거의 한 부분이기도 하며, 미래에는 달라질 수도 있다. 그럼 새로운 이야기는 무엇일까? 캐나다에서 학교 변화를 연구해 온 Michael Fullan(2013)이 이야기하는 새로운 이야기에서는 세 개의 큰 아이디어(테크놀로지, 새로운 교수학, 변화 주체로서 교사)로 연결되어 있다.

이 책에서 우리는 Fullan이 말하는 새로운 이야기를 살펴볼 것이다. 뿐만 아니라 문헌, 정책 문서, 블로그, 유튜브, 웨비나(인터넷상의 세미나), 팟캐스트와 같은 인터넷 자료도 살펴볼 것이다. 주목해야 할 점이라면, 우리가 앞서가는 캐나다 교사들을 인터뷰한 내용을 포함시켰다는 점이다. 다음 장에서는 교사를 통해서 교사가 속해 있는 교육 풍경에 대해 더 자세히 이야기할 것이다. 실제로 변화는 교육 주변부에서 효과적인 혁신을 실행하는 사람들, 즉 교육자 체계를 분열하는 것에서부터 시작한다(Horn, 2013). 이런 현상은 제2장과 제6장에서 이야기할 것이다.

1) 테크놀로지

테크놀로지는 새로운 전문성을 요청하면서, 교육뿐만 아니라 타 분야에서도 일대 전환을 불러일으키고 있다. 어떤 교사는 테크놀로지를 적극적으로 사용하고, 어떤 교사는 신중하게 접근한다. 때로는 학생들이 교사보다 테크놀로지에 더 익숙해서 불행하게도 서로의 역할이 바뀌기도 한다(Mishra & Koeler, 2006). 그러나 Fullan(2013)은 변화에 저항하는 것은 해로울 뿐만 아니라 해 봐도 소용없다고 말한다.

앞으로 교실은 더 연결되어 네트워크를 형성할 것이다. 테크놀로지를 활용하면 학생의 학습을 더 독려하고 고양시킬 수 있다. 학생들도 노트북, 태블릿, e-리더, 아이팟, 아이패드 등을 사용한다^{Bring Your Own Devices: BYOD}. 수천 개의 앱들이 게임으로 하는 학습을 하도록 도와주고 있고, 사회적 연결망을 제공하고 있다. 예를 들어, 'Bloom의 디지털 분류학'을 보면, 각 단계마다 교사와 학생이 사용할 수 있는 수많은 사례들을 찾을 수 있다. 온라인 교과서에서 제공하는 디지털 비디오들을 수업과 평가에 사용할 수 있다.

또 교실도 글로벌해졌다. 학생들은 어떤 문제를 해결하기 위해서 전 세계 학생들과 협력할 수 있다. 온라인 학교에서 제공하는 온라인 학습을 통해서 언제 어디서든 학습 상황에 접근할 수 있다(예, Khan 아카데미). 스탠포드나 토론토 대학 등 대학에서는 이미 온라인으로 강의를 제공^{Massive Open Online Concept: MOOC}하고 있다. 이제 학생들은 지역의 특정 학교에서 제공하는 수업에만 묶여 있지 않다.

학생이 주도하는 학습^{Personalized Learning} 접근은 교사와 학생의 역할을 바꾸고 있다. 학습을 조직하는 데 더 이상 교사 혼자서 할 수 없다. 교사는 학생에게 정보를 전달할 필요도 없다. 학생은 유튜브를 통해서 해당 분야 전문가가 올린 영상을 보면서, 자신이 학습하고자 하는 분야의 전문가와 직접 접촉할 수 있다. 그러나 교사는 학생들이 테크놀로지를 윤리적으로, 책임감을 가지고 사용할 수 있도록 도와야 한다.

2) 새로운 교수학

우리는 새로운 교수학을 딥 러닝^{Deep Learning: DL}으로 본다. DL은 구성주의 관점을 취하며, 프로젝트를 기반으로 학습에 접근한다. DL도 테크놀로지를 기반으로 하며, 우리가 지금까지 해 온 교육을 최상의 상태로 유지시켜 줄 수 있기 때문이다. 이야기 모델로 새로운 이야기를 하기 위해서는 현재 공존하는 두 개의 서로 다른 이데올로기(전통주의, 구성주의) 중 하나를 선택하는 방식(either/or)이라기보다는 둘을 종합 또는 조화시키는 방식(both/and)이다. 이분법이 아니라, 둘이 공존하는 세계에 접근해야 한다(Barbar, Donnelly, & Rizvi, 2012). 이에 교사는 학생의 요구에 가장 잘 맞는 수업이나 평가를 선택할 줄 알아야 한다.

John Hattie(2009, 2012)는 학습에 관한 연구를 통해서 학생의 성취에 영향을 미치는 800개 이상의 요소들을 메타 분석을 통해서 종합했다. 그리고 138개의 교육 요소가 학생 성취에 영향을 미친다고 했다. 그의 연구 결과는 결국 전통적인 접근과 구성주의 접근 모두 교육에 적합하다는 것을 의미한다. 예를 들어, 발음 중심 교수법, 직접교수법, 완전학습은 창의적인 프로그램, 협력학습, 상보적 교수들처럼 효과적이라고 볼 수 있다. Hattie가 제시한 요인 목록에서 가장 눈여겨볼 만한 것은 자기 보고 성적, 형성평가, 피드백, 메타인지적 전략 등을 사용하는 학습을 위한 평가^{AfL}이다(〈표 1-6〉 참조).

표 1-6 '둘 모두(both/and)' 접근

전통적인 접근both	구성주의 접근and
3R	새로운 문해력
발음 중심 교수법	총체적 언어 학습법
양적 보고	질적 보고
분과교과	통합교육과정
강의/직접교수법	탐구/프로젝트기반 학습
근거 기반	직관적 혁신

교사는 딥 러닝을 위해서 21세기 기능21C Skills(협력, 의사소통, 비판적 사고, 문제 해결, 창의성 등)을 통합해야 한다. 또 '학습을 극대화하려면, 다음 4가지 요소를 충족시키도록 테크놀로지와 교수학을 통합해야 한다. ① 참여, ② 효율성(도전적이고 사용하긴 쉬운), ③ 시간과 공간 제약이 없는 기능, ④ 실생활(삶)과 유관한 문제 해결'(Fullan, 2013, p. 33). 즉, 학습 과제에 학생들이 참여해야 하고, 그것은 단순하면서도 도전적이어야 하며, 언제나 테크놀로지에 접속 가능해야 하고, 실제 삶의 문제 해결이어야 한다. 이 책을 통해 우리는 새로운 교수학을 사용하는 교사의 사례를 제시하였다.

3) 변화 주체로서 교사

세 번째 주제는 변화 주체로서 교사다. Hattie(2012)는 교사를 촉매제 역할을 하는 화학 작용에 비유하는데, 그는 교사를 자신과 학생의 학습을 촉진하는 사람으로 설명한다. 교사는 평가를 통해서 이런 역할을 할 수 있다. 교사는 평가를 통해서 학생의 학습에 개입할 수 있다. Hattie는 교사에게 이런 "여러분의 영향력을 알라."라고 말한다. Hattie는 특히 예비교사들이 "학생의 학습에 영향을 미치는 것이 학습 전략보다도 평가하는 방식임을 알아야 한다."라고 말하며 평가를 통해서 학생에게 다양한 전략들을 적용할 수 있어야 한다고 주장한다. 교사의 전문성은 무엇보다 학생이 학습하는 데 영향을 미친다는 점에서 중요하다(Hargreaves & Fullan, 2012).

4) 통합적 사고

우리는 또 하나의 주제를 추가하고자 한다. 그것은 통합적 사고이다. 통합적 사고라면, 가령 새로운 이야기에 등장하는 각각의 주제들을 어떻게 연결할 수 있을까를 생각한다. 토론토 대학의 Rotman 학교 전 학과장인 Roger Martin(2007)은 통합적 사고를 서로 다른 이분법적 사고(either/or)들을 종합하는 가장 좋은 방법이라고 정의한다. Martin은 통합적 사고를 21C Skills 중에서 핵심으로 다룬다. 우리는 통합적 사고를 통해서 새로운 이야기를 만들어 낼 수 있다는 점에서 이를 매우 중요하다. 새로운 이야기란 다름 아니라 보다 나은 교육을 위해서 하나를 선택하는 것(either/or)이 아니라 옛 것과 새 것을 공존시키는 것(both/and)이다.

6. 결론

이 장에서 우리는 교육과정, 수업, 평가 모델들을 살펴보았다. 각 모델들은 전통주의 혹은 구성주의로, 서로 다른 신념과 전제들을 가지고 있었다. 각 모델의 신념과 전제는 항상 다른 모델과 구분한다. 우리는 이 장의 마지막 절에서 향후 교육에 대한 새로운 이야기를 했다. 새로운 이야기는 두 가지 서로 상반된 모델(패러다임)이 공존하는 이야기다. 특히 우리는 테크놀로지로 인해 등장하는 새로운 이야기를 했다.

토론해 봅시다

1. 이 장에서 제시한 전통적인 교수와 구성주의 교수의 예를 떠올려 보시오. 여러분은 어떤 경험을 하였는가? 여러분은 학생이 가장 잘 배우기 위해서는 어떻게 해야 한다고 생각하는가?

2. 여러분이 생각하는 교육과정의 의미는 무엇인가? 수업은? 평가는?

3. 여러분이 가장 이상적이라고 생각하는 평가 이야기를 써 보시오. 이 장에서 설명한 평가 요소와 비교해 보면서 여러분이 쓴 평가 이야기에서 빠져 있는 것, 우리가 쓴 평가 이야기에서 빠져 있는 것이 무엇인지 찾아보시오.

4. 이 장에서 한 새로운 이야기는 여러분에게 어떤 의미가 있는가? 여러분은 이런 새로운 이야기가 필요하다고 생각하는가? 여러분이 쓰는 새로운 이야기는 이 장에서 읽은 우리가 쓴 새로운 이야기와 다른가?

교육과정 문서 분석과 학생 파악하기

제2장

◆ **이 장의 주요 내용** ◆

• 교육과정 문서 이해하기

• 학생을 위한 KDB 이해하기

• 본질적인 질문하기

• 교육과정 총론

• KDB 우산 모델

• 교육과정 자료의 목표

• 열려 있는 교육과정 목표

• 학생 이해하기

이 장에서 우리는 교육과정을 개발하기 위해서 하는 두 가지 준비 활동을 살펴볼 것이다. 첫 번째는 관련 교육과정 문서를 살펴보면서 개발할 교육과정을 개관하는 것이다. 일반적으로는 한 학년 교육과정을 개발하는 편이지만, 교육과정을 개발하기 위해서는 전체 학년 교육과정을 살펴보는 것도 필요하다. 두 번째 활동은 학생에 대해 알아본다. 이 두 활동을 하고 나면, 다음 장에서 단원을 개발하는 방법을 살펴본다.

이 장에서 우리는 온타리오주 교육과정뿐만 아니라 다른 나라 다른 주의 교육과정 문서들도 살펴볼 것이다. 주 정부는 교육과정을 수시로 개정하지만 우리는 최근의 교육과정 경향을 살펴보았다. 우리는 교육과정 문서를 살펴보면서 철학적으로는 공통성이 있더라도 사용하는 용어나 진술 방식이 서로 다르다는 점을 발견할 수 있었다. 같은 주에서도 서로 다른 교과 이름을 사용하는 경우도 있었다.

　교육과정, 평가, 사용하는 용어 등을 일관성 있게 이해하기 위해서 우리는 최종결과^{outcomes}라는 용어를 '학생이 배우는 것'을 의미하는 것으로 사용하였다. 다른 교육과정 문서에서는 이 결과물이라는 용어를 미리 정해 놓은 학습결과$^{prescribed\ learning\ outcomes}$, 기대^{expectations}, 기준^{standards}, 역량^{competencies} 등으로 사용하고 있었다. 우리는 결과라는 용어를 사용해서 학생이 알아야 할 것^{Know}, 할 수 있어야 할 것^{Do}, 도달해야 할 어떤 상태^{Be}를 의미하는 KDB를 명확히 하려고 한다. 마지막으로 우리는 평가 용어인 AfL$^{assessment\ for\ learning}$, AaL$^{assessment\ as\ learning}$, AoL$^{assessment\ of\ learning}$이라는 용어도 교육과정 개발을 논의하면서 사용하였다.

1. 교육과정 알기

1) KDB 틀로 살펴보기

　KDB는 교육과정 문서를 살펴보는 간단하고 유용한 틀이다. 이 절에서 우리는 Know, Do, Be라는 용어를 준거로 삼았다. KDB 사례를 제시하고, 다음 절에서는 KDB로 교육과정 문서를 어떻게 살펴볼 수 있는지를 설명할 것이다.

(1) 앎$^{The\ Know}$

　'알아야 할 것'은 쉽게 말해서, 교육과정 문서의 내용(학년별·교과별로 구분해서 제시하는 내용)이다. 그래서 지식은 일반적으로 교과 지식이라고 할 수 있다.

　Lorin Anderson과 그의 동료들(2001)은 또 다른 방식으로 지식을 보도록 안내하는데, 그들이 제안하는 지식은 다음 네 가지이다.

- **사실로서 지식**: 사실, 요소 등
- **개념으로서 지식**: 사실을 넘어서는 지식, 영속적 이해의 대상인 빅 아이디어, 다른 것들의 기반이 되는 아이디어 등
- **절차로서 지식**: 하는 방식, 즉 탐구, 기능, 기술, 전략 등 학생이 기능을 수행하기 위해서 알아야 하는 방법(교사는 절차를 구성하는 하위 요소들을 가르쳐야 한다.)
- **초인지로서 지식**: 자신이 하는 사고 과정(최상의 학습 방법을 깨닫는 것, 이는 학습과 평가에 영향을 미치는 핵심적인 것이다.)

최근 교수학은 심층 이해 학습deep learning을 추구하는 편이다. Hattie(2012)는 딥 러닝을 위한 틀을 제시하면서, 이 네 가지 지식과 비교하였다.

> 교사가 수업을 준비하고, 가르치고, 평가할 때 고려해야 할 성취 목표로서의 지식은 세 가지가 있다. 먼저, 표면적 지식surface knowledge이다. 이는 개념을 이해하는 것이다. 다음은 심층적 지식deeper understandings이다. 이는 좀 더 깊이 이해하는 일로, 지식들이 서로 어떻게 관련되어 있는지 그 아이디어를 이해하는 것이다. 마지막으로 개념적 사고conceptual thinking이다. 표면적 · 심층적 이해를 통해서 새로운 이해를 가능하게 하는 개념을 바꾸도록 하는 것이다(p. 77).

Hattie는 개념이나 아이디어가 단일하든 여러 개이든 모두 지식으로 보았다. 그리고 이들을 연결해서 좀 더 정교한 아이디어에 도달하는 것을 심층적 지식으로 보았다. 학생들이 좀 더 도전적이고, 좀 더 깊이 있는 배움을 유발하는 과제로 옮겨 가려면 어느 정도 표면적 지식이 필요하다. 여기서 중요한 것은 좀 더 통합적이고 일관성 있게 가르쳐야 학생들이 개념을 이해할 수 있

다는 것이다. 마지막으로 학생들은 자신이 인지하는 과정을 이해하고 살펴
보는 초인지를 활성화할 수 있다. 각 지식들 간 어떤 차이가 있는지는 명확하
지 않고 순서도 정해진 것은 아니다. 좀 더 깊이 있는 배움은 늘 '비판적으로
또는 대안적으로 사고하고' '실험적으로 테스트하고' '문제와 해결책에 대해
비평하는' 과정을 포함한다(Bereiter, 2002). Hattie(2012)는 교사를 교과내용
subject matter 중 어떤 지식이 표면적 지식이고, 어떤 지식이 심층적 지식인지를
직접 정할 수 있는 전문가로 본다. 지금까지 연구들은 교사에게 이런 역할을
부여하지 않았다.

① 지식의 구조

전통적인 이야기traditional story가 교과를 기반으로 특히 사실적 지식을 기반으
로 하기 때문에 개념을 기반으로 하는 새로운 이야기와는 다소 다르다. [그림

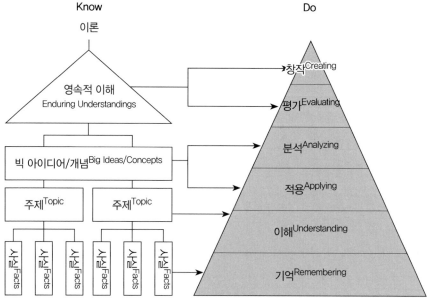

[그림 2-1] 지식Know의 구조와 Do

출처: Erickson (1995), p. 68.

2-1]은 개념기반 교육과정을 연구하는 Lynn Erickson(1995)이 해석한 지식의 구조다. Erickson은 교육과정 이론가인 Hilda Taba의 연구에 영향을 받았다. 이 그림에서 보면, 지식의 구조에서 사실은 가장 아래에 위치한다. 주의 교육과정 문서에서는 성취결과를 사실들을 중심으로 하는 주제를 진술한다. 전통적으로 주제는 교육과정 단원을 개발하는 구심점이었다. Erickson이 제시하는 지식의 구조에서 개념/아이디어는 주제들 위에 있고, 이런 주제들로 구성된다. 여기서 제시하는 개념을 우리는 빅 아이디어라고 부른다. 이 빅 아이디어 위에 영속적 이해가 있다. 영속적인 이해는 대체로 일반화 원리들로, 우리가 궁극적으로 학습하려는 본질적 학습^{essential learning}이다. 우리는 주제보다는 빅 아이디어와 영속적 이해를 중심으로 단원을 개발해야 한다고 생각한다.

Erickson이 제시하는 지식의 구조에서는 Know와 Do가 서로 떨어져 있지 않다. 이것은 Bloom 목표 분류학을 개선한 버전인데, 새로운 방식으로 지식을 계열화해서 조직했다. 학생은 (낮은 수준의 지식인) 사실들을 기억할 때 낮은 수준의 사고를 한다. 학생은 높은 수준의 지식에 도달할 때 분석하기나 판단하기와 같은 고등사고 기능을 사용한다. 이는 개념기반 교수에서 가장 강력하게 주장하는 것 중 하나다.

② 빅 아이디어

이 책에서 우리는 빅 아이디어라는 용어를 사용하였다. 이에 빅 아이디어를 다음과 같이 정의한다. (어떤 문헌에서는 빅 아이디어를 개념들을 연결하는 용어로 사용하지만, 이 책에서 우리는 영속적 이해를 의미하는 용어로 사용한다.) 빅 아이디어는 포괄적이고 추상적이며 시간이 흘러도 변하지 않는다(Erickson, 2005). 빅 아이디어는 다양한 예를 제시한다. 체제^{system}도 빅 아이디어의 한 예이다. 이는 인간계^{human system} 또는 자연계^{natural system}, 생태계^{ecosystem}, 신체계^{body system} 또는 인체 내부계^{systems in the body}, 정부 조직^{governmental system}, 가족 제도^{family system}, 기술 체계^{technological system}, 학교 조직^{school system} 등에서 사용하는 용어다. 이 체제는 몇 가지 특징이 있다. 전체는 각 부분으로 구성되어 있고, 다른 체제와 연결 가능하다. 정부 조직과 같은 체제는 바뀔 수 있지만 '체제'라는 개념 자체는 영속성을 가지고 있는 일반적인 속성을 띤다.

한 예로 온타리오주의 K-12학년 사회과 교육과정에서 제시하는 6가지 빅 아이디어를 살펴보자(Ontario Ministry of Education, 2000, 2004, 2005a, 2005b).

- 시스템과 구조
- 상호작용과 상호의존
- 환경
- 변화와 지속
- 문화
- 권력과 협치

이 빅 아이디어로서 패턴, 환경, 협력, 변화와 지속, 세계화, 원인과 결과, 도시화, 다양성, 갈등과 같은 개념들은 서로 관련이 있다.

캐나다 온타리오주에서는 2013년 개정 사회과 1~8학년 교육과정을 21세기의 상황을 고려하여 개발하였다(Ontario Ministry of Education, 2013). 이 6가지 빅 아이디어는 역사적인 사고와 지리적인 사고를 발달시키고자 한다.

- 상징
- 원인과 결과
- 지속과 변화
- 패턴과 경향
- 상호작용
- 관점

　사회 교과에서는 이 빅 아이디어들을 좀 더 구체화하고 명시화한다. 예를 들어, 사회학의 '상징'이나 '중요성'은 역사적 상징, 공간적 상징(지리학), 정치적 상징, 경제적 상징, 그리고 법적 상징으로 제시하였다.

　빅 아이디어와 주제는 어떻게 다를까? 주제는 일반적으로 한 교과의 개념보다는 더 크고, 더 추상적인 간교과 개념에 해당한다. 〈표 2-1〉은 주제와 빅 아이디어의 차이를 보여 주고 있다. 〈표 2-2〉는 각 교과의 빅 아이디어 사례다. 대부분의 주제들이 교과를 아우르고 있으며 실제로 한 교과에만 얽매여 있지 않다는 것을 알 수 있다.

표 2-1 주제와 빅 아이디어의 차이

주제의 예	→	빅 아이디어
여성 운동	→	시민의식과 구조
나비	→	한살이
전기	→	에너지
캐나다의 무역 관계	→	구조
중세시대	→	(문화)유산과 시민의식

표 2-2 교과의 빅 아이디어의 예

과학	수학	사회	미술
물질	패턴	패턴	선
에너지	상호작용	공동체	색
시스템과 상호작용	질서	협력	질감
상호의존	원인과 결과	세계화	형태
지속가능성과 책무	가능성	생태계	공간
변화와 유지	비율	생태학	균형
모델	비례	도시화	지각
사이클	모델	지속가능성	반복
유기체	양	갈등	각
복제	이론	이데올로기	움직임
질서	척도^{scale}	경제/정치/법체계	빛
인구	대칭	다양성	리듬

원인과 결과	변화 불변 공간감 불확실성	민주주의 정의 권리/의무	
영어(문학)	**기술**	**음악**	**체육**
권력	미학	조화	안정
갈등	조절	리듬	운동
열정	환경적 지속가능성	가락	조작
지각	인체공학	지각	신체 지각
원인과 결과	기능	형태	공간 지각
패턴	혁신	빠르기	영향력 지각
인물	역학	음색	관계
질서	힘과 에너지	음정	중력
감정	안전	패턴 반복	움직임
변화	구조	형태	힘
	시스템		건강한 삶
			안전

국어나 수학은 과학이나 사회와 같은 내용교과에서 기능적으로 관련되기 때문에 이런 기능 역할을 하는 교과들은 빅 아이디어가 모호할 수 있다. 예를 들어, 학생들이 사회 교과에서 상호의존이라는 빅 아이디어를 배우면서, 이민인구를 조사하여 보고서를 작성한다면, 이 과정에서 의사소통 기능을 활용한다. 학생들은 사회 교과를 통해서 이민자 관련 내용을 학습하고 이민자의 인구 변화를 조사한다면, 이를 수학을 사용해서 표현한다. 그리고 수학 교과에도 해당 개념(빅 아이디어)들이 있다. 선과 악 사이의 정체성이나 갈등이라는 빅 아이디어는 국어 교과에서 다루는 보편적인 주제다. 대부분의 학자는 각 교과의 독자적인 빅 아이디어를 알고 있다. 캐나다 매니토바주 교육과정은 빅 아이디어와 토픽을 구분하고, 토픽으로 대수, 재정수학, 도형, 논리적 사고, 특정, 수, 예측, 관계와 통계 등을 선정하고, 빅 아이디어로는 변화, 항상성, 수 개념, 관계, 공간 감각, 불확실성 등을 선정하고 있다(Manitoba

Ministry of Education, 2009, p. 7). 그리고 과정에서 다루는 의사소통, 연결, 심상수학, 문제 해결력, 테크놀로지, 시각화 등을 제시하고 있다.

　Schwartz(2007)는 교사들이 개념 이해에 집중하기 시작한 1990년대부터 학생들의 수학 능력이 꾸준히 상승하고 있다고 주장한다. 절차(계산) 중심에서 개념(빅 아이디어) 중심으로 이동하는 과정에서 당면하고 있는 가장 큰 문제라면, 교사 스스로 수학에 대한 개념 이해를 높이는 것이다.

③ 영속적 이해

　지식의 구조에서 영속적 이해란 빅 아이디어 위에 위치한다. 영속적 이해는 세계화, 원리, 필수 학습이라고 부르기도 한다. 영속적 이해는 빅 아이디어들을 연결하고, 관계한다. 영속적 이해는 학생이 학습한 이후에 개별 사실들을 잊어버리지만 기억한다는 점에서 개념 이해를 내포한다. 빅 아이디어와 마찬가지로 영속적 이해는 추상, 영원 등 교수-학습에서 핵심이다. 교육과정 문서에서는 영속적 이해를 총괄 목표로 진술하는 편이다. 학생의 배움은 전반적으로 영속적 이해를 추구하기 때문이다. 얼핏 보면 영속적 이해라는 것이 단순해 보이기도 하지만, 매우 심오하다. 다음은 영속적 이해의 몇 가지 예이다.

- 예술은 사회적, 문화적, 역사적 맥락 안에 존재한다.
- 인간은 생태계에 영향을 미친다.
- 세계적인 쟁점은 세계적인 활동을 요구한다.
- 시민권은 권리와 책임을 동반한다.
- 지구 표면(지각)은 계속해서 변화한다.
- 고대 사회는 현대 문화에 영향을 미친다.
- 영양 섭취와 신체 활동은 관계가 있다.
- 기술은 사회에 광범위하게 영향을 미친다.

• 신체 활동은 건강한 삶에 기여한다.

그렇다고 해서 영속적 이해만 중요한 것은 아니다. 대학 강사인 Andrea Milligan과 박사과정 학생인 Bronwyn Wood(2010)는 뉴질랜드에서 사회학을 연구했다. 그들은 학생들이 고등사고를 해야 개념을 이해할 수 있는 학습을 할 수 있다는 것을 관찰했다. 그들은 빅 아이디어와 영속적 이해에 관해 관찰한 것을 다음 5가지로 제시하였다.

• 개념은 논쟁의 여지가 있다.
• 개념은 사회의 특정 측면을 반영하고 있다.
• 개념은 가치를 포함한다.
• 개념은 맥락적이다. 다른 맥락에서는 의미가 다르다.
• 개념은 이론의 틀이다(사람들은 개념을 가지고 분석하고 통합한다.).

(교육과정 문서에서 빅 아이디어나 영속적 이해를 진술하지 않는다면) 해석을 통해 빅 아이디어나 영속적 이해를 선정할 수 있다. Milligan과 Wood는 개념 이해를 최종 도달점으로 보지 않았다. 빅 아이디어나 영속적 이해에서는 최종의 완벽한 이해란 존재하지 않는다. 빅 아이디어를 최종적인 목표로 보면 고등사고 기능이 필요 없다. 고정적이고 정적인 것, 사실들을 종합한 것에 불과할 것이다. Milligan과 Wood는 개념 이해를 전환점으로 생각하라고 조언한다. 한 단워 학습으로 빅 아이디어를 다룰 수는 없다. 영속적 이해를 위해서는 빅 아이디어(개념)를 더 지속적으로, 더 깊이 탐구하고 비평해야 한다. 영속적인 이해는 학생이 지금 학습하는 것을 미래와 연결하도록 도와준다.

④ 본질적 질문
영속적 이해는 여러 질문들을 끌어낸다. 백워드 설계에서는 이런 질문들을 본질적 질문이라고 부른다(Wiggins & McTighe, 2005). 성취기준을 중심으로 영속적 이해에 이르는 과정에서 여러 가지 질문을 탐구하는 것이 학생이 해야 하는 과제이다. 본질적 질문은 정답이 없는 종합적이고 복합적인 답이 가능한 질문이다. 학생들은 이런 질문을 하면서 고등사고를 할 것이다. 이런 본질적 질문들로 교사는 탐구기반, 문제기반, 프로젝트기반 교육과정을 개발할 수 있다. 이런 본질적 질문들은 핵심을 찌르고 마음을 움직인다(McKenzie, 2005). 다음은 본질적 질문의 예이다.

- 사랑이란 무엇인가?
- 시민이 된다는 것은 무엇을 의미하는가?
- 역사에서 원인−결과의 패턴은 어떻게 나타나는가?
- 실생활에서 분수(수학)를 어떻게 활용할 수 있는가?
- 탐구란 무슨 의미인가?
- 사회는 언제 개인을 통제할 수 있는가?
- 무엇이 변화를 만드는가?

목표보다는 질문을 중심으로 단원을 개발하는 것이 일종의 프로젝트 접근이다. 학생들이 이런 질문들을 한다. 질문 만들기 웹사이트(http://pbl-online. org/driving_question/dqexplore/dqexplorel.html)에서는 좋은 질문이라고 할 만한 질문들을 제공한다.

- 우리는 얼마나 많은 자유를 누리고 있는가?
- 우리가 살아가는 방식은 우리가 사는 사회에 어떤 영향을 미치는가?
- 좋은 글쓰기란 무엇인가?
- 전염병의 확산을 어떻게 막을 수 있을까?
- 왜 그렇게 많은 비용이 들까?

(2) 함The Do

어떤 기능은 교과 기능이다(예: 현미경 렌즈 조절하기, 배구공 서브하기, 클라리넷 리드 달기 등). 또 어떤 기능은 따로 배워야 한다. 오늘날 학생에게 필요한 기능은 더 복합적이고 범교과적이다. 우리는 이런 기능들을 '21세기 기능'이라고 부르는데, 이 책에서는 Do라고 할 것이다.

① 21세기 기능이란

21세기 기능은 막연하지만, 학생들을 21세기 시민으로 살 수 있는 역량 함양을 목적으로 한다. 미국, 홍콩, 한국, 싱가포르, 핀란드 등 여러 나라들은 이미 21세기 기능을 중심으로 교육과정을 개정하고 있다.

2012년 5월, 캐나다에서는 21세기 공교육 비전으로 C21, 즉 'Shifting Minds'[1](www.c21canada.org)를 발표했다. 공공 분야뿐만 아니라 민간 분야를 포괄해서 위원회를 구성하여 준비했고, 캐나다 학교운영위원회 연합이 이 문서를 승인하면서(Martellacci, 2012) 상당한 영향을 미치고 있다. 연구를 기반으로 한 'Shifting Minds'는 OECD, 브리티시컬럼비아BC주, 프린스 에드워드 아일랜드PE주, 앨버타주뿐만 아니라, 미국과 그 외 국가들이 채택하고 있는 21세기 기능들을 참조하였다. C21에서는 다음과 같은 역량들을 발표했다.

- 창의성, 혁신, 기업가 정신
- 비판적 사고
- 협력
- 의사소통

---

1) 역자 주: 'Shifting Minds'는 복잡하고 끊임없이 변화하는 세계에 학생들에게 필요한 교육 내용과 방향을 제시한다. 'Shifting Minds 1.0: 21세기 캐나다 공교육 비전'(2012), 'Shifting Minds 2.0: 21세기 학습 평가'(2014), 'Shifting Minds 3.0: 캐나다에서의 학습 재개념화하기'(2015)를 연속해서 발표하였다.

- 성격
- 문화적 · 윤리적 시민의식
- 컴퓨터와 디지털 기술

대학에서는 대부분 21세기를 살아갈 학생들에게 중요한 21세기 기능들을 반영하고 있다. 하지만 21세기 기능이 무엇인지 명확하게 정의하지 못하고 있다(Fullan, 2013). 문제를 해결하는 요소인 기획력$^{design\ thinking}$과 같은 기능은 교육에서 새로운 의미를 가지고 있다. 21세기는 누구든 정보에 접근할 수 있다. 따라서 성공을 결정짓는 요소는 누가 최상의 설계를 하느냐이다. 설계는 사업 계획일 수도 있고, 의자나 신발 디자인일 수도 있다(Boss, 2013; Pink, 2005). 그러나 21세기 기능을 정확하게 정의하지 않으면 이런 기능을 이해하고 가르치는 데 어려움을 겪는다.

이에 국제 연구 프로젝트로 21세기 기능 평가와 교수$^{Assessment\ and\ Teaching\ of}$ $^{21st\ Century\ Skills}$(http://atc21s.org) 연구를 통해서 21세기 기능들을 평가할 수 있는 방안들을 마련하고 있다. 이 연구는 멜버른 대학교의 Patrick Grifford가 연구 책임을 맡았고, 시스코, 인텔, 마이크로소프트가 재정 지원을 하고 있다. 처음에는 호주, 핀란드, 싱가포르, 미국 네 개국이 참여했고 이후에 코스타리카와 네덜란드도 참여했다.

어떤 사람들을 이런 컨소시엄 형태의 연구가 연구 결과에 편파적인 영향을 미친다고 생각하지만, 우리는 이런 연구가 중요하다고 생각한다. 첫째, 여러 나라들의 21세기 기능을 공통 정의할 수 있기 때문이다. 둘째, 이런 연구는 21세기 기능에 대한 개념적 접근을 실제적 접근으로 전환시키기 때문이다. 즉, 협력적 문제 해결과 ICT 소양(즉, 디지털 네트워크 학습) 등을 실제로 평가할 수 있도록 한다. 예를 들어, PISA$^{the\ Program\ for\ International\ Student\ Assessment}$에서도 2009년과 2011년 평가에서는 디지털 소양을 평가했다. 2003년 PISA 평가에서는 (문서 기반) 문제 해결력을 평가했고, 2012년에는 (컴퓨터 기반) 역동적인 문제 해결력을 평가했으며, 2015년에는 (컴퓨터 기반) 협력적 문제 해결을 평가했다.

PISA 평가 문항은 전 세계 교육 개혁에 영향을 미치는데, 무엇보다 전 세계 70여 개국이 참여하기 때문이고, 각국의 교육 시스템을 비교하기 때문이다. PISA 평가에서 디지털 소양이나 협력적 문제 해결을 평가했다는 것은 이런 21세기 기능들을 구체화하며 전 세계 교실에서 직접 가르친다는 것을 뜻한다.

우리는 21세기 기능이 무엇인가에 대해 여전히 질문들을 하고 있다. 21세기 기능들을 규정하고 정의하는 일은 우리가 그것들을 얼마나 이해하느냐에 달려 있다. 즉, 그 의미는 유동적이다. 이는 OECD의 교육국 이사인 Michael Davidson이 2003년의 문제 해결력과 2012년 컴퓨터 기반 문제 해결력을 다음과 같이 언급한 것만 봐도 알 수 있다.

> 해결 방법이 직접적으로 제시되지 않은, 그리고 수학, 과학, 읽기 분야가 통합적인 상황에서 현실을 직시하고 문제를 인지적으로 처리하는 능력이다(Davidson, 2012).

2012년에는 문제 해결력을 컴퓨터를 기반으로 해서 다음과 같이 정의하였다.

> 명백한 방법이나 해결책이 없는 문제 상황을 이해하고 인지적으로 처리하여 해결하는 능력. 문제 상황에 건설적이고 성찰적인 시민으로 참여하여 자신의 잠재력을 발달시키는 것을 포함한다(Davidson, 2012).

이와 관련된 대표적인 문제는 디너 파티에서 누가 누구의 옆에 앉을 것인가를 정하는 데 복잡한 조건들을 충족시켜서 좌석 배치를 할 것인가였다. 평가에 참여한 학생들은 이 과제를 컴퓨터를 사용해서 '참석자'들의 자리를 직접 배치해야 했다.

2015년 PISA 평가에서는 둘 이상이 모여 문제를 해결하는 상황에서 개인적인 과제 수행 능력을 평가하는 문제를 냈다. 이 문제를 해결하는 과정에서 학생들은 이해하기와 탐구하기, 공식화하기와 표현하기, 계획하기와 완성하기, 모니터링하기와 반영하기 등을 수행했다. 학생들은 문제를 해결하는 동안에 자신이 이해한 것을 명료화하고, 이를 조직하고 수행하는 과정에서 협력하는 역량을 평가받았다.

이런 것들을 21세기 교육과정에 적용하면 교사들은 학생들이 학습하는 과정에서 고등사고 기능^{Higher-Order Thinking Skills: HOTS}들을 사용할 수 있도록 할 수 있다. 어떤 것이 고등사고 기능인가? 교사로서 여러분은 학생의 고등사고 기능들을 어떻게 평가할 것인가? 교육과정과 평가 이론가인 Susan Brookhart(2004)는 고등사고 기능으로 다음과 같은 기능들을 제시한다.

- 분석, 평가, 창작
- 논리적 추리
- 판단과 비판적 사고
- 문제 해결, 독창성, 창의적 사고

우리는 Brookhart가 제시하는 이런 기능들에 동의한다. 그리고 우리는 Bloom의 신 목표분류(〈표 2-3〉 참고)에서 위에 위치하는 사고들을 고등사고 기능이라고 본다. 전통적으로 Bloom의 분류(1956)는 교사들이 학습 목표를 설정하고 그 목표를 풍부한 수행평가 과제와 연결하도록 도와주었다. 이 분류를 제안할 때는 위계적이지 않았지만, 교육자들은 위계가 있는 것으로 해석했다. 최근에는 Bloom의 분류가 21세기 기능들을 충분히 통합하지 못하고 있다는 비판도 있다. 더 많은 학자들이 참여해서 개정한 수정 버전을 더

표 2-3 사고기능을 위한 Bloom의 신 목표분류

기억하기	이해하기	적용하기	분석하기	평가하기	창작하기
낮은 단계의 사고		→	→	→	높은 단계의 사고
장기기억으로 부터 관련 지식 검색하기, 인식 하기, 상기하기	해석, 예시, 분류, 요약, 유추, 비교, 설명을 통한 말, 글, 도표 의미 구성하기	실행 또는 구현을 통한 절차 수행 또는 활용 하기	재료를 구성하는 부분들을 분해하고, 부분들이 서로 어떻게 관련되어 있는지, 그리고 차별화, 조직화 및 원인 규명을 통해 전반적인 구성 또는 목적 정하기	확인과 비판을 통해 기준과 준거에 기반해서 판단하기	요소들을 모아서 일관성 있고 기능적인 전체 형성하기, 계획 생성 또는 생산을 통해 요소를 새로운 패턴이나 구조로 인식하기
과제 관련 행위 동사					
회상하기 목록화하기 명명하기 확인하기 반복하기 인용하기 이름표 달기 인식하기	토론하기 분류하기 요약하기 비교하기 설명하기 유추하기 해석하기	적용하기 실행하기 수행하기 사용하기 연행하기 연습하기 시연하기	분석하기 조직하기 부여하기 분류하기 조사하기 실험하기 구별하기 시험하기	확인하기 평가하기 추정하기 순위 매기기 정당화하기 논쟁하기 평정하기 비판하기	구성하기 설계하기 창조하기 개선하기 발명하기 구성하기 생성하기 계획하기 생산하기

출처: Saskatchewan Ministry of Education (2010), p. 14. http://www.edonline.나.ca/bbcswebdav/library/curricula/English/Renewed_Curricula.pdf.에서 검색. Saskatchewan Ministry of Education의 허가로 사용.

널리 활용하고 있다(Krathwohl, 2002). Bloom의 오리지널 버전에서는 '종합'이 가장 상위에 위치하지만, 새로운 버전에서는 '창작'이 가장 상위에 있다.

〈표 2-3〉은 특정한 수준의 사고를 요구하는 과제에서 출발하도록 하는 동시에 발달 과정도 보여 준다. 이 과정은 [그림 2-1]의 지식 구조와 유사하다. 어쨌든 우리는 이를 지나치게 단순화하는 것을 피하려고 했다. 예를 들어, 요약하기는 보통 낮은 수준의 이해와 연결하지만 아이디어를 조직하고

주요 아이디어를 세부 지원 사항과 구분하기 위해 분석과 평가를 요구하는 과제라면, 요약하기도 고등사고 기능이라고 말할 수 있다.

마지막으로 고등사고 기능들을 평가하려면 성취기준에 따르는 기능들을 선정해야 한다. 우리가 이런 기준을 사용하면, 더 나은 교수 · 학습 활동과 더 풍부한 수행/평가 과제Rich Performance Assessment Task: RPAT나 도구들을 고안할 수 있다.

(3) 됨The Be

1990년대 중반까지는 통합적으로 접근하기보다는 표준을 기반으로 접근해 왔고, 이에 Be 요소를 교육과정 문서에서 찾기는 어려웠다. 일설에 따르면 한 소년의 부모들이 학교를 고소한 사건을 계기로 전문가들은 성과를 기반으로 하는 교육은 종말을 맞을 것이라고 했다. 이 소년의 학업 성취는 좋았지만 착한 사람이 되지는 않았고 그로 인해 졸업을 하지 못했다. 이 이야기는 그 진위를 떠나서, 당시의 분위기를 대변한다. 1990년대 중반까지 교육은 목표 지향적이었고 가치중립적이었다. 모든 기준은 측정 및 관찰 평가 가능해야 했고 성취여부는 시험을 통해서 판단했다.

그러나 모든 사람들이 이를 지지한 것은 아니었다. 1999년에 유네스코 21세기를 위한 국제 교육 위원회는 「학습: 그 안의 보물Learning: The Treasure Within」이라는 보고서를 발표했다. 저자 Jacques Delors(1999)는 측정 및 관찰 가능한 목표와 표준보다 더 넓은 맥락 안에서 교육을 볼 것을 강력하게 주장했다. 그는 21세기 교육을 지지하는 4개의 기둥을 제시했다. 이 4개의 기둥이란 알기, 하기, 되기, 함께 살아가기이다.

이후 다행히도 Be를 포함하는 좀 더 개선된 기준이나 학업 성취 증거들을 축적하고 있다(Adams, 2013). 예를 들어, 학생들이 학교를 안전하게 느낀다면 그들은 더 많은 것을 배울 가능성이 있다. 69개의 연구들을 종합해 본 결과도 학교의 학업 성취를 개선하기 위한 33개의 서로 다른 성격의 교육 프로그램의 효과성을 지지하며 이를 증명하고 있다(Berkowitz & Bier, 2011). K-12에 적용한 213개의 학교 기반 프로그램에서 사회 정서 학습Socio-Emotional Learning: SEL효과를 메타 분석한 결과에 따르면, 고등사고 기능들을 사용했을 때 학업 성취, 사회 정서 기능, 태도, 행동에 의미 있는 향상이 있었다(Durlak, Weissberg, Dymnicki, Taylor, & Schellinger, 2011).

오늘날 대부분의 교육자들은 Be가 중요하다는 것을 알고 있다. Fullan (2013)도 인성교육과 시민성을 21세기 교육의 핵심이라고 했다. 캐나다에서 발간한 「미래 전망 보고서Future Tense」(2013)에 의하면, 퀘벡주와 앨버타주 교사들은 대부분 교육과정에서 인성교육을 중시하며, 교육과정에서 정해 주는 내용보다 인성교육에 더 중점을 둔다고 밝혔다. 교사들 또한 인성교육에 대한 책임이 부모보다 교사에게 있다고 느낀다.

온타리오주의 K-12학년 프로그램들도 인성교육을 통합하고 있다. 그리고 어떤 지역에서는 인성교육을 다양한 교과에 반영하고 있다. 예를 들어, 온타리오주의 요크 지역 교육청은 학생들과 교사가 서로 인사하는 방법을 체육 교과 모든 기준에 반영하고 나머지 교과는 토론으로 반영한다고 진술하고 있다. 인성교육은 학교안전, 괴롭힘, 추방, 도덕적 행위(요크 지역 교육청) 등을 중심으로 접근한다. 청소년을 위한 문해력 증진 교육 자료에서도 AaL과 학생들의 의견을 반영하여 Be의 한 측면인 자기 통제 문제를 다루고 있다(EduGAINS, 2012).

퀘벡주에서 Be는 범교과 교육과정으로 개인 및 사회적 역량으로 다루고 있다. 퀘벡주에서는 학생들이 과제를 수행하면서 획득하고 함양해야 할 인지적, 행동적, 태도 목록을 제시한다(〈표 2-4〉 참고). 학생들은 다른 사람과 협력하면서 자신의 잠재력을 키운다.

매니토바주의 사회과 교육과정에서는 목표를 지식, 기능, 가치로 분류한다. 예를 들어, 7학년 '세계의 사람과 장소와 시민권' 영역의 목표를 다음과 같이 진술하고 있다.

표 2-4 21세기 역량 관련 인지적 태도와 행동적 태도 목록

인지적 태도	행동적 태도
호기심	자주성
열린 사고	자기훈육
창의성	헌신
독창성	동기화
인지적 약점 수용	조직 감각
모호함에 대한 인내	끈기
비교되는 아이디어에 대한 흥미	노력하기
비판적 사고	책임감
현실성	경청하기
인지적 엄정성	타인 존중
목표	지적 자산에 대한 존중
과제에 대한 방법론적 접근	협력
정확하고, 엄밀한 언어에 대한 관심	최근의 주요 이슈에 대한 관심

출처: Quebec Ministry of Education (2007), p. 20.

- 모든 인간이 가진 존엄성을 존중한다.
- 집단의 삶의 질을 위해서 개인의 자유 및 시민의 권리를 제한하는 것을 이해한다.
- 자신이 속한 집단과 공동체에 기여하는 마음을 갖는다.
- 지구촌 모든 인간의 삶의 질을 지원하는 데 참여하려는 의지를 갖는다.

Be를 기반으로 할 때 문제는 누구의 가치를 '옳다'고 결정할 것인가, 어떤 가치가 함양할 만한 가치가 있는가 하는 것이다. 이 질문은 캐나다와 같이 다문화 국가에서는 특히 더 중요하다.

2) Know, Do, Be의 관계

교육이 시스템이라면, 전통적인 모델에서 다루지 않았던 다른 많은 요소를

서로 연결해야 한다. 우리는 교육을 상호 연결되어 있고, 역동적이며, 융통성 있는 시스템으로 본다.

- 교육과정, 교수, 평가 간의 연결성
- Know, Do, Be 간의 연결성
- 학습한 것 평가[AoL], 학습을 위한 평가[AfL], 학습으로서 평가[AaL] 간의 연결성

한 시스템 안에서 이 세 가지들을 서로 엮는다. 학생이 배워야 하는 간교과 적인 빅 아이디어들과 21세기 기능들이 더 복잡하게 섞여 있고, 교과의 경계 는 더 모호해지고 있다.

교육과정 문서를 전체적으로 살펴보면, Know, Do, Be가 어떻게 상호의 존적인지 알 수 있다. 온타리오주 1~8학년 사회과 교육과정 문서(Ontario Ministry of Education, 2013)에서는 교사가 자신의 교실 환경을 학생의 자아[self] 혹은 정신[spirit]과 인지, 정서, 사회, 신체 발달을 고려해서 구성하고 있는 21세 기 맥락을 안내하고 있다. 이 교육과정은 전반적으로 Know를 빅 아이디어 로 제시하고 있다. Do는 교과 사고(역사적, 지리적)와 탐구 기능으로 진술하 며, Be는 교육과정 목표로 진술하고 있다. 학생들은 '자신의 공동체와 세계 에 대한 정보를 찾아 책임감을 가지고 적극적으로 행동하는 시민'이다(p. 3).

2. 교육과정 문서 알기

이제 KDB 틀로 여러분의 교육과정 문서를 이해해 보자. 여러분이 단원[unit] 을 개발할 때, 여러분은 KDB 틀로 여러분의 교육과정 문서를 파악해 볼 수 있다.

1) 총론

캐나다에서는 주 단위로 교육과정 문서를 개발한다. 이 문서에는 해당 학년별로 적절히 기대하는 목표를 제시하고, 수업과 평가에 필요한 안내를 포함하고 있다. 교육과정 안내서는 하나의 틀로 K-12학년 학생들이 성취하기를 기대하는 목표들을 제공한다(퀘벡주에서는 마지막 학년을 CEGEP이라고 부른다. 우리는 퀘벡주에서 사용하는 이 용어도 K-12에 사용하였다). 그리고 교실에서 평가를 하는 데 필요한 사항들을 제시하고 있다.

교사가 가르칠 책임이 있는 주 교육과정은 교과별 학습 목표로 구성했다. 이 교육과정 문서는 '살아 있는' 교육과정은 아니다. 교육과정은 교실에서 학생들과 함께 실행할 때만 비로소 살아난다.

교육과정 틀은 우산과 같은 역할을 하며 K-12학년 과정을 포괄한다. 이 우산은 학생들이 졸업할 때까지 알아야 하고^{Know}, 할 줄 알아야 하고^{Do}, 되어야 하는 것^{Be}들을 알려 준다. 주 교육과정은 하나의 틀로 주 교육에 대한 빅 픽처를 제공한다. 우리는 각 주의 교육과정 문서를 검토해서 K-12 교육과정을 가로지르는 21세기 기능들을 이런 틀에 맞춰서 개발하였다. 각 주별로 21세기 기능을 약간씩 다르게 정의하고 있지만(Action Canada, 2013) 우리는 그들의 유사점들을 찾았다.

애틀랜틱주에서는 큐브를 클로 사용해서 K-12학년의 모든 교과별로 졸업에 필요한 학습 내용$^{Essential\ Graduation\ Learning}$을 제시하고 있었다. 다음은 각 주의 필수 학습 내용을 Do나 Be로 표시한 목록들이다. 이 목록 중 어떤 것은 Do와 Be 모두에 해당하는 항목도 있다. Know는 각 교과 내용이다.

- 심미적 표현^{Do}
- 시민의식^{Be}
- 의사소통^{Do}

- 개인 발달^{Be}
- 문제 해결^{Do}
- 기능적 역량^{Do}

앨버타주, 서스캐처원주, 퀘벡주에서는 동심원을 사용해서 필수로 학습할
것$^{Know, Do, Be}$을 제시하였다. 캐나다의 거의 모든 주에서는 C21을 참조한다.
모두 비슷한 그래픽을 사용해서 21세기 학습자에게 가르쳐야 할 것을 제시
하고 있다. 이런 틀을 기반으로 우리도 [그림 2-2]와 같은 21세기 학습자가
배워야 할 것을 제시하였다.

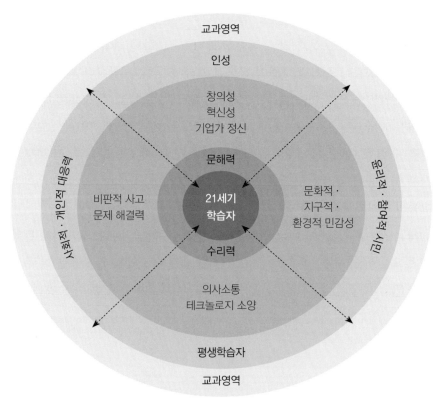

[그림 2-2] 21세기 학습자

온타리오주에서는 2013년 1월 온타리오 교육 연례 연구 심포지엄에서 Michael Fullan이 주 교육과정 전략 방향을 발표했다. 그는 6C(인성교육 character education, 시민교육citizenship, 의사소통communication, 협력collaboration, 비판적 사고critical thinking, 창의성과 문제 해결creativity and problem solving)를 기본 틀로 사용했다. 이 6C는 교과 경계를 넘나든다. 온타리오주에서 각 교과 교육과정 안내 자료를 개발하고, K-12학년 교과별로 평가에 대해 안내하면서, 등급을 산정하고 통지하는 데 사용할 수 있도록 성취도 목록을 제공하고 있다. 「Growing Success」(Ontario Ministry of Education, 2010b)는 전 학년을 위한 AfL, AaL, AoL을 안내하는 정책 문서다. 퀘벡주도 이와 비슷하다(Quebec Ministry of Education, 2003).

2) KDB 우산

이 책에서는 교육과정을 포괄적으로 조직할 수 있는 우산 이미지를 사용하였다. 우산은 특정한 맥락에서 주요한 알기Know, 하기Do, 되기Be를 정의하도록 해 준다([그림 2-3] 참조). KDB 우산은 교과를 통합하는 틀로, K-12학년에서 특정 교과의 단원을 개발할 때 활용할 수 있다.

우산은 여러분이 교육과정을 개발할 때, Know(빅 아이디어, 영속적 이해)와 Do(21세기 기능), Be(가장 중요한 가치, 태도, 또는 학생이 보여 주기를 원하는 행동)를 포함할 수 있도록 도와줄 것이다. 또 여러분이 본질적 질문을 하도록 도와줄 것이다. 이 우산에서 내용을 포함할 때는 K-12학년 교육과정 전체를 개발하든, 하나의 단원만 개발하든 **간단할수록 좋다**less is more. 이 우산에 너무 세부적인 내용을 채우는 것은 그리 유용하지 않을 것이다.

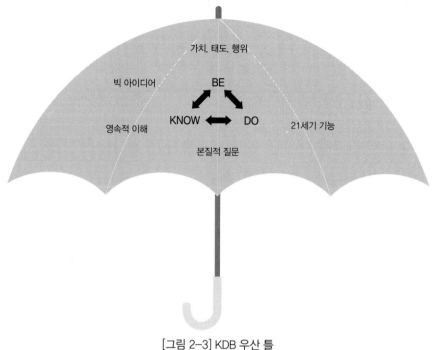

[그림 2-3] KDB 우산 틀

3) 교과 내에서 나선형 교육과정 결과^{outcomes}

 모든 결과가 똑같은 것은 아니다. 가장 중요한 것은 Know, Do, Be를 교육과정 전반에 걸쳐서 나선형을 이루도록 하는 것이다. 이것은 최종 결과가 된다. 이 결과는 학생들이 학교에 다니는 동안에 계속해서 학습해야 하는 것이기 때문에 반복해야 한다. 탐구나 조사 기능들을 사회과 과학에서 단계별로 계속해서 심화·확대 제시해야 한다. [그림 2-4]는 영어 교과의 예인데, 최종 결과를 K-12학년으로 올라가면서 나선형으로 조직하고 있다.

 빅 아이디어 또한 여러 학년에 걸쳐서 반복해서 다룬다. 예를 들어, 생물 교과에서는 '시스템과 상호작용'이라는 빅 아이디어를 생명체가 살아가는 방법(1학년), 식물의 성장과 변화(2학년), 동물의 성장과 변화(3학년), 서식지(4학년), 인간 기관(5학년), 생물 다양성(6학년), 환경 속의 상호작용(7학년), 지

영어 교육과정 결과
자신과 다른 사람의 작문을 통해 언어 사용의 수준과 명확성을 높인다.

12학년
학생들은 혼자 혹은 협력해서 다양한 전략과 기능을 사용해서 주어진 글을 일관되고 명확하게, 다양한 문체의 특징을 적절히 조절하여 수정한다.

9학년
학생들은 혼자 혹은 협력해서 다양한 전략과 기능을 사용해서 주어진 글을 일관되고 명확하게, 그리고 임팩트 있게 수정한다.

6학년
학생들은 혼자 혹은 협력해서 다양한 전략과 기능을 사용해서 주어진 글을 확장하고 명확하게 수정한다.

3학년
학생들은 혼자 혹은 협력해서 주어진 글을 의미가 살아나도록 더 명확한 표현으로 수정한다.

[그림 2-4] 캐나다 애틀랜틱주 영어과 교육과정

출처: Atlantic Provinces Education Foundation (2001), p. 17.

속가능한 생태계(9학년), 생물의 다양성(11학년)에 걸쳐서 나선형으로 조직하고 있다(Ontario Ministry of Education, 2007, 2008a, 2008b).

　21세기 기능은 간학문적이기 때문에 여러 교과와 관련되어 있다. 21세기 기능도 교육과정을 가로질러서 전체 학년에 걸쳐 나선형으로 계획할 수 있다. 가령, 의사소통은 모든 교과 교육과정 문서에 등장하는데, 〈표 2-5〉의 경우를 보면, 의사소통 기능을 영어에서만 다루는 것이 아니라는 것을 알 수 있다.

표 2-5 캐나다 애틀랜틱주 교육과정으로 본 21세기 기능 관련 교과

의사소통 기능	의사소통 관련 졸업기준
과학 학생들은 과학과 기술 교과의 주요 개념과 원리에 대해 의사소통한다. **수학** 학생들은 그래프가 양적 관계를 나타내는 한 가지 방법이라는 것을 이해하고, 양적인 관계를 나타내는 구두 설명, 수식, 표, and/or의 순서쌍 등으로 나타낸다. **국어** 학생들이 탐구하고, 확장하고, 명료화하고, 반성적으로 사고한 것에 대해 의사소통한다. **음악** 학생들은 작사에 필요한 가사로서 언어에 대해 의사소통한다. **사회** 학생들은 다양한 출처로부터(지도, 도표, 그래프, 지구본, 프린트, 기사, 예술 작품 등) 필요한 정보를 수집하고 조직한다.	졸업생들은 국어, 수학, 과학 교과의 개념이나 상징을 사용해서 효과적으로 생각하고 배우고, 의사소통할 수 있다. 이 과정에서 듣고, 보고, 말하고, 읽고, 쓸 것이다.

출처: Atlantic Provinces Education Foundation (2001), p. 14. http://www.ednet.ns.ca/files/reports/essential_grad_learnings.pdf

4) 개별 결과 분석

일반적으로는 결과에서 진술하고 있는 명사들은 Know를, 동사는 Do를 나타낸다. 교육과정 결과를 분석해 보면 대부분은 Know와 Do를 모두 포함하고 있다. 결과가 이렇게 복합적일수록 명사와 동사 너머의 의미를 분석할 필요가 있다.

결과는 관찰 가능하고 평가 가능하도록 진술하기 때문에, Be는 명시적으로 드러나지는 않을 수 있다. 그러나 종종 Be를 명시적으로 드러내기도 한

다. 〈표 2-6〉은 결과를 분석하는 예이다. 동사는 **볼드체**로 표시하였고, 주로 Do를, 명사는 *이탤릭체*로 표시하였고, 주로 Know를 의미한다.

5) 교육과정 문서의 KDB 찾기

KDB를 밝히는 것은 해석 활동이기에 협력해서 하는 것도 좋다. KDB 틀로 각 결과(성취기준)들을 좀 더 잘 이해해 보는 작업이다. 이 작업은 가르치고자 하는 것의 의미를 이해하도록 보장하는 것이지, 단지 학습 결과를 확인하려는 것만은 아니다.

(1) Know 찾기

교육과정의 어떤 영역에서 빅 아이디어나 영속적 이해라는 이름을 붙이려면 여기에 연결되어 있는 결과(성취기준)를 찾아야 한다. 개발하려는 단원의 중점 개념을 찾기 위해서 성취기준을 해석해야 한다. 여러분의 교육과정 문서를 안내하는 자료와 〈표 2-2〉의 빅 아이디어 목록들을 살펴보는 것도 도움이 될 것이다. 영속적 이해는 교과에서 제시하는 총괄 목표에서 찾을 수도 있다(물론 언제나 그렇지는 않다).

일단 한두 개의 개념(빅 아이디어)이나 영속적 이해를 찾고 나면, 이제 여러분은 학생들이 이해한 것을 어떻게 나타낼 수 있을지를 생각하며 과정(단계)을 계획해야 할 것이다. 학생이 학습했다는 것을 알려면 교사는 무엇을 알아야 할까? 학생이 지식을 구성하고 깊이 이해하도록 하려면, 어떻게 가르쳐야 할까? 학생이 지식이나 기능을 더 잘 배우도록 하려면, 어떤 평가를 해야 할까? 중요한 것은 빅 아이디어를 정의하는 일, 그것을 가르치는 일이다. 평가 관점에서 보면, 학생이 이해했다는 것을 어떻게 입증할 수 있는지를 알아야 한다. 확실히 교수와 평가는 서로 엮여 있다.

지금까지는 old story 지식을 습득하는 데 집중해 왔지만, 오늘날은 새로운 이

표 2-6 학습 내용 분석

도착점(최종결과, 목표)	Know	Do	Be
서술 학생은 자동차, 공장 등이 발달하면서 오존층이 파괴되고, 산성비가 증가하는 것을 학습한다. 이렇게 오염을 유발하는 기술들을 규제하는 방안을 학습한다. 노바스코샤주, 5학년 과학 교과	오존층 고갈, 산성비 증가 (자동차, 공장, 다른 오염원 기술)에 대한 혁신과 규제 방안 빅 아이디어: 원인과 결과	둘 간의 관계를 서술	환경 지킴이(암묵적)
분석 과거 역사적 사건이 오늘날 사회의 미래에 주는 영향을 안다. 서스캐처원주, 9학년, 사회 교과	오늘날 사회의 미래와 관련이 있는 역사적 사건들, 그 사건이 우리의 미래에 미치는 영향 빅 아이디어: 원인과 결과	분석하기 예상하기	역사적 사건의 가치에 대해 비판적으로 사고하는 사람
이해하기 하나의 도덕적인 관점을 **구성**하고 있는 것으로 보이는 삶의 상황을 이해한다. 퀘벡주, 레벨1~6, 도덕 교과 개인 발달	생활상 도덕적 기준 빅 아이디어: 도덕적 기준 영속적 이해: 자신의 도덕 기준을 유지할 수 있도록 행동한다.	이해하기 구성하기	자신의 도덕기준을 유지하는 방식으로 행동하는 사람
비교 및 **대조** *시간적·공간적 배경이 다른 드라마나 연극에 등장하는 사회적 가치*를 다룬다. 온타리오주, 7학년, 예술 교과	사회적 가치 드라마 형식 연극이나 드라마의 시간적·공간적 배경 빅 아이디어: 사회적 가치 문화 영속적 이해: 드라마에 나오는 과거 사회와 현재 사회의 사회적 가치에 대해 의사소통한다.	비교하기와 대조하기	역사에 대한 소양을 가진 사람

해를 했는지를 평가하는 데 집중한다. 〈표 2-7〉은 빅 아이디어나 영속적 이해를 평가할 수 있는 루브릭이다. 이 루브릭은 구체적인 단계에서 추상적인 단계로 나아간다. 학생들은 점점 더 추상적인 단계로 이동하면서 더 많은 간학문적 개념을 더 많이 반영하고 연결한다. 이 루브릭을 개발하려면, 전형적으로 사용하는 네 단계보다는 개념 개발을 기술하는 다섯 번째 단계에 주목해 보자. 이런 루브릭을 개발하는 방식은 매우 다양하다(이와 관련해서는 제3장을 참고하라).

(2) Do 찾기

교육과정 문서에서 21세기 기능을 찾을 때는 Know를 찾을 때와는 다르다. 21세기 기능들은 다양하며, 어떤 교육과정 문서든 몇 가지의 기능들을 제시한다. 예를 들어, 여러 교과에 걸쳐 있는 의사소통 기능을 찾을 수 있다. 대개는 말이나 글, 작품이나 그래프 등으로 제시하는 교과의 지식에 대해 서로 의사소통을 할 필요가 있다.

교육과정 문서 전체에 걸쳐서 이런 21세기 기능들을 표현하고 있다. 그래서 어떤 기능들은 쉽게 알아볼 수 있고, 또 어떤 기능들은 그렇지 않다.

- **의사소통**: (다양한 '텍스트'를) 읽기, 쓰기, 말하기, 듣기
- **고등사고 기능**: 문제 해결, 추리, 비판적 사고, 탐색, 탐구 기능, 통합적 사고, 창의적 사고
- **계획 및 구성**: 창의적 사고, 혁신적 정보 연결, 상상력이 풍부한 계획의 적용
- **교과 문해력**: 산술적, 과학적, 역사적, 지리적, 예술적, 진보적[movement], 건강, 재정적
- **새로운 문해력**: 기술, 미디어, 비판적, 환경적, 재정적, 시각적, 진보적

표 2-7 개념 발달과 영속적 이해를 위한 루브릭

이해의 단계	초급beginning	중급developing	능숙competent	유능proficient	전문가expert
빅 아이디어	협의를 통해 빅 아이디어를 진술할 수 있다.	빅 아이디어의 정의를 자신의 언어로 재진술할 수 있다.	빅 아이디어에 대한 예와 비예를 제시할 수 있다.	빅 아이디어에 대한 주요 속성을 제시할 수 있다.	빅 개념을 빅 아이디어와 연관시킬 수 있다.
예	이주	"이주란 생물이 어떤 목적을 위해서 이동하는 것이다."	예: 나비, 고래, 언어 비예2): 하위조항·불충족 화제 사고	혜택 변화 큰 집단 이동 유목적적 원인 결과 보편적	"사람과 동물은 어떤 목적을 위해 이주한다."
영속적 이해	빅 아이디어를 정의하고 예를 들을 수 있다.	둘 이상의 빅 아이디어 사이의 관계를 설명한다.	조건 관계를 설명한다. (예: 만약/그렇다면, 원인/결과, 부분/전체)	영속적 이해에 해당하는 교과의 예를 제시한다.	범교과적으로 예를 제시한다.
예	나비 고래 언어	"동물은 그들이 필요한 것을 얻기 위해 이동한다."	"동물이 이주하는 원인과 결과가 있다."	"우리는 고래가 이주해 배 배웠지만 이주하는 생물학적으로 많이 일어난다. 예를 들어, 나비나 심지어 사람들까지도 이주한다."	"동물이 이주하는 서부 이주의 역사와 비슷하다."

출처: Tomlinson et al. (2009), p. 88을 기반으로 작성.

여러 교육과정 문서에서 어떤 기능을 계속해서 반복한다. 또 어떤 기능들은 이름도 명확하지 않다. 그래서 교육과정 문서를 읽어야 할 필요가 있다.

21세기 기능들은 여러 분야에서 사용하는 복합적인 기능이다. 어떤 교육과정 문서에서는 이런 기능들을 결과에서 진술하고 있다. 이런 기능들은 교육과정 문서 여기저기에 흩어져 있다. 이에 교육과정을 개발할 때, 이들을 모아 보아야 한다. 각 기능별로 가르칠 수 있지만, 전체에서 다룰 때 더 이해하기 좋다.

탐구도 여러 교과에 걸쳐 있는 기능 중 하나다. 교과마다 조금씩 다른 탐구 절차를 사용하지만, 사실 탐구 절차들은 유사하다. 〈표 2-8〉은 과학 교과의 탐구 절차와 사회 교과의 탐구 절차를 비교한 것이다.

표 2-8 과학 교과와 사회 교과의 탐구

과학 교과의 탐구	사회 교과의 탐구
가치 있는 문제 파악	가치 있는 문제 파악
좋은 질문하기	좋은 질문하기
문제 연구	대답할 질문 정하기
가설 설정	데이터 조직하고 분석하기
실험하기	결론 내리기
결과 분석	결과 전달
결론 내리기	용어 정리
가설 수용 혹은 기각	보고서의 서식 정리
결과 전달	출처 밝히기
용어 정리	

〈표 2-9〉는 창의적인 탐구 절차이다. 창의적인 탐구 절차도 과학적인 탐구 절차나 사회 교과의 탐구 절차와 유사하다. 교사는 각 교과의 기능들을 기술하고, 이를 수업이나 평가에서 사용할 수 있도록 정리할 필요가 있다.

---

2) 역자 주: 비예제^{nonexample}는 다음을 참고하라(https://devotedtovocabulary.wordpress.com/category/example-non-example/).

표 2-9 창의적인 탐구 절차

단계	학생 활동의 예
도전과 영감	교사, 학생은 창의적으로 도전할 만한 자극을 주는 아이디어를 생성
상상과 생성	창의적 해결을 위한 가능한 해결책 생성. 가능한 전략은 브레인스토밍, 섬네일 스케치, 안무 스케치, 뮤지컬 스케치, 마인드맵 등
계획과 집중	예술 작품 계획 세우기. 초점 결정 및 명료화와 적절한 예술 형식 선택
탐구와 실험	다양한 요소와 기법 탐색. 작품을 위한 예술적 선택
예비 작업	예비 버전 생성. 동료 및 교사와 함께 예비 작품을 공유하고 그들의 의견과 반응 탐색
개정과 수정	학생 자신의 성찰과 다른 사람의 피드백을 기반으로 초기 작업 수정
발표와 수행	예술 작품을 완성하고 청중(예: 동료, 교사, 대중) 앞에서 발표하거나 실행
반성과 평가	좋은 점이나 개선점에 대한 구체적인 관점을 가지고 그 작품의 성공 정도 반성. 이 반성에 대한 결과를 또 다른 예술 작품을 시작하는 데 활용

출처: Ontario Ministry of Education (2010c), p. 16 창의적인 탐구 절차.

어떤 사람들은 창의성을 가르칠 수 없다고 하지만, 창의적인 활동 과정을 설계해서 창의성을 다룰 수 있다. 우리는 앞으로 교육과정에서 창의성을 계속해서 다룰 것이라고 생각한다. 사실 지금까지 우리가 본 모든 주 교육과정 문서들에서는 21세기 기능으로 창의성을 모두 제시하고 있었다.

 여기서 잠깐! **창의성 수업 및 평가 예시**

창의성은 21세기 기능들 중에서 핵심적인 기능이다. 온타리오주 고등학교 교사 Steve Fralick은 교실에서 창의성을 자신의 교육과정, 수업, 평가 전반에 반영한다. 미술 교과 교육과정 문서에서는 비판적 분석과 창의적인 과정을 강조하는데, Fralick은 모든 학생들이 각자 자신의 수준에서 이것을 보여 줄 수 있다고 생각한다.

Fralick은 교육과정을 계획할 때, 학생들의 성취를 평가할 때 창의적인 과정(단계)을 사용한다. Fralick은 10학년의 기타 수업에서 학생들에게 노래를 만들어서 연주하도록 했다. 이 수업은 〈표 2-9〉에서 제시한 단계를 거쳤다. 영감을 가지고 계획하는 것에서부터 시작해서, 피드백을 기반으로 노래를 수정하고, 되돌아보는 단계까지 거쳤다. 동료 및 자기 평가를 포함하여 형성평가를 통해서 피드백을 했다. Fralick은 학생들에게 자신이 각 과정 중 어디쯤에 있는지, 그리고 그 단계에서 해야 하는 활동이 무엇인지 계속해서 물었다. 처음부터 학생들과 함께 평가 루브릭을 개발했고, 학생들의 Fralick의 질문에 대답하는 것이 평가의 일환이라는 것을 알고 있었다.

(3) Be 찾기

Be를 교육의 결과물이라고 명시적으로 표현하지는 않지만, 대부분의 교육과정 문서들은 Be를 함축하고 있다. Be를 평가하고자 할 때의 문제는 객관적으로 평가하는 명확한 방법을 찾기 힘들다는 것이다. 온타리오주에서는 학습 기능과 활동 습관work habits을 Be로 제시한다. 중요한 학습 기능들을 학생들의 성적표 앞면에 표현하고 있다. 〈표 2-10〉은 온타리오주의 학습 기능을 평가하는 관찰 체크리스트다. 이 표는 교사들이 사용할 수 있는 구체적이고 관찰 가능한 기준을 제공하며, 학생별로 어떤 학습 기능 및 습관을 갖고 있는지를 파악할 수 있도록 도와준다.

표 2-10 학습 기능 관찰 체크리스트

범주	관찰 행동	활동 코멘트			
		학생1	학생2	학생3	학생4
책임감	• 정해진 시간 안에 과제 완성하기 • 숙제 완성하기 • 교실에서 올바른 행동하기				
조직	• 일기에 월별 학습 목표 세우기 • 과제 완성을 위해 효과적으로 시간 관리하기 • 꾸준한 주변 정리와 노트 필기하기				
개인 활동	• 수업 시간에 과제에 집중하기 • 교사의 지시에 따르기				

협력 활동	• 그룹 과제를 적절하고 공정하게 나누어 맡기 • 다양한 역할(리더, 기록자, 조직자 등) 수행하기 • 아이디어, 정보, 전문 지식, 자원 공유하기 • 다른 사람 존중하기 • 다른 사람을 돕는 자세 보이기				
주도성 initiative	• 새로운 과제에 긍정적인 태도 보이기 • 아이디어 생성하고 활동하기 • 위험을 감수하고 새로운 도전 시도하기				
자기 평가	• 학습 일지에 자신의 진도에 맞게 목표를 설정 하고 확인하기 • 필요할 때 도움 요청하기 • 과제의 자기 평가 부분 완료하기 • 어려운 과제에 직면해서 인내심 갖기				

출처: Ontario Ministry of Education (2010b), p. 11.

첫 단계에서는 Be를 정의한다. 실제로 그것은 어떻게 보이는가? 주도성과 같은 자질에 대한 증거와 그 예는 무엇인가? 런던과 온타리오주에서 MISA^Managing Information for Student Achievement 협회를 통해서 각 학습 기능 목록별로 사례를 보여 주는 비디오를 개발했다. 이런 사례들은 여러 학생들의 행동에서 찾았다. 〈표 2-11〉에서는 '주도성'과 그 증거를 제시하였다. 이런 증거들은 Be의 하나로서 주도성을 '측정'할 때 사용할 수 있고, 질적으로 평가하는 데 사용할 수도 있다.

표 2-11 주도성과 학생이 보여 주는 증거

주도성 기준	증거
새로운 아이디어와 학습 기회에 대한 기대와 활동	학생은 다음 단계를 논의하기 위해 협의에 참여한다. 계획대로 따른다.
혁신할 수 있는 능력과 위험을 감당할 의지 보여 주기	학생은 수학 교구를 활용한다. 학생은 총괄 활동을 선택한다.

학습에 대한 호기심과 흥미 보여 주기	학생은 학급에 게시된 주요 차트를 확인하고 그것을 문제 해결을 위한 안내로 사용한다.
긍정적인 자세로 새로운 과제에 접근하기	학생은 총괄 프로젝트를 신속하게 시작하고 제출 마감시간을 준수한다. 학생은 동료 앞에서 자신의 생각을 알린다.
자신과 다른 사람의 권리를 적절하게 인식하고 옹호하기	학생은 독서 모임 활동에서 협력적으로 활동한다. 상급 학생은 하급 학생의 요구를 대변한다.

출처: MISA (2012).

3. 학생 알기

교사는 같은 교육과정을 사용한다고 해도 상황에 따라 이슈가 달라지기 때문에 실제로 학생이 학습하는 단원unit은 매년 바뀐다. 교육과정은 학생의 관심이나 경험과 연결될 때 의미를 가질 수 있다. 적절한 교육과정을 만들려면 학생을 이해하는 것이 중요하다.

교사는 교육과정을 계획하면서 개별 학생의 강점과 요구를 알 수 있는 여러 가지 정보를 수집한다. 교사는 학생들을 만나기 전에도 공식적인 학생 기록물들을 통해서 많은 정보를 열람할 수 있다. 주에서 주관한 시험, 표준화시험 점수, 이전의 성적표, 학급에서 기록한 문서 등을 보면서 신체적으로 혹은 학습 면에서 개별화 교육이 필요한지도 알 수 있다. 이전 학년에서 작성한 포트폴리오는 학생을 아는 데 필요한 종합적인 정보를 제공해 준다.

1) 학생 배경 정보를 수집하는 출처들

학생 정보를 수집할 수 있는 자료는 다음과 같다.

- 공식학교기록^{Official School Record: OSR} 검토, 최근 및 과거의 성적표 포함
- 부모 상담
- 이전 교사와의 상담
- 지원 팀과의 상담
- 교실 관찰 체크리스트
- 교육 평가(예: 교육과정 관련 사전 평가)
- 다중지능검사 또는 학습 유형 검사^{Learning Style Inventory}
- 작업 샘플, 과제, 프로젝트
- 포트폴리오
- 교사–학생 콘퍼런스
- 동료 및 자기 평가
- 흥미검사

일단 학생들이 교실에 들어오면 교사는 학생들을 알 수 있다. 학생들이 무엇에 흥미를 느끼는지, 학생들에게 중요한 것이 무엇인지 특별활동 시간을 마련해서 학생과 비공식적인 대화를 하는 것도 좋다. 질문에 응답하기, 인터뷰하기, 자기소개도 도움이 된다. 학생 정보를 수집하는 좀 더 공식적인 방식은 학생 흥미검사를 하는 것이다. 상업용 온라인 버전이나 SurveyMonkey와 같은 웹상의 앱을 활용할 수도 있고, 교사가 직접 만든 설문지로 조사하는 것도 가능하다.

이런 조사를 통해서 학생의 사회, 문화, 경제적 배경을 알아 두는 것이 유용하다. 학생에게서 특이한 행동을 발견했을 때 특히 유용하다. 학생이 매일 아침은 잘 먹고 오는지, 학교 밖에서 학생의 행동에 영향을 미치는 것은 무엇인지, 가정은 학생의 교실 경험에 어떤 영향을 미칠지, 교육과정은 학생의 배경을 반영하고 있는지 등이 있다. 가령, 캐나다 원주민인 학생을 가르친다면, 여러 원주민 중에서 어떤 원주민인지, 그들은 어떤 문화를 가지고 있는지 등의

질문이 있다. 오늘날 교실은 다문화 환경이다. 이에 학생의 사회·문화·경제적 특성을 알아 두는 것은 어렵지만 중요하다. 가정방문을 통해서 가족 구성원이 그 학생을 어떻게 알고 있는지, 학생이 가진 개인적, 문화적 지식의 가치를 어떻게 평가해야 할지 등을 종합적으로 알아 두는 것도 좋다.

2) 학생의 사전 지식과 기능 알기

학생을 알아보는 방법으로는 진단평가를 하는 것도 좋다. 진단평가를 통해서 학생이 이미 알고 있고, 할 수 있는 것, 선호하는 학습 형태나 여러 지능 중 강점 영역, 학생의 일반적인 관심사 등에 대한 정보를 알 수 있다. 수업 전에 진단평가를 하기도 하고, 수업 중에 하는 형성평가를 통해서도 진단할 수 있다. 진단평가에서는 포괄적으로 평가하는 것, 그리고 열린 마음을 유지하는 것이 중요하다. 다양한 출처를 통해서 학생의 학습을 진단할 수 있는 정보들을 얻을 수 있다.

(1) 현재 내용 지식과 기능 수준 판단하기

목표로 하는 결과와 관련하여 학생들이 이미 알고 있고 할 수 있는 것은 무엇인가? 이러한 정보를 알아내기 위해서 교사는 아마도 KWL 전략[3]들을 사용해서 진단평가나 수업 전 평가[AfL]를 통해 계획하고 관리할 수 있다.

---

3) 역자 주: KWL 전략은 학생들이 이미 알고 있는 것, 알고 싶은 것, 그리고 그것을 배웠다는 것을 어떻게 알 수 있는지 등에 대해 브레인스토밍을 하는 것이다.

✋ **여기서 잠깐!** **프로파일을 통해서 학생 알기**

영국에서 시작한 프로파일 아이디어는 '한 페이지 프로파일one-page profile'이다 (Smith, 2012). 이 프로파일은 학생의 학교생활을 통해서 학생과 함께 하는 생생한 문서로, 변화가 생기면 즉시 업데이트한다. 이 문서에는 세 가지 질문이 있다. 첫 번째 질문은 "다른 사람들은 나의 무엇(성격, 재능, 재주)을 높이 평가하는가?" 친구, 가족, 교사가 이 질문에 대답한다. 학생은 부모와 함께 두 번째와 세 번째 질문에 대답한다. "나에게 중요한 것(관심, 활동, 사람들, 교실 활동)은 무엇인가?" "다른 사람이 나를 어떻게 지지하는가?" 이 프로파일을 사용하는 교사는 이 프로파일을 단순한 문서로 보지 않는다. 프로파일은 학생들의 목표, 관심사들을 알려 준다. 이를 통해서 교사는 교육과정을 개별화하여 학생들과 관련짓는다.

교사가 학생에 대해 알아야 할 또 다른 중요한 사항은 교실에 있는 학생의 테크놀로지 소양이다. 교사는 학생들이 익숙하게 다루는 도구들을 사용해서 그들이 새롭고 예측 불가능한 상황에서 정보를 활용하고 21세기 기능을 적용할 수 있도록 가르쳐야 한다. 학생들도 친구들과 서로가 알고 있는 테크놀로지 기능들을 가르치고 배우면서 협력적인 상호 학습 커뮤니티를 형성할 수 있다. 이런 테크놀로지 기능을 익히는 수업을 통해서 명시적인 교육과정 목표를 달성할 수 있다.

(2) 학습 선호도

교사가 학생의 학습 선호도를 알아볼 수 있는 다른 방법도 있다. 캐나다 온타리오주에서는 교사들에게 다음과 같은 내용을 권고하고 있다.

① 학습 유형

학습 유형에 대한 이론들이 많다. 교사들이 널리 사용하는 것 중에서 VARK라는 것이 있다. VARK는 학생의 학습 유형을 세 가지로 제시하는데,

청각적 학습자, 시각적 학습자, 운동 감각적/촉각적 학습자이다(Fleming & Mills, 1992). 교사들은 무료로 온라인에서 학습 유형 검사를 할 수 있다(http://learning-style-online.com/inventory/#online). VARK 측에서는 고학년용 검사지를 제공하고 있다(www.vark-learn.com/english/page.asp?p=questionnaire).

② 다중지능

학생의 학습 선호도를 알아보는 또 하나의 방법은 Howard Gardner(1983)의 다중지능검사이다. Gardner는 지능을 전통적인 지능 이론들처럼, 즉 지능을 고정적이고, 학생의 논리적이고 언어적인 능력을 통해서 잴 수 있다고 보지 않는다. Gardner의 다중지능에서는 사람의 지능을 여덟 가지(언어 지능, 시·공간 지능, 음악 지능, 개인 내적 지능, 개인 간 지능, 논리·수학적 지능, 신체·운동 지능, 자연주의 지능)로 구분한다. 이런 다중지능검사도 온라인에서 제공하는 무료 검사를 활용할 수 있다.

③ 삼원지능

Robert Sternberg(1988, 1997)는 삼원지능 이론을 주장한다. 삼원지능 이론에서 사람은 모두 세 가지 지능을 가지고 사람마다 사용하는 정도가 다르다고 본다.

- **분석적:** 논리적
- **실제적:** 실제적 맥락에서 적용
- **창조적:** 혁신적

Sternberg의 목표는 세 가지 지능을 모두 높이는 동시에 세 지능 간 균형을 추구한다. Sternberg의 삼원지능 검사 또한 온라인에서 무료로 제공한다(www.schultzcenter.org/pdf/sternberg_inventory.pdf).

④ 선호하는 환경

학생들이 어떻게 하면 더 잘 공부할 수 있는가? 혼자 혹은 함께 하는 것이 좋은가? 구조화된 환경이 좋은가 혹은 융통성 있는 환경이 좋은가? 밝은 불빛이 좋은가, 불빛이 좀 희미한 것이 좋은가? 음악이 들리는 이어폰을 사용하도록 해 주는 것이 좋은가, 백색 소음이 있는 것이 좋은가? 선행연구 결과들은 학생의 학습 스타일이 고정되어 있는 것도 아니고, 학생에게 다양한 학습 환경을 제공할 때 학생의 학습을 향상시킨다고 보고한다(Hattie, 2012; Willingham, 2004). 교사가 학생의 학습 선호를 고려해야 하는 이유는 창의적인 수업 및 평가 전략을 설계하려고 하기 때문이다.

교사는 학생별 각 학생에 대해 알게 된 정보를 프로파일에 기록한다. 학생 프로파일에는 학생의 강점과 약점을 알 수 있는 여러 정보들이 들어 있다. 교사가 이런 정보들을 종합 분석하면, 학생을 지원할 수 있는 계획이나 절차를 세울 수 있다. 〈표 2-12〉는 이런 프로파일의 한 예이다.

교사는 이런 정보를 활용해서 학생에게 맞는 학생 중심의 학습 환경을 조성할 수 있다. 교사는 학생이 자신의 강점을 발휘할 수 있는 활동을 다양하게 계획함으로써 학생들의 학습 요구를 수용할 수 있다. 또 교사는 학생들이 원하는 곳에서 좀 더 편안하게 활동할 수 있는 기회도 제공할 수 있다. 학생도 자신이 선호하는 것을 알아차린다면 학습하기 더 나을 것이다. 학생이 자신이 선호하는 학습 방법을 알도록 하는 것이 바로 앞에서 설명한 학습으로서 평가[AaL]이다.

Cooper(2011)는 교사가 학생 정보를 수집할 때, 목적을 가지고 진단 정보를 수집하라고 조언한다. 예를 들어, 학습을 지원하기 위해 교사가 다중지능검사를 한다면 학습을 지원하는 데 실제로 적용하기가 더 쉽다. Helen Pereira-Raso와 Mary의 이야기도 참조할 만하다('여기서 잠깐! 학생 알기'를 보라.).

표 2-12 프로파일의 예시

학생 이름	학습 유형	강점	결림점	수업 전략	평가 전략
톰	신체적/운동적 논리적/수학적 개인 간	• 탐구 • 문제 해결자 • 사색적 • 기술적 기능 • 독립적인 사상가 (자유로운 사고)	• 소통 지원 • 문해 기능	• 실행hands on • 소그룹 • 탐구기반 • 상호작용 화이트보드4)	• 기기 사용 • 프로젝트기반
엘리사	청각적 개인 간	• 아이디어 설명 • 학급 토의 • 그룹 활동 • 협력	• 문제 해결 • 분석 • 글쓰기로 소통하기	• 기기(아이팟) • 후기response journal • 문학 동아리 • 협력 학습	• 구두 • 비디오 프로젝트 (예: 팟캐스트) • 토론 • 프로젝트 프레젠테이션
조쉬	시각적/공간적	• 예술적 창조 • 생생한 묘사	• 탐구 • 문제 해결 • 분석	• 정리 도표anchor chart 작성 • 그래픽 조직자 • 개인용 기술 장비	• 포트폴리오 • 개임 창작 • 미술 작품
존	촉각적 논리적/수학적 개인 간	• 모델 만들기 • 사색적 • 문제 해결 • 분석가	• 글쓰기로 소통하기 • 공식적 말하기	• 협력 학습 • 개방형 과제open-ended problems • 목표 설정	• 미술 작품 • 포트폴리오 • 가상 모델

출처: Ontario Ministry of Education (2011), p. 39.

여기서 잠깐! 학생 알기

　Helen Pereira-Raso는 온타리오주에 있는 한 고등학교 교사이다. 그는 동료와 대화하는 과정에서 자신이 학생을 만나기도 전에 먼저 판단부터 해 왔었다는 것을 깨달았다. 그는 온타리오 학교 기록이나 다른 교사들에게 학생에 대한 이야기를 들었다. 그는 학생에 대해 알고 싶은 것은 학생에게서 직접 들을 필요가 있다고 생각했다. 이제 그는 늘 학생의 말을 주의 깊게 경청한다. 교실에도 학생들과 함께 할 수 있는 공간을 만들기도 한다. 좀 다른 방식으로 학생의 이야기를 경청하기도 한다. 오늘 Helen은 학생의 이야기를 목적을 가지고 들으면서 충분히 예의를 갖추었다. 그는 학생들이 어떻게 그리고 무엇을 생각하는지 또 왜 그렇게 생각하는지에 대해 들었다. 그는 학생들이 하는 이야기가 수업 시간에 사용하는 자료와 어떻게 관련이 있는지를 생각하며 경청한다. 그는 학생을 이해하기 위해 귀를 기울이고, 학생의 학습이 이 다음에 어디로 갈 수 있는지 단서를 찾으면서 듣는다. 그는 학생들이 매번 수업 시간에 가지고 오는 정보들을 인정하면서, 학생들과 공손하게 대화를 나눈다. 그의 경청은 그가 학생들을 더 깊이, 그리고 종합적으로 이해할 수 있게 했다.

　이 책의 저자 중 한 사람인 Wendy는 중등 교사인 Mary와 같은 학교에 근무했다. Mary는 사려 깊고 포용력이 있으며 학생 중심적이고 자신의 실천에 대해 반성적인 교사였다. 한때 Mary는 학생에 대한 선입견 없이 시작하고 싶어서 공식적인 학생 기록들을 보지 않았다. Mary는 학생에 대한 첫인상을 나쁘게 하고 싶지 않았다. 그 해 후반부에 한 학생의 프로파일에 서류 한 장을 끼워 넣으면서 그 학생의 청력이 심각하게 손상되어 있다는 사실을 발견했다. Mary는 그 학생은 일상적으로 특별한 배려가 필요했다는 점을 알아차리지 못한 자신을 보면서 망연자실했다. 그 학생은 숫기가 없었고 호명되는 것을 피하기 위해서 내내 조용히 있었던 것이다. Mary는 그 학생에게 사과하고, 남은 학기 동안 그 학생을 청각적으로 배려하며 보냈다. 그 이후로 Mary는 사전에 포괄적인 학습 환경을 계획하기 위해 언제나 공식적인 기록들을 주의 깊게 읽는다.

---

4) 역자 주: '상호작용 화이트보드interactive whiteboard: IWB'는 서로 대화 및 상호작용이 가능한 대형 디스플레이 보드이다. 터치를 통해 작업이 가능하기 때문에 교실, 방송 스튜디오, 회의실 등 다양한 환경에서 사용된다.

4. 결론

이 장에서는 교육과정을 개발하는 데 필요한 두 가지, 즉 교육과정 알기와 학생 알기를 다루었다. 둘 다 고려해야 할 사항들이 많다. 다음 장에서는 백워드 설계를 살펴볼 것이다.

토론해 봅시다

1. 빅 아이디어는 맥락이나 교과에 따라 다르다. 권리와 책임이라는 빅 아이디어는 해석 맥락에 따라 어떻게 달라질 수 있는지를 탐구하시오.

2. 교과별 빅 아이디어 목록을 살펴보고(〈표 2-2〉 참조), 교과들을 아우르는 빅 아이디어 차트를 만들어 보시오.

3. 창의성은 21세기 핵심 기능 중 하나이다. 앞으로는 방대한 양의 정보에 노출될 것이라는 점을 고려해 볼 때, 창의성을 예술 이외의 교과에 어떻게 적용할 수 있는지 브레인스토밍해 보시오.

4. Be를 함양하기 위해 학교는 어떤 역할을 해야 하는가? 또, 교사는 어떤 역할을 해야 하는가?

5. 놀랍게도, 알고 보면 대부분의 교육과정 목표는 복잡하다. 〈표 2-6〉의 목표를 살펴보시오. 우리가 한 해석에 동의하는가? 여러분 지역의 맥락에서 하나를 골라서 분석해 보시오.

6. '여기서 잠깐! 학생 알기'에서 기술한 Helen과 Mary의 경험을 생각해 보시오. 학생에 대한 사전 지식이 언제 이로운가, 해로운가? 이롭다면 무엇이, 해롭다면 무엇이 해로운가? 여러분은 학생을 알기 위해 가장 유용하다고 생각하는 방법이 있는가?

평가와 백워드 설계 제3장

◆ **이 장의 주요 내용** ◆

• KDB에서 중요한 것들 확인하기

• 수행을 평가할 수 있는 다양한 평가 과제 개발하기

• 학생들이 KDB를 증명할 만한 활동(평가) 개발하기

• 평가 과제와 도구 개발하기

• 세 단계로 백워드 설계하기

• 수업에 학습을 위한 평가^{AfL} 포함하기

• 평가자로서 사고하기

1. 평가에서 출발하는 수업 만들기

이 장에서는 백워드 설계 과정을 다루는데, [그림 3-1]에 제시한 단계를 중심으로 설명한다. 모든 단계에서 협상하는 활동을 하며, 각 단계들을 차례대로(선형적으로) 진행하는 것은 아니다. 우리는 10학년의 역사 단원을 예시로, 일관성을 유지하면서 각 단계들이 서로 어떻게 연결되는지를 보여 줄 것이다. 그리고 평가를 긴밀하게 연계할 것이다. 여기서 제시하는 역사 단원은 하나의 예시일 뿐이다. 이 절차는 어느 학년 어떤 교과라도 적용할 수 있다.

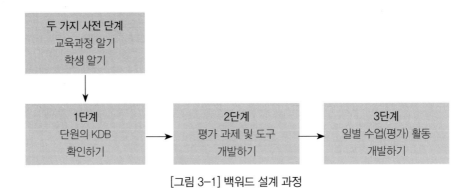

[그림 3-1] 백워드 설계 과정

백워드 설계는 두 가지 사전 단계와 세 단계를 따른다(간교과적 접근을 다룬 제5장에는 세 가지 사전 단계를 제시하였다). 백워드 설계가 다른 교육과정 개발과 다른 점이라면 처음부터 평가를 염두에 두면서 시작한다는 점이다.

2. 통합적으로 사고하기

통합적 사고(Martin, 2007)는 교육과정 개발자가 백워드 설계를 할 때 사용하는 기능이다. 통합적 사고는 동시에 두 가지 측면을 고려하며, 각각의 장점을 모두 취하는 능력이다. 다양하고 적절한 교육과정을 만들기 위해서 우리는 관련 측면을 모두 볼 수 있어야 한다.

- 광각 렌즈^{wide angle lens}로 보기와 초점 렌즈^{zoom lens}로 보기
- 큰 그림으로 보기와 한 가지 초점에 맞춰 보기
- 포괄적인 자료와 특정 학년, 특정 단원을 겨냥한 자료

Hoberman의 구^{Hoberman sphere}는 통합적 사고를 설명하는 메타포이다. 이 구는 확장할 수도, 압축할 수도 있다. 큰 그림처럼 공을 확대하거나, 하나에

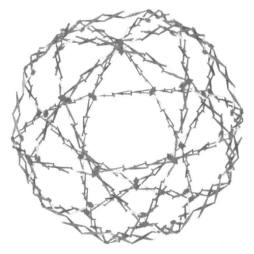

[그림 3-2] Hoberman의 구

출처: Charles Hoberman (1993).

초점을 맞추어 축소할 수 있는 등 어떻게 보는가에 따라 다양하게 활용할 수 있다.

3. 교육과정 개발하기

백워드 설계 단계를 다시 제시하면 [그림 3-3]과 같다. 우리는 이 단계를 선형적으로 표현했지만, 각 단계들은 서로 연결되어 있다. 따라서 교육과정 개발자들은 교육과정을 개발하면서 각 단계를 왔다 갔다 해야 할 것이다. 예를 들어, 여러분이 수업하기 전 계획 단계에서 주제와 본질적 질문을 결정해 놨다고 해도, 다음 단계에서 결정한 것들 중 한둘을 바꿀 수도 있다. KDB를 초기 선정하는 시작부터 KDB의 증거가 되는 풍부한 수행/평가 과제[Rich Performance Assessment Task: RPAT]를 확인해서 마치기 전까지 모든 단계에서 교육과정을 조정할 수 있다.

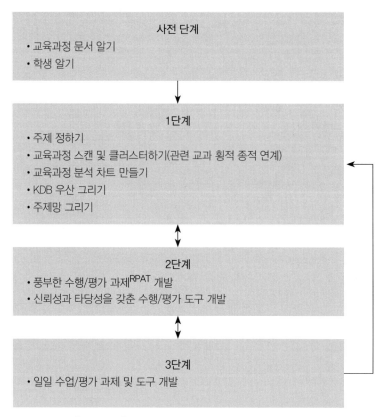

[그림 3-3] 백워드 설계 단계에 대한 세부적인 설명

　　우리는 계속해서 한 단원을 계획에서 수행하고 평가하기까지 기본적으로
타당성, 신뢰성, 공정성을 염두에 두어야 한다. 우리는 온타리오주 9~10학
년 사회과 '캐나다와 세계' 영역 관련 자료인 '캐나다의 위인 비디오 자료'를
사례로 살펴볼 것이다(Ontario Ministry of Education, 2005a). 비록 10학년 역사
과 자료이지만, 모든 학년의 모든 교과에 적용할 수 있는 일반적인 절차로 사
용할 수 있다. 백워드 설계 과정인 사전 단계부터 세 단계를 따르면서 살펴볼
것이다([그림 3-3] 참조).

1) 사전 단계

사전 단계는 교육과정 알기와 학생 알기로 구성되어 있다.

(1) 교육과정 알기

교육과정 알기의 첫 단계에서는 교육과정 문서에서 우산을 구성하는 교과들을 대상으로 KDB를 찾는다.

먼저 광각 렌즈로 본다. 교육과정 문서를 소개한 페이지들을 훑어보자. 훑어본다는 것^{scan}은 자세히 읽는 것보다는 '쓱 보는 것^{scanning}'이다. 교사는 종종 인쇄물이나 온라인 자료들에서 핵심어나 핵심 구, 주요 문장들을 살펴볼 수 있다. 12학년까지 모든 교과를 아우르는 (교육과정)총론이 있다면 그것을 살펴봐도 된다. 각 교과별로 교과를 안내하는 자료도 살펴볼 수 있다.

제2장에서 제시한 KDB는 이렇게 교육과정 문서를 훑어보는 과정이다. 교육과정 문서 총론에서는 어떤 21세기 기능들을 제시하며 어떤 입장을 취하는가? 어떤 KDB를 표면적으로 강조하고 있는가? 교과 교육 목표(철학)는 무엇인가? 그것은 주의 총론과 일치하는가? 무엇을 강조하는가? 구성주의 수업을 강조하는가? 민주주의를 강조하는가? 사회 정의를 강조하는가? 비판적 문해력을 강조하는가? 여러분은 여러분이 알아낸 것들을 〈표 3-1〉과 같은 차트에 KDB로 정리할 수 있다.

표 3-1 소개 자료(역사)의 KDB 확인

온타리오의 사회는 1학년부터 6학년까지 군으로 통합 제시한다. 9학년은 역사를 다루지 않는다.
7학년-뉴 프랑스, 영국령 북아메리카, 갈등과 변화
8학년-연방, 서부 캐나다의 발전, 캐나다: 변화하는 사회
10학년과 11학년-공동체로서 지역, 국가, 세계. 변화와 공동체. 시민의식과 전통. 사회, 경제, 정치 구조. 역사 탐구 방법과 의사소통

Know-빅 아이디어들
- 시스템과 구조
- 상호작용과 상호보완
- 환경
- 변화와 유지
- 문화
- 권력과 정부

Do-역사적 탐구
- 적절한 질문하기
- 그 질문에 대한 답을 탐색하기 위한 계획 세우기
- 다양한 방법 중 적절한 조사 방법 활용하기
- 다양한 출처의 관련 정보 찾기(타당성과 적절성에 따라 1차 자료와 2차 자료로 구분하기, 이들을 적절한 방식으로 활용하기)
- 조사 결과의 조직, 분석, 해석, 적용(연대기와 인과관계 고려)
- 글쓰기, 구술, 시각적 형태의 다양한 방법으로 조사 결과 발표하기

Be-지적이고 책임감 있고 활동적인 21세기 캐나다 시민

(2) 학생 알기

여러분은 10학년 역사 교과의 한 단원을 개발하고 있다. 이 단원은 필수 단원이다. 그리고 학생들의 동기와 학습 능력은 서로 다르다. 여러분의 학교 문화나 상황도 다양하다. 지난 5년 내에 약 42%의 학생들이 캐나다로 이주해 온 이민자들이다. 여러분은 이민자 학생들이 캐나다 역사에 대해 얼마나 알고 있는지 잘 모른다. 따라서 캐나다 안에서 통하는 관례, 지식, 태도를 진단해 보는 일이 중요할 것이다. 왜냐하면 24명 중 6명의 학생들이 번역기를 사용해서 의사소통하고 있고, 매일 하는 국어 숙제를 '연습'하는 상황이기 때문이다. 이 단원에서는 컴퓨터, 특히 앱을 활용한 조사 활동을 넣어서 학생들이 수업에 좀 더 적극적으로 참여하게 하는 학생 중심 수업을 기획했다. 교과서를 기본적인 참고 자료로 활용하면서, 다양한 기능이나 학습 선호도를 만족

시키는 자료들을 보완하는 것이 필수적이다. 이 수업은 인터넷, 특히 주요 자료들을 온라인으로 수집하는 활동이 매우 중요할 것이라고 예상한다.

2) 백워드 설계: 1단계

학기를 마칠 때 학생이 알아야 하고Know, 할 수 있어야 하고Do, 되어야 하는Be 중요한 것들을 확인한다.

(1) 주제 정하기

주제는 지금 정할 수도 있고, 교육과정 스캔 및 클러스터 후에 정할 수도 있다. 여러분은 교육과정을 살펴보았다면 주제가 될 만한 아이디어들을 가지고 있을 것이다. 또 성취기준을 더 심층적으로 탐구하면서 더 좋은 주제를 준비할 수도 있다. 물론 이런 결과에 따라서 주제를 바꾸기도 하고, 주제를 바꿀 필요가 있을 수도 있다.

(2) 교육과정 스캔과 클러스터

교육과정을 스캔하고 클러스터하는 목적은 성취기준에서 중요한 내용, 즉 KDB를 결정하려는 것이다. 클러스터를 통해서 결과들을 의미 있게 유목화한다. 스캔하고 클러스터하는 과정에서 결과들을 자연스럽게 묶을 수 있을 것이다.

첫 단계는 종적 스캔과 클러스터이다. 이 단계에서는 해당 학년의 아래와 위의 교과 내용을 스캔한다. 여러분은 해당 학년 학생들에게 기대하는 것과 다음 해 학생에게 기대하는 것 사이에서 초점을 정할 수 있을 것이다. 광각 렌즈를 사용해서 학생들의 배움에서 중요한 것이 무엇일까? 형광펜을 사용해서 주요 개념, 구문, 결과를 확인하면서 표시하는 것도 유용하다. 교육과정 문서에서 KDB를 찾을 수 있는가? 예를 들어, 각 학년의 의사소통 결과는? 탐구 결과는? 조사 결과는? 빅 아이디어는? 영속적인 이해는 무엇인가?

〈표 3-2〉는 7, 8학년과 11학년(온타리오주 교육과정은 9학년에서 역사를 제시하지 않는다.) 사회과를 종적으로 스캔한 결과물이다. 이 스캔으로 '캐나다 사람'이라는 주제를 찾을 수 있었다.

횡적 스캔과 클러스터는 해당 학년 내에서 다루는 내용들을 스캔한다. 이 과정은 각 교과를 가로질러서 통합할 수 있도록 돕는다. 예를 들어, 여러분은 문학에서 거의 모든 교과에 활용할 수 있는 읽기, 쓰기, 말하기, 미디어 리터러시 등을 스캔할 수 있을 것이다. 사회과의 역사 영역의 경우, 캐나다인의 영향력을 탐구할 수 있다. 또 의사소통은 모든 교과에 걸쳐 있다는 것을 찾을 수 있을 것이다. 여러분은 클러스터를 통해서 여러분이 선택한 결과들을 묶어 보고 정리할 수 있을 것이다. 이런 횡적 스캔과 클러스터는 간교과적인 작업이다. 이 과정에 대해서는 제5장에서 더 자세히 설명할 것이다.

클러스터 결과물은 여러분이 교육과정 문서를 해석하는 활동이다. 〈표 3-2〉에서 보듯이, 여러분은 수많은 성취기준들을 스캔해서 유의미한 방식으로 묶어 볼 수 있을 것이다. 어떤 주의 교육과정 문서는 이런 클러스터를 제시하는데, 이 경우에는 선택만 해도 된다. 어쨌든 단원을 개발하기 위해서 여러분은 여러분이 선택한 결과물을 정리해서 사전에 공개하는 것이 좋다.

이 과정은 처음 해 보는 경우에는 지루하고 답답할 수 있다. 그러나 우리는 이 과정을 성취기준을 기반으로 하는 책무성 있는 교육과정 개발을 위해서 가장 중요한 부분이라고 생각한다. 일단 성취기준을 스캔하고 클러스터하는 과정에서 창의적인 생각들이 나오고, 이에 학생들에게 더 적절한 교육과정을 개발하는 것이 좀 더 쉬워진다. 스캔과 클러스터는 반복할수록 더 쉬워지고, 일관성 있는 교육과정 개발이라는 만족감을 충족시켜 준다.

(3) 교육과정 분석 차트

교육과정 문서를 기반으로 느슨하게나마 KDB 결과를 정리하고 나면, 이

표 3-2 역사 내용 종적 스캔과 클러스터, 7~11학년

요소strand	7학년	8학년	10학년	11학년
	영국령 북아메리카	캐나다: 변화하는 사회	전통과 시민성	전통과 시민성
		Know		
정체성	그 시대에 대한 주제와 성격을 파악하고 현대 캐나다와의 관련성 설명하기 (예, Graves, Simcoe, Brant/Thayendanegea)	1885~1914년 사이의 캐나다의 주요 특성 설명하기 사회·정치적 여건, 다양한 국민과 집단의 역할과 공헌 (예, Black Marconi, Beck, McClug, Carr, Johnson)	캐나다 국가의 정체성 생성과 발달에 개별 캐나다인이 어떻게 기여했는지 평가하기 개인의 기여 평가하기 (예, Arthur Currie 등)	시간이 흐름에 따라 아메리카의 정체성이 어떻게 정치·사회적 정체성이 어떻게 변했는지 설명하기
인과	영국령 북아메리카가의 정치에 대한 주요 사건의 역사적 영향 설명하기 1812년 전쟁의 원인, 사건, 그리고 결과의 개요 그리기	변화에 기여한 요인 설명하기	1914년 이후 캐나다에서의 여성 운동의 영향 분석하기	아메리카 문화가 세계로 과진 방식 분석하기
시스템과 구조	영국 생활의 특징 설명하기 (예, 가족생활, 경제, 사회, 기관, 최초의 국가, 프랑스인 정착자)	1885년과 1914년 이전의 캐나다의 핵심 특징에 대해 사회·정치적 상황, 다양한 사람과 그룹의 역할과 기여를 포함해서 설명하기	노동 운동이 캐나다의 사회·경제·정치적 생활에 끼친 영향 설명하기	시간이 흐름에 따라 아메리카의 정치·사회적 정체성이 어떻게 변했는지 설명하기

	7, 8학년	Do	10, 11학년
역사 탐구	질문 공식화하기formulate questions 1차 및 2차 자료 활용하기 데이터 분석, 종합 평가 상충하는 관점 설명하고 분석하기 매우 다양한 그래프, 모델 등을 구성하고 활용하기		질문 공식화하기 다양한 자료(1차 및 2차)로부터 정보 수집하기 자료 평가하기 정보 조직하기 논제 공식화하고 활용하기 데이터 해석하기(사실과 의견) 증거에 기반해서 결론 끌어내기—예상이나 일반화
의사소통	구체적인 독자와 청중을 대상으로 미디어 작업, 구두 발표 기능 등을 활용해서 탐구 결과 전달하기 등 적절한 단어 사용하기		적절한 용어와 개념을 사용해서 다양한 형태로 역사적 탐구 결과 전달하기

	K-12학년
	Be
	급속한 기술적, 경제적, 정치적, 사회적 변화를 특징으로 하는 복잡한 사회에서 책임감 있는 시민 되기
	책임감이 있고 활동적이며 지적인 21세기의 시민 되기

제 이를 잘 조직해야 한다. 즉, 학생들이 이 결과에 도달하기 위해서, 특히 가르칠 필요가 있는 것을 확인하기 위해서 초점 렌즈를 사용할 차례다. Know, Do, Be를 분석할 때, 주로 명사는 Know에, 동사는 Do에, Be는 총괄적인 목표에서 (교육과정 문서에서 제시할 수도 제시하지 않을 수도 있다.) 찾을 수 있다는 것을 기억하라. 〈표 3-3〉은 우리가 예시로 만든 것이다.

교육과정 분석 차트(〈표 3-3〉 참조)에서 스캔 및 클러스터한 결과를 분석해서 KDB를 구체화하는 것이 좋다. 정확하게 제시하지 않으면 학습 목표를

표 3-3 교육과정 분석 차트

10학년 역사 영역 분석 차트			
주의 교육과정	Know	Do	Be
성취기준 국가 정체성 생성과 캐나다의 발전에 개인이 기여한 방식	국가 정체성 생성과 캐나다의 발전에 대한 개인의 기여 **빅 아이디어:** 국가 정체성 형성 **영속적 이해:** 국가 정체성은 사람들이 영향을 미치는 융통성 있는 개념이다.	접근하기	정보화시대 캐나다 시민(암시적)
공식화하기 질문 **정보 수집하기** 다양한 원천으로부터(1차 및 2차) 정보 수집 **평가하기** 자료 **조직하기** 정보 **진술/사용하기** 논제 **해석하기** 데이터(사실과 의견) 해석 결과 **도출.** 증거를 기반으로-**도출하기** 또는 **일반화하기**	좋은 질문 1차 자료 2차 자료 의견/사실 논제	다양한 원천으로부터 (1차 및 2차) 정보를 수집한다. 자료 평가 정보 조직 논제 공식화 및 활용 정보 해석(사실과 의견) 증거를 기반으로 결론 도출-예상 또는 일반화	역사 탐구자
의사소통 적절한 용어와 개념 및 다양한 형태의 의사소통 방식을 활용해서 역사 탐구 결과 전달하기	역사 탐구 결과 다양한 의사소통 방식 적절한 용어와 개념	의사소통	지적인 시민

효과적으로 겨냥하지 않는 평가가 되기 쉽다. "아, 난 그렇게 했어요."는 학생들이 실제로 제시한 것을 했다는 의미는 아니다.

우리는 '캐나다 국가 정체성 형성과 발전에 개별 캐나다인이 어떻게 기여했는지 평가하기'를 결과로 선택했다. 이 교육과정 분석 차트는 여러분이 무엇을 가르쳐야 하는지를 명시적으로 제시해 주면서, 여전히 여러분이 창의적이고 의미 있는 교육과정을 개발하도록 도와줄 것이다. '국가 정체성 진화' 개념은 심층적으로 이해할 만한 가치가 있는 빅 아이디어이다. 개념을 분석하면, 학생들은 어떤 사람이 캐나다의 국가 정체성 진화에 영향을 미쳤는지를 조사하고(역사적 사고), 판단 및 평가하기 위한 공식적인 질문을 할 수 있다. 이 사람은 어떤 점에서 영향을 미쳤나? 그 영향력이 정말 지속적인가? 그 영향력이 긍정적인가? 국가 정체성은 어떻게 발달해 왔는가? 개인의 영향력은 국가 정체성 형성과 어떻게 연결되어 있는가?

학생들에게 평가할 기능(판단 기능)을 보여 주어야 한다. 그리고 이 기능이 총괄평가 성적을 겨냥하고 있어야 한다. 평가 내용은 학생들에게 가르칠 필요가 있는 고등사고 기능[HOTS]이다.

✋ **여기서 잠깐!** **교육과정 함께 계획하기**

Susan(이 책의 저자 중 한 사람)은 4학년 중세 단원을 개발하는 프로젝트에 참여한 적이 있다. 클러스터링 작업을 하면서, 참여한 세 명의 교사들은 KDB 범주가 얼마나 많은 결과들을 포함하는지를 보고 놀랐다. 그들은 중세 시대 환경오염 내용을 어디에도 넣을 수가 없어서 생략했다. 이 학교에서는 교사의 책무성을 매일 확인하기 때문에 참여 교사들은 약간 죄책감을 느꼈다. 교육과정 분석 차트를 교직원 연구실에 게시했다. 교장은 이런 '혁신적인 방식'에 매우 만족했고, 그래서 우리가 작성한 차트를 바꾸지 못했다. 놀랍게도 오염 내용을 생략하고 실행했는데도 불구하고, 실제로 학생들은 쓰레기를 줍는 행동을 포함해서 개인의 사회적 역할이나 책임들을 조사하고 발표하였다.

(4) KDB 우산

여러분은 이제 가르쳐야 할 것에 대한 아이디어를 가지고 있다. 그래서 KDB 우산([그림 3-4] 참조)을 구성할 수 있다. 여러분이 교육과정을 개발하기 위해서 진술해 놓은 빅 아이디어, 영속적 이해, 21세기 기능, Be들을 이 우산에 기록할 수 있다. 여러분이 스캔과 클러스터를 하면서 진술해 놓은 모든 것을 포함시킬 필요는 없다. 중요한 것은 여러분이 가르치고 평가할 필요가 있는 것들을 이 우산에 포함해야 한다. 이런 작업은 반복하는 것도 일관성을 위해서 필요하고 이 우산을 계속 수정할 수 있다는 점도 기억하라.

단원을 개발할 때 중점을 두고 있는 것, 즉 결과로부터 본질적 질문을 해야한다. 교육과정을 개발할 때, 해당 학년의 성취기준이 아니라 교육과정 문서(총론)나 다른 자료들에서 제시하는 내용을 넣어서 개발하고 싶을 수도 있다.

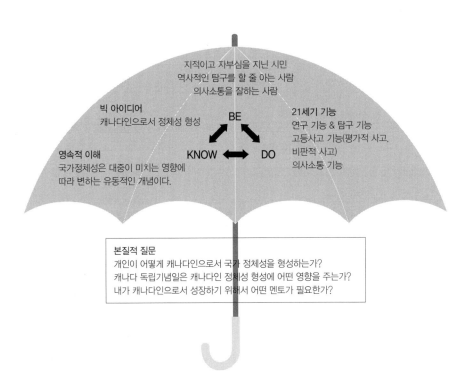

[그림 3-4] '캐나다의 위인' 단원의 KDB 우산

여러분은 이 우산에 일반적으로 기술적 문해력, 협력, 창의성, 비판적 사고와 같은 21세기 기능을 포함시킬 것이다. 여러분이 개발하는 단원에 적절하다면, 백워드 설계는 여러분이 더 폭넓은 간학문적 기능들을 포함할 수 있도록 해 줄 것이다.

본질적 질문은 KDB와 일치하며, 주로 Know에서 나온다. 많은 교사가 본질적 질문을 교실에서 잘 보이는 곳에 게시하고, 단원 학습을 하는 전 과정에서 활용하곤 한다. 교사들은 이런 본질적 질문을 만들 때, 평가 기준을 만들 때 종종 학생들과 함께 만들기도 한다. 학생이 참여한다면 학생들도 이 단원에서 어떤 것을 할지 좀 더 확실하게 알 수 있고, 종종 단원을 학습하는 동안 주인의식도 커진다.

(5) 탐구 마인드맵 그리기

스캔과 클러스터 작업을 통해서 교사는 한편으로는 자신이 개발하는 교육과정을 주 교육과정과 일관성 있게 만들고, 다른 한편으로는 학생에게 적절한 교육과정을 개발해야 한다. KDB 우산을 통해서 교사는 자신이 개발한 단원에서 중요하게 학습해야 할 것을 확인할 수 있다. 단원을 학습하고 평가할 때 교사가 늘 고려해야 하는 것들을 정리해 놓은 것이 바로 KDB이다. 교수·학습 활동들을 브레인스토밍하기 시작하는 시점부터 여러분은 단원학습에서 포함해야 할 것을 알고 있다고 하더라도, 여기서 우리는 탐구를 위한 마인드맵을 그릴 것을 제안한다([그림 3-5] 참조). 이 마인드맵은 여러분이 생각해 놓은 아이디어에 얽매이지 않게 할 뿐만 아니라, 교육과정 가능성을 더 발휘하도록 해 준다. 즉, 추상성이 높은 학습 결과 자체를 놓고 구체적인 내용들을 구상하도록 해 준다. 교육과정을 개발하면서 여러분은 일관성을 높이는 방향으로 브레인스토밍하면서 정해 놓은 활동이나 평가내용들을 계속 조정하거나 교체해야 할 것이다.

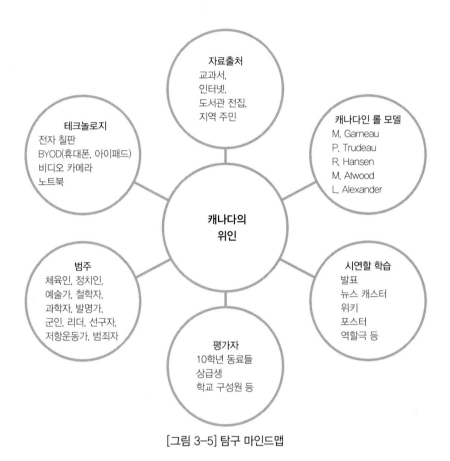

자료출처
교과서,
인터넷,
도서관 전집,
지역 주민

캐나다인 롤 모델
M. Garneau
P. Trudeau
R. Hansen
M. Atwood
L. Alexander

테크놀로지
전자 칠판
BYOD(휴대폰, 아이패드)
비디오 카메라
노트북

캐나다의
위인

시연할 학습
발표
뉴스 캐스터
위키
포스터
역할극 등

범주
체육인, 정치인,
예술가, 철학자,
과학자, 발명가,
군인, 리더, 선구자,
저항운동가, 범죄자

평가자
10학년 동료들
상급생
학교 구성원 등

[그림 3-5] 탐구 마인드맵

3) 백워드 설계: 2단계

백워드 설계 2단계에서 여러분은 학생들이 의도한 KDB를 배웠다는 것을 보여 줄 수 있는 풍부한 수행/평가 과제Rich Performance Assessment Task: RPAT(혹은 평가 과제)를 개발한다. 2단계에서는 RPAT를 신뢰할 만하고 타당한 도구들도 개발한다.

(1) 풍부한 수행/평가 과제 개발

경우에 따라서는 퀴즈나 시험으로도 지식 획득 여부를 평가할 수 있다. 하지만 모든 지식을 퀴즈나 시험으로, 즉 '양적으로' 평가할 수는 없다. 어떤 학습 활동은 복합적이고 통합적인 기능들이고, 그래서 수행 자체나 서술로 더 잘 평가할 수 있다.

　RPAT에서 학생들은 KDB를 배웠다는 것을 보여 줄 수 있는 활동을 수행한다. 예를 들어, 10학년 역사에서는 '캐나다의 위인 비디오 라이브러리'를 본다. 개발한 단원이 크다면, 몇 개의 RPAT를 개발하기도 한다. '운전을 배운다.'고 하면, 학생들이 수행하는 RPAT는 '도로 법규를 지키면서 실제로 운전을 하는 것'이다. 즉, 운전 시험이 RPAT이다. 교사는 학생이 운전하는 것을 보면서, 학생이 적용하는 KDB를 관찰할 수 있다.

✋ **여기서 잠깐!** **캐나다의 위인 비디오 라이브러리**

　여러분은 캐나다의 위인 선발 위원으로 초대를 받았다. 캐나다의 위인 갤러리는 금세기 가장 영향력 있는 캐나다인들을 소개한다. 캐나다인이라고 해서 누구나 이 리스트에 이름을 올리는 것은 아니다. 단지 명성이나 유명하기 때문만도 아니다. 과거에 유명했던 사람들 중에서도 오늘날 캐나다인으로서 정체성 형성에 영향을 미치지 못할 수도 있다. 위원회에서는 가능성 있는 후보들을 모두 심사한다. 이 심사 프로젝트는 모두 세 단계를 거친다.

　1단계: 위원으로서 여러분은 최근 100년 동안 캐나다에서 영향력이 있다고 생각하는 캐나다의 위인을 추천한다. 그 사람을 평가하기 위한 질문지를 개발하고, 질문지에 기초해서 한 사람씩 조사한다. 지난번 단원에서 배운 비디오 제작을 적용하여 다른 위원들에게 보여 줄 정보를 담아서 2~4분 분량의 비디오를 만든다. 여러분은 다양한 형식으로 비디오를 찍을 수 있다. 여러분이 조사하는 사람이나 그를 아는 사람들을 인터뷰할 수 있고, 그 사람 역할을 모놀로그(혼자 하는 연극, 독백)로 할 수 있고, 비디오 다큐멘터리로 만들 수 있고, 추천 연설을 할 수도 있다.

　여러분이 비디오를 찍는 목적은 사실에 근거해서 그 인물에 대한 정보를 정확하게 전달하는 것이다. 1차 자료와 2차 자료들을 모두 살펴보라. SNS도 살펴보라. 그 인물을 알아 볼 수도 있고, 그 인물에게 영향을 받은 누군가를 실제로 접촉할 수도 있을 것이다. 여러분은 그 인물을 비디오에 담아서 다른 사람을 설득할 수도 있고,

그 인물이 영향력 있는 인물이 아니라는 것을 설득할 수도 있다. 여러분의 목적은 비디오를 보는 시청자들이 그 후보가 캐나다의 위인으로서 이 갤러리에 속할 자격이 있는지 스스로 판단하게 하는 것이다. 이를 위해서 '객관적인' 정보를 충분히 제공해야 한다. 여러분의 비디오는 영향력 있는 인물 wiki에도 탑재될 것이다.

2단계: 모든 비디오를 본 후, 모든 위원들이 모여서 각 후보에 대해 토론한다. 이 토론회에서는 각 인물이 캐나다의 위인인지 여부를 결정하기 위해서 이들을 지지하는 진솔한 의견들이 나올 것이다. 누구든 어떤 인물을 지지할 수 있고, 지지할 준비를 해야 한다. 국가 정체성의 진화라는 빅 아이디어를 숙고할 것이다. 토론은 각 후보자를 갤러리에 포함할지 여부를 최종 투표하는 활동으로 마친다.

3단계: 마지막으로 비디오를 보고 난 후, 최종 위원회가 모두 끝나고 난 후, 위원으로서 여러분들은 실제로 최소한 세 명의 캐나다의 위인 사례를 넣어서 캐나다의 국가 정체성 진화에 대해 자신이 이해한 것을 글로 쓰고, 그 글을 블로그에 게시한다.

여러분이 개발한 RPAT가 '풍부하다^{rich}'는 것을 어떻게 알 수 있는가? 〈표 3-4〉의 체크리스트는 여러분이 개발한 과제가 얼마나 종합적인지를 평가할 수 있도록 도와줄 것이다.

표 3-4 RPAT 평가 체크리스트

① 이 과제를 수행할 가치가 있는가? 이 과제에서는 KDB를 가르치는가?
② 이 과제를 실제로 수행할 수 있는가?
③ 이 과제는 매력적이고 재미있는가?
④ 이 과제에서는 학생에게 고등사고 기능을 사용하도록 요구하는가?
⑤ 이 과제에서는 학생에게 학습자로서 책임 있는 시민이 지녀야 하는 가치와 행동을 탐구하고, 실행하고, 숙고할 수 있는 진정한^{authentic} 기회를 제공하는가?(the Be)
⑥ 이 과제는 실세계$^{real-world}$ 장면이나 문제를 기반으로 하고 있는가? 설정이라고 해도 실제 하는 방식으로 제시할 수 있는가?
⑦ 이를테면 학생들과 평가 루브릭을 공동 개발하고, 학생들이 기준을 명시적 명확하게 이해할 수 있도록 하는가?
⑧ 이 과제는 학생이 창의성을 발달시키도록 다양하게 접근하도록 하는가(예, 개인 또는 그룹으로, 다양한 발표 방식 등)?

⑨ 이 과제에서는 학생의 의견을 포함하고 있으며 학생의 선택을 허용하는가?
⑩ 이 과제에서는 학생들이 자신의 배움을 교사(또는 친구들, 대중)에게 시연함으로써 책임감을 북돋우고 동기를 강화하는가?
⑪ 이 과제에서는 결과와 함께 과정도 가치 있게 보는가? 특히 형성평가, 학생 검토, 자주 숙고하는 기회를 제공하는가?

단원 학습을 시작하는 날 학생들에게 단원 학습 평가를 위한 과제를 알려 주어야 한다. 평가는 시험일 수도 있고, 에세이 쓰기일 수도 있고, 수행을 평가할 수도 있다. 학생들에게 평가 도구도 안내해야 한다. 예를 들어, 학생들에게 RPAT에 수반하는 평가 루브릭을 제공해야 한다. 평가 루브릭에서는 기대하는 것이 무엇인지를 함께 설명해야 한다. (우리가 예시로 제공한) 역사 단원의 경우, 학생들은 자신들이 수행할 RPAT, 평가 루브릭에 대해 설명하는 안내 자료를 받아 볼 것이다.

만약 수행 과제를 통해서 가르치지 않은 것이 있다면, 수행 과제를 수정해서 해당 KDB를 가르칠 수 있다. 예를 들어, 역사 단원에서는 학생들에게 비디오를 제작하는 수행 과제(평가 과제)를 제시했다. 이에 교사는 학생들이 비디오를 제작하는 데 필요한 것들을 가르칠 필요가 있다. 이 단원에서는 학생들이 최근 수업에서 비디오 제작 기능을 배웠기 때문에 과제를 수행할 수 있었다.

(2) 풍부한 수행/평가 과제를 평가할 수 있는 도구 개발하기

신뢰할 만하고 타당한 평가 도구를 개발하기 위해서는 몇 가지 요소를 고려해야 한다. 여기서 우리는 그중 일부 샘플 몇 개를 제시할 것이다.

RPAT를 '풍부한 rich' 과제라고 표현하는데, 왜냐하면 이 과제는 복합적이기 때문이다. 그래서 어떤 학생들은 이 과제에 압도당할 수도 있다. 〈표 3-5〉에 제시한 것처럼, 학생이 자신이 수행한 과정을 제어할 수 있도록 돕기 위해서, 구성 요소들을 요약하여 체크할 수 있는 리스트를 제공한다.

표 3-5 '캐나다의 위인' 프로젝트에 대한 학생 체크리스트

캐나다의 위인 프로젝트에 대해	체크한 날
• 후보자 선택하기 　－최근 100년 동안에 영향력 있는 캐나다인(중복 금지)	
• 선택한 '영향력 있는' 인물에 대해 또는 그 인물에게 할 다양한 질문 만들기	
• 질문에 대한 답 조사하기(디지털 조사 포함) 　－후보와 그를 알고 있거나 그에게 영향 받은 사람들 접촉하기	
• 조사 결과와 아이디어를 2~4분 정도의 비디오로 만들어서 wiki에 게시하기	
• 후보자가 캐나다인으로서 정체성 형성에 어떤 영향을 미쳤는지 판단하기	
• wiki에 올라온 모든 비디오를 보고, 갤러리에 포함시킬 인물인지 평가하기	
• 각 후보에 대해 시연회에 지지한 의견을 내며 조사 위원회 토론에 참여하기	
• 지난 100년 동안 '캐나다 국가 정체성 진화'에 대한 에세이를 작성하고 블로그 에 게시하기 　－비디오와 위원회 토론 내용을 근거로 에세이 쓰기	

이런 루브릭을 각 단계마다 사용할 수 있을 뿐만 아니라, 학생 활동에 대한 피드백 자료[AfL]로도 활용할 수 있다. 〈표 3-6〉은 비디오(학생들은 이전 단원에서 비디오를 제작하는 기능을 배웠다.) 평가 루브릭 사례이고, 〈표 3-7〉은 위원회 토론을 평가할 수 있는 루브릭이다.

표 3-6 비디오 평가 루브릭(예시)

	초보	발전	능숙	모범
내용(지식) 관련 정보는 관련이 있고, 충분하고, 정확한가?	정보가 제한적이고 지나치게 일반적이다. 정확하지 않고, 관련성이 없다.	정보가 기초적이나 막연하다. 일부 정확하지 않고, 관련성이 없다.	정보가 충분하고 대체로 구체적이다. 정확하고 관련성이 있다.	정보가 광범위하고 구체적이다. 정확하고 관련성 있으며 사려 깊게 선정되었다.

탐구와 계획 정보를 효과적으로 배치하고, 선정하고 분석했는가?	비디오는 조사가 제한적이었음을 보여 주고 있다.	비디오는 조사했다는 증거를 부분적으로 보여 주고 있다.	비디오는 적절하게 조사했다는 증거를 보여 주고 있다.	비디오는 철저하게 조사했다는 증거를 보여 주고 있다.
조사하기, 질문하기, 프레젠테이션하기를 효과적으로 계획했는가?	아이디어와 정보 조직에 자주 그리고 중대한 과실이 있다.	아이디어와 정보 조직에 약간 과실이 있다.	아이디어와 정보 조직이 논리적이지만, 기계적이다.	아이디어와 정보 조직이 논리적이고, 일관성 있고, 효과적이다.
적용 비디오는 기술을 사용해서 효과적으로 만들었는가? (카메라 앵글, 포커스, 위치, 사운드 등)	사용한 비디오 기술이 제한적이다.	일부 비디오 기술을 사용했다.	일부 비디오 기술을 효과적으로 사용했다.	폭넓은 비디오 기술을 적절하고 효과적으로 사용했다.
비디오는 창의적인가? 청중의 관심을 끄는 소품, 코스튬, 무대, 상황을 사용했는가?	흥미를 유발하기 위한 추가적 기능을 사용하지 않고 창의적인 시도를 하지 않음	흥미를 유발하기 위한 추가적 기능을 사용하지 않았지만 창의적인 시도를 함	흥미를 유발하기 위한 추가적 기능을 일부 사용하였고 창의적임	흥미를 유발하기 위한 추가적 기능을 몇 가지 사용하였고 매우 창의적임
의사소통 구술기능 청중의 관심을 끌도록 아이디어를 명확하고 효과적으로 표현하여 목표를 달성했는가?	사용한 언어가 목적이나 청중에게 적절하지 않았다.	사용한 언어가 목적이나 청중에게 때로는 적절하고 때로는 부적절했다.	목적이나 청중에게 적절한 언어를 지속적으로 사용했다.	목적이나 청중에게 적절한 언어를 능숙하게 사용했다.
	더듬거림과 멈춤으로 중단되고 종종 들리지 않는 경우가 많다.	때때로 멈추고 들리지 않는다.	유창하고 잘 들린다.	유창하고 인상적이며 명확하다.
	눈 맞춤, 제스처, 그리고 표정을 사용했지만 거의 드물게 사용했다.	눈 맞춤, 제스처, 그리고 표정을 때때로 사용했다.	눈 맞춤, 제스처, 그리고 표정을 빈번하게 사용한다.	눈 맞춤, 제스처, 그리고 표정을 적절하고 효과적으로 사용한다.

코멘트: (자기 평가/동료 평가/교사 평가)

표 3-7 위원회 토론 평가 루브릭(예시)

	초보	발전	능숙	모범
지지가 높았던 발언 –국가 정체성에 대한 인물의 영향 평가	논제(의견)가 불명확하다. 어떤 사실을 제시하지만 영향을 평가하는 데 사용할 수 없다. 국가 정체성을 이해할 수 있는 증거가 거의 없다.	논제(의견)가 불명확한 듯하다. 많은 사실에 근거하여 평가하나 그 사실들과 국가 정체성에 대한 영향력 간의 관계는 거의 해석하지 못한다.	명확한 논제(의견)가 영향력을 서로 다른 측면에서 뒷받침한다. 논평은 국가 정체성 형성의 복잡성을 더 잘 이해하도록 했다.	명확한 논제(의견)가 영향력을 폭넓은 측면에서 고려하도록 뒷받침했다. 논평은 국가 정체성 형성의 복잡성을 더 깊이 이해하도록 했다.

코멘트:

4) 백워드 설계: 3단계

'빅 픽처Big Picture' 과제와 평가를 정하고 나면, 차시를 계획할 차례다. 〈표 3-8〉은 RPAT에 이어지는 1일 활동들을 계획했다.

표 3-8 1일 교수 · 학습 활동(평가활동) 차트

학습 목표

Know

나는 국가 정체성 형성에 대한 빅 아이디어를 설명할 수 있다.

Know와 Do

나는 캐나다의 발전과 국가 정체성 형성에 캐나다인이 어떻게 공헌해 왔는지 평가할 수 있다.

Do

나는 역사가처럼 생각할 수 있다. (나는 적절한 역사 연구 방법을 사용하여 다양한 자료로부터 관련 정보를 수집, 배치, 평가, 조직할 수 있다. 나는 나의 조사를 계획하기 위해서 다양한 질문을 할 수 있다. 나는 문학적으로 표현한 역사를 분석적으로 사고할 수 있다.)

나는 비디오 발표를 통해 나의 연구 결과를 설명할 수 있다.

Be

나는 정보화 시대 시민으로서 판단할 수 있다.

1일 교수 · 학습/평가 차별화differentiation/학생이 주도하는 학습personalization	결과물	KDB와 RPAT 연결
도미니언 연구소[1]의 캐나다의 아이콘 퀴즈. (AfL) 도구: 퀴즈 점수 전기문 요약. 도미니언 연구소 자료에서 이름/아이콘 수집하기. (AfL) 도구: 관찰 효과적인 전략/조사 도구/자료(예, 교과서 차례, 인터넷 키워드 검색, 위키피디아와 같은 백과 사전, 부고기사 모음). (AfL) 도구: 관찰 성찰 카드 (AaL)	• 다양한 원천으로부터 수집한 정보 • 정보의 신빙성 평가 • 1차 자료와 2차 자료 구별	• 수행 과제에 대한 배경 정보 • 역사가처럼 생각하기 • 정보화된 캐나다인 되기
탐구 빙고 (AfL) 학급 웹 만들기. 웹 분석하기. 누가 누락되었는가? 편향되었나? 민족? 지리? 성? 누가 포함되어야 하는가? (AfL) 조(4인)별로 전기문을 기반으로 게임쇼/퀴즈쇼를 만든다. (AfL) KWL 차트[2] (AfL/AoL) (AfL/AoL) 도구: 관찰과 질문하기 **개별화/학생이 주도하는 학습**: 다방면의 자원, 혼합그룹	• 다양한 원천으로부터 수집한 정보 • 드러난 편견 확인 • 정보 해석 및 분석	• 수행 과제의 배경 정보 • 역사가처럼 생각하기 • 정보화된 캐나다인 되기
다른 형태의 질문에 대한 직접 설명 예시 인터뷰(예, 토크쇼) 질문 없이 검토하기. 질문을 분류하여 조직하기. 토론. (AfL) 도구: 그래픽 조직자 비디오에서 사용할 수 있도록 2인 1조로 질문 구성. (AfL) 도구: 가능한 질문에 대한 동료와 교사의 피드백 **개별화/학생이 주도하는 학습**: 질문 구성을 위한 추가 시간과 더 많은 예시 역사 탐구 조사 루브릭을 학급 전체가 검토	• 역사 토픽과 이슈에 대한 공식적인 질문	• 역사 탐구 • 국가 정체성 진화와 관련하여 영향력 있는 사람들 평가 프로세스 시작하기

1) 역자 주: Historica-Dominion Institute(도미니언 연구소)는 2013년에 Historica Canada로 명칭을 바꾸었다. Historica Canada는 캐나다에서 역사와 시민권을 전담하는 가장 큰 독립 기관으로 캐나다의 역사, 유산 및 이야기에 대한 더 많은 지식과 이해를 통해 적극적이고 정보화된 시민을 육성하는 것을 그 임무로 하고 있다(https://www.historicacanada.ca/에서 2020. 3. 인출).
2) 역자 주: what I Know, what I Wonder, what I Learned의 머리글자를 딴 용어로 학생이 이미 알고 있는 것, 궁금한 것, 그리고 배운 것을 표로 정리한 것을 말한다.

시^{poem}: 국가 정체성 발달 개념을 위한 '시' 소그룹 분석. **(AfL) 도구**: 동료 평가 **AaL**: 성찰 카드. 국가 정체성에 대한 시에서 강조하고자 하는 것은? 상징: 토론: 국가 정체성을 표현하기 위해 심볼을 어떻게 사용하는가? (예, 올림픽 게임) **(AfL) 도구**: 질문과 관찰 학급/공동체 안의 학생 여론조사 **(AfL) 도구**: 여론조사 답변 분석 캐나다의 상징이 있는 학습 코너(예, 노래/가사, 허구의 인물, 여행안내서, 공예품) **도구**: 관찰 **개별화/학생이 주도하는 학습**: 유연한 그룹 조용한 학생을 더 외향적인 학생들과 팀 구성	• 정보 해석 및 분석 • 다른 관점과 명백한 편견 확인하기	• Know: 진화하는 국가 통합에 대한 개념 세우기 • Do: 분석 • Be: 정보화된 시민
비디오 구성 기능 검토 모범(사례) 분석을 기반으로 프레젠테이션 루브릭 공동 구성하기(AfL/AaL) 학생들은 • 비디오 프레젠테이션 계획하기 • 필요한 경우 소품/의상 수집하기 • 카메라 없이 리허설하기 • 비디오 제작 • 자기 평가와 동료 피드백 **(AfL)** 기반 수정 최종 비디오 업로드. • **(AoL)**루브릭을 활용한 자기, 동료, 외부 평가자, 교사 총괄평가	청중과 목적에 맞게 아이디어, 토론, 그리고 결론 진술하기	기술 문해력(전문) 비디오 준비

1일 활동은 여러분이 개발한 단원 속의 소단원이라고 할 수 있다. 여러분은 이 소단원별로 본질적 질문을 하고, 주제망을 만들 수 있다. 본질적 질문([그림 5–5] 참조)을 중심으로 1일 활동들을 계획하는데, 여기서는 다시 설명하지는 않을 것이다. 왜냐하면 역사 단원에서 보여 준 것처럼, 여러 개의 작은 단원들도 동일한 과정을 밟기 때문이다.

1일 활동을 계획하는 단계에서는 단원 안에서 일관성^{alignment}이 중요하다. 여러분이 기획하고 있는 1일 활동은 단원의 RPAT와 일관성을 갖고 있는가?

어떤 KDB들을 연결할 수 있는가? 예를 들어, 수업은 학생들이 수행 과제를 수행하는 데 필요한 기능들을 배우고, 연습하고, 피드백 받을 수 있는 기회를 제공하는가? 그렇지 않다면 1일 활동을 수정 및 생략하거나 되돌아가서 1일 활동에 KDB를 포함하도록 바꾸어야 한다. 이런 것이 상당히 관행적으로 보이지만 교육과정을 전체적으로 좀 더 일관성 있게 하면서 동시에 학생들에게도 맞출 수 있다.

우리는 계속해서 (예시로 든) 역사 단원을 가지고 평가와 수업이 함께 작용하는 교수·학습을 계획하는 것을 설명할 것이다. AfL, AaL, AoL 평가 유형별 템플릿을 추가로 제시할 것이다. DI는 학생에게 맞추는 수준별 학습 및 평가를 의미한다. 종종 평가 과정과 결과에서 학생들이 의견을 내고 선택할 수 있도록 평가 과제들을 수준별 또는 학생주도화한다.

(1) 학습 목표와 성취 준거

학생과 교사 둘 다 학습 목표^{learning goals}나 성취 준거^{success criteria}를 명확히 해서 이해하고 공유해야 한다. 우리는 학습 목표를 '그것을 왜 배우는가' 하는 질문으로 다루어야 한다. 10학년 역사 단원의 학습 목표는 〈표 3-8〉 맨 위에서 확인할 수 있고, 간교과적인 교육과정에서 학습 목표는 〈표 5-6〉과 〈표 5-7〉에서 확인할 수 있다.

온타리오주 교육부에서는 기대하는 목표나 기준을 설명하고 교사들이 이를 활용하도록 한다(Ontario Ministry of Education, 2010d). **학습 목표**는 해당 차시^{lesson}의 KDB, 학습 단계, 학습하고 있는 단원을 요약하는 짧은 진술이다. 학습 목표는 '우리가 무엇을 배우려고 하는가?' 이 질문에 대한 답에 해당한다. 학습 목표는 교육과정에서 기대하는 결과를 기반으로 하지만, 그것을 그대로 사용하지는 않는다. 교사는 학생들이 다루기 좋도록 작은 덩어리들로 교육과정을 풀어낸다(여기서 스캔과 클러스터가 도움이 될 것이다). 학습 목표를 학습자 관점에서 학생 친화적인 언어로 표현한다. 예를 들어, "우리는 의견 쓰기를 배운다." 또는 "나는 탐구 절차를 활용해서 조사를 할 수 있다." 등이다.

성취 준거는 학습 목표에서 '기대하는 것들'을 명시화한다. 성취 준거는 학생 친화적인 언어를 사용해서, 성공적인 학습 및 성취를 명료하게 해 주고 달성 가능하게 해 준다. 교사들은 학생이 자신의 학습에 주인의식을 갖도록 하기 위해서 성취 준거를 학생들과 함께 만든다. 학생들이 성취 준거를 만들어 본 경험이 있다면, 교사는 모둠별로 학생들에게 성취 준거를 브레인스토밍해서 만들어 보게 할 수도 있다. 교실에서는 차트를 사용해서 교실에 게시할 수 있고 각자의 생각들을 종합해 간다. 새로운 단원 학습을 시작할 때, 이런 이름 없는 샘플들이 학습에 대한 양질의 토론을 촉진할 수 있다. 새로운 학습과 심층적인 이해를 위해서 단원을 학습하는 동안 내내 성취 준거를 검토하며 수정할 수 있어야 한다.

온타리오주 교육부에서는 이를 학습 목표에서부터 시작하여, 교사와 학생이 함께 개발하는 성취 준거로, 성취 준거를 기반으로 설명하는 피드백으로, 자기 및 동료 평가로, 개인별 목표를 설정하는 것으로 이어지는 연속체로 본다. 이 연속체에서는 학습 목표들에 대한 메타인지 및 목표 설정[AaL]과 의도적으로 연결한다. Hattie와 Timperley(2007)는 의미 있는 피드백과 구체적인 학습 목표나 성취 준거를 유목적적으로 연결하도록 권장한다. 그들은 동료, 자기, 교사 평가를 활용하고, 수업을 학습 목표 및 성취 준거를 기반으로 하라고 강조한다.

(2) 루브릭과 성취 준거

루브릭은 주어진 과제를 성취하는 데 요구하는 폭넓은 기준을 공유하는 평가 도구다. 〈표 3-9〉는 루브릭이 어떻게 성취 경로를 명확하게 제공하는 성취 준거가 설정되는지를 보여 준다.

표 3-9 루브릭과 성취 준거

루브릭: 학생들은 문제 해결 기능을 매우 효과적으로 사용한다.

학습 목표: 나는 문제를 효과적으로 해결하기 위해 다양한 기능을 적절하게 사용한다.

성취 준거(학습 목표 달성을 위해 '기대하는' 그리고 필수적인 단계)

- 문제에서 요구하는 것, 필요로 하는 중요한 정보를 이해하고 분석하기
- 유사한 문제와 연결하기
- 문제 해결을 위한 계획 세우기
- 적절한 문제 해결 전략 선택하기(예, 모델 만들기, 추측 및 확인, 표나 차트 제작)
- 적절한 도구 선정 및 수집
- 계획 실행하기
- 실행하면서 나의 성취를 모니터링하고 수정하기
- 적절한 방식으로 나의 학습에 대해 의사소통하기(쓰기, 그리기, 기계 활용)
- 나의 해결책이 합리적이고 타당한지 성찰하고 살펴보기
- 나의 방법이 그 문제를 해결하는 데 효과적이었는지 또는 더 나은 방법이 있는지 성찰하고 살펴보기

(3) 1일 수행 과제 평가 도구

평가는 대부분 비공식적으로 한다. 교사는 지켜보고 경청하고 관찰하며 평가한다. 관찰 기록지를 사용해서 더 공식적으로 기록하기도 한다. 아마도 매일 몇 명의 학생들을 관찰할 수 있다.

또 평가 도구를 수업 활동이나 형성평가에도 사용한다. 아래는 세 가지 예시이다.

- 빙고 카드를 다양하게 활용할 수 있다. 범주를 만들고, 학생들은 각 칸을 채우기 위해 정보를 수집한다. 도전 단계에서는 '0^{free}'점을 여러 곳에 넣어서 시작할 수 있다. 빙고 카드를 범주화하고 나면, 조사 전략을 짜고

(수집, 선택, 조직, 정보 요약, 자료 인용), 자료 원천을 제시한다(〈표 3-10〉 참조). 학생들은 주어진 범주 중에서 선택할 수 있고, 개별로 각 칸을 선택해서 활동할 수 있다. 학생들이 자신의 빙고 카드를 서로 비교하고 조합하면서 내용 지식을 습득한다. 이런 빙고 카드는 조사 기능과 내용 지식 평가에도 사용할 수 있다. 또 학생들이 혼자 활동할 수도, 함께 활동할 수도 있다.

• [그림 3-6]에서 제시한 마인드맵은 빙고 카드의 내용 지식을 강조해서 조직한 수업 활동 사례다. 교사나 학생은 이것을 평가 도구로도 사용할 수 있다.

• 탐구 질문하기는 도전적인 기능이다. 〈표 3-11〉은 질문들을 분류할 때도 사용할 수 있다. 나중에 학생들이 이 도표를 자신의 질문을 발전시키는 데 사용하면 이 차트는 평가 도구가 된다. 이 도표는 학생들이 질문을 이해할 수 있는 통찰을 제공하고, 조사를 할 때는 학생-교사 회의에서 화두 역할을 했다.

표 3-10 '영향력 있는 캐나다인' 조사 빙고 카드(예시)

연도	정치적/군사적 리더	문화, 예술, 스포츠	과학/발명가	활동가/혁명가	○○에서 최초의 인물
1910~1929			Frederick Banting (1923년 인슐린 발견으로 노벨상 수상)	Nellie McClug (유명한 다섯³⁾), 1927년 사람 판례	
1930~1949		0			
1960~1969				0	0
1970~1989	0	Brian Orser (올림픽 피겨 스케이터)			
1990~2010			0		

[그림 3–6] 마인드맵

---

3) 역자 주: Famous Five는 유명한 다섯, 혹은 용감한 다섯으로 불리는 다섯 명의 여성 운동가 Emily
Murphy, Irene Marryat Parlby, Nellie Mooney McClung, Louise Crummy McKinney, Henrietta
Muir Edwards를 말한다. 이들은 1927년 8월 27일 여성을 법적 권리를 가진 인간으로 인정하지
않던 캐나다 대법원에 여성에게도 상원에 임명할 권한을 달라는 탄원서를 제출했다. 1928년 4월
24일에 캐나다 대법원은 여성들이 캐나다 상원 의원이 될 자격이 없다고 만장일치로 결정했고, 여
성은 그러한 법적 권리를 가질 수 있는 '사람^{person}'이 아니라고 판결했다. 그러나 1929년 10월 18일
영국 사법위원회에서 여성의 법적 지위를 인정하는 결정을 했고, 이 판결을 뒤집었다. 이를 '사람
판례$^{person\ case}$'로 부른다.

표 3-11 좋은 질문

…를 위한 질문하기	예시	나의 질문
사실 회상, 기억하기 (닫힌 질문, 정답) **핵심어:** 명칭, 이름, 무엇, 언제, 누구, 목록	여러분은 어디서 태어났는가? 여러분의 주장을 누가 지지하는가? 폭탄이 떨어졌을 때 여러분은 어디에 살고 있었는가?	
이해한 것 보여 주기 **핵심어:** 설명하다, 비교하다, 대조하다, 설명하다, 요약하다	기차를 타는 것이 어땠는지 설명하시오. 당시 여성의 삶은 오늘날 여성의 삶과 어떻게 다른가? 전쟁 경험이 여러분이 삶에 어떤 영향을 미쳤는가?	
지식 적용 **핵심어:** 발전시키다, 계획하다, 해결하다, 만들다, 설계하다	…을 보여 주는 예를 들면? …의 문제를 어떻게 해결할 것인가?	
정보를 찾는다. 주장의 근거를 찾는다. 부분들을 연계하는 근거를 찾는다.	여러분은 이 상황을 어떻게 분석할 것인가? 이를 근거로 어떤 결론을 도출할 것인가? 그런 의견을 좀 더 구체적으로 어떻게 지지할 것인가? 이것은 저것과 어떻게 연결되어 있는가?	
판단하기 또는 의견 방어하기 **핵심어:** 증명하다, 정당화하다, 결정하다, 평가하다	A와 B 중 무엇이 더 나은가, 왜 더 나은가? 여러분은 …에 동의하는가, 왜 동의하는가? 여러분은 …을 어떻게 평가하는가? 더 중요한 것은 무엇인가? 여러분의 삶에서 우리가 배워야 할 가장 중요한 것은 무엇인가? 여러분 때문에 캐나다가 달라진 점은 무엇인가?	
새로운 방식으로 정보나 아이디어 통합하기 **핵심어:** 창작하다, 상상하다, 예측하다, 가정하다	만약 …했다면 무슨 일이 일어났을까? 여러분이 오늘날 살아있다면 무엇을 하고 있을까? …에 무슨 일을 했을까? 만약 다시 할 수 있다면, 무엇을 바꾸고 싶은가?	

출처: Edupress (n.d.).

4. 평가 과제와 도구 개발 안내

평가 과제는 학생들이 학습하는 것을 보여 주기 위해 수행하는 과제이다. 교사는 학생들에게 도전적이면서 재미있고, 적절한 수행/평가 과제를 계획할 필요가 있다. 〈표 3-12〉는 다양한 평가와 날마다 새로 나오는 평가 앱들이다. 이런 평가 과제들은 모든 교과에 적용 가능한 것들이다.

표 3-12 평가 과제의 예

독서감상문	조사	비디오	광고
브로셔	인터뷰	노래	다큐멘터리
에세이	스피치	뮤지컬	축척 모델
역할극	조사 프로젝트	조각	그림
인형극	웹 페이지	스크랩북	잡지/새로운 기사
연대표	퀼트	만화	댄스
모의재판	포토 콜라주	퍼즐	토론
가족 나무	실험	편지	포스터
광고판	검토	블로그	패널 토의
시연	책 표지	다이어그램	짧은 이야기
학습지/일지	일기	게임	시
주석이 달린 전기	라디오 방송	벽화	극본
글로그스터 포스터[4]	원탁 포럼	부고	멀티미디어 프레젠테이션
그래픽 소설	프레지^{Prezi}	스토리보드	

평가 도구는 수행 중이나 수행 후 과제에 대한 정보를 파악하도록 해 준다. 평가 도구에서는 평가하고 판단할 준거를 마련한다. 한 학생이 한 활동을 다른 학생이 한 활동과 비교하려는 것이 아니라, 하나의 기준으로 판단하려는

---

4) 역자 주: 글로그스터^{glogster}는 그림은 물론, 사진, 음성, 영상까지 담을 수 있는 멀티미디어 포스터를 제작할 수 있게 하는 웹사이트이다(출처: http://edu.glogster.com/).

것이다. 따라서 평가 결과는 결국 '상대적인 성취^{success for some}'를 정상분포곡선으로 제기하기보다는 '절대적인 성취^{success for all}'를 J곡선으로 제시한다([그림 1-1] 참조).

교사는 목적에 부합하는 도구를 선택한다. Lorna Earl과 Stephen Katz (2006)는 세계적으로 유명한 평가 전문가인데, 평가 도구들이 가지고 있는 공통점을 4가지로 설명하였다.

- **정보 수집:** 질문, 관찰, 대화, 인터뷰, 테스트, 학습 일지, 평가 과제, 프로젝트 및 탐구기반 조사, 역할극, 연극, 시연 등을 통해서 정보를 수집한다.
- **정보 해석:** 루브릭, 체크브릭스^{checkbrics}, 체크리스트, 관찰 노트, 학생 회의 노트, 자기 평가, 동료 평가, 검토 저널, 학생 블로그, 클래스 위키를 통해서 정보를 해석한다.
- **기록 보관:** 일화기록, 학생 프로파일, 포트폴리오, 학생 학습 작품(비디오, 사진), 오디오 파일로 기록한다.
- **의사소통:** 성적표, 성취 기록, 학생-학부모 뉴스레터, 학급 웹 페이지, 학생 주관 학부모회의, 학부모와 전화 통화로 의사소통한다.

모든 교과에서 이런 도구를 사용한다. 중요한 것은 목표나 과제에 적합한 도구를 선택하는 것이다. 예를 들어, 관찰 체크리스트는 부엌 도구같이 간단한 도구 사용법을 체크하는 데 적절하다면, 이런 평가 루브릭은 비디오 다큐멘터리 같은 좀 더 복합적인 기능이나 고등사고 기능을 요구하는 수행/평가 과제를 평가하는 데 더 적절하다. 여러분이 다음 질문에 '예'라고 대답할 수 있다면 도구를 잘 선택한 것이다.

- 평가 도구는 평가 목표와 일치하는가?
- 평가 도구는 평가 과제와 일치하는가?

- 평가 도구는 학생이 수행한 것에 대한 타당하고 신뢰할 만한 정보를 제공하는가?(타당성 있는 도구는 의도한 것을 평가한다. 신뢰성 있는 도구는 점수가 달라도 동일한 평가 결과를 도출할 수 있도록 정확한 판단 지표를 제공하여 측정 오차를 최소화한다.)

- 평가 도구는 학생들이 학습을 향상시킬 수 있는 유용한 정보와 피드백을 제공하는가?

1) 좋은 질문하기

문해력 평가분야 컨설턴트인 노바스코샤의 Beth Charlton(2005)은 효과적인 비공식적 평가를 제안한다. AfL은 목적에 부합하는 질문이나 효과적인 학습을 지향한다. 이런 AfL의 핵심 항목 중 하나가 좋은 질문이다. 이 책 전체에서 질문을 하는 여러 가지 방법들을 다루고 있다. Leslie Brien의 박사 학위 논문 주제가 질문을 통해 생각하는 것을 시각화하는 방법이다. Brien은 대부분의 교사들이 학생들이 안다는 것을 확인하려고 주로 낮은 수준의 질문을 한다고 주장한다(Armbruster & Ostertag, 1989). 단순한 것에서부터 복잡한 것까지 대답을 이끌어 내는 높은 수준의 개방형 질문을 할 때, 학생들은 고차원적인 사고를 한다. 이런 질문을 하기 위해서는 질문 개발 및 분류 틀을 사용해 보는 것이 좋다. Brien은 이런 틀로 Bloom의 신 교육목표 분류(이 책의 제2장을 보라)와 『학습 주기율표^{The Periodic Table of Learning}』(Lew & Hardt, 2011)를 추천한다.

질문을 통해서 학생들이 생각하고 있는 것을 드러낼 수 있다. Brien은 교사들에게 사고유형별 및 수준을 촉진할 수 있는 질문을 하라고 조언한다(King, 1995).

- …에 대해 이미 알고 있는 것은 무엇인가?
- …과 …이 다른 점은 무엇인가?

- 왜 …이 중요한가?
- …에 동의하는가? 왜 동의하는가?

개방형 질문에 학생들이 대답하려면 심층적인 교과 지식을 사용해야 한다 (Bransford, Brown, & Cocking, 2000). 학생은 평가로서 요구하는 이런 질문에 답을 하는가? 학생이 분석을 요구하는 질문에 답하지 못하는가? 학생이 한 답은 어떤 수준인가? 교사는 학생이 사용한 지식 또는 과정이 어느 수준인지 확인해야 학생들을 단순한 이해에서 더 복잡한 이해로 안내하는 질문을 할 수 있다. 예를 들어, 학생이 추론하는 방법을 모른다면 교사는 학생에게 그 방법을 명시적으로 가르쳐야 한다고 판단할 수 있다.

Brien에 의하면 학생들에게 질문할 것을 명시화해서 가르치는 교사들이 있다. 여러분은 제4장의 Inquiry Hub(브리티시컬럼비아, 코키틀램의 21세기 중학교 사업)와 이 장의 〈표 3-11〉에서 이 점을 확인할 수 있을 것이다. King(1995)은 다양한 질문과 난이도를 유도하는 일반적인 틀을 제공한다. 또 Hardt의 '일치형type of match' 틀을 활용하는 교사도 있다(Lew & Hardt, 2011).

2) 루브릭 탐구

(1) 루브릭이란

루브릭은 여러 가지 기능을 하는 효과적인 평가 도구 중 하나다. 루브릭은 어떤 과제를 수행하는 학생 활동을 평가할 때, 사용하는 점수를 매기는 척도다. 루브릭은 평가 준거를 주면서 다양한 수준으로 수행을 설명해 준다.

(2) 왜 루브릭을 사용하는가

루브릭은 다음과 같은 이유 때문에 수행 과제에 적절하다.

- 사실을 기억하는 학습을 넘어서 더 통합적인 지식이나 기능을 적용하도록 하여 과제에 대한 빅 픽처를 그리도록 한다.
- 교육과정 관련자들(교사, 동료, 학생, 부모 등)이 서로의 이해를 공유하도록 해 준다.
- 루브릭 설명회에 참여하면 자기 평가와 동기를 북돋울 수 있다.

3) 루브릭의 종류

루브릭은 **분석적 루브릭**analytic rubric과 **종합적 루브릭**holistic rubric으로 구분할 수 있다. 분석적 루브릭은 각 준거를 중심으로 작성한다. 이는 좀 더 구체적으로 피드백을 할 수 있도록 해 준다. 종합적 루브릭은 모든 기준을 통합해서 작성한다. 통합한 기준을 근거로 종합 점수나 수준을 정한다. 교사는 목적에 맞춰 분석적 혹은 종합적 루브릭을 사용할 수 있다. 또 형성평가에서는 분석적 루브릭을 사용하고, 최종 성적을 산출할 때는 종합적 루브릭을 사용할 수도 있다. 〈표 3-13〉을 보라.

표 3-13 분석적 루브릭과 종합적 루브릭

분석적 루브릭	종합적 루브릭
구체적인 특성 평가(예, 컨벤션 사용) 장점: 구체적인 피드백을 제공하기 좋음, 해당 과제 수행 시 강점과 약점을 판단하기 좋음(예, 내용 지식이 강함, 말로 하는 의사소통이 약함 등)	전반적인 질적 수준 판단 장점: '빅 픽처'를 판단하기에 좋음

일반적 루브릭generic rubric은 대체로 프레젠테이션, 설득하는 글쓰기와 같은 범교과적 과제나, 조사하기와 같은 범교과적 기능을 평가할 때 주로 사용한다. 일반적 루브릭을 사용할 때는 구체적인 내용이나 구체적인 맥락에 맞추

어 수정할 수도 있다. **과제별 루브릭**task-specific rubric은 특정 수행/평가 과제에 주로 사용한다(〈표 3-14〉 참조).

표 3-14 과제별 루브릭과 일반적 루브릭

과제별 루브릭	일반적 루브릭
특정한 질문/과제를 위한 수행의 질을 서술 다른 질문/과제에 적용 불가 장점: 일회성 평가나 특정 과제를 목표로 하는 피드백 제공 단점: 제한된 적용. 매우 특수한 과제인 경우 체크리스트가 더 나은 도구임	일반적인 용어로 일반적인 과제 수행 서술 장점: 학생들이 기준을 이해할 수 있도록 지원하는 범교과적 일반적 과제(예, 프레젠테이션 발표, 주장하는 글쓰기)에 좋음 단점: 지나치게 광범위해서 피드백을 실감하기는 어려울 수 있음

학생들이 비교 기능을 사용해서 새와 파충류를 배운다고 생각해 보자. 수행/평가 과제로 여러분은 학생들에게 벤 다이어그램으로 자신이 알고 있는 것들을 표현하도록 했다. 〈표 3-15〉와 〈표 3-16〉은 (새와 파충류에 대한) 세부적인 준거들을 포함하고 있다. 일반적 루브릭을 사용해서 이 과제를 완성한 벤 다이어그램을 평가할 수 있다. 이 벤 다이어그램 평가 루브릭에 다른 준거들을 추가해서 사용할 수도 있다. 〈표 3-15〉가 분석적 루브릭이라면, 〈표 3-16〉은 종합적 루브릭이다.

표 3-15 벤 다이어그램으로 새와 파충류를 비교하는 과제(분석적 루브릭)

범주	1수준	2수준	3수준	4수준
지식	새와 파충류의 비슷한 점 **또는** 다른 점을 몇 가지 방법으로 찾음 핵심 정보 누락 그리고/또는 부정확한 정보 포함	새와 파충류의 비슷한 점 **그리고** 다른 점을 몇 가지 방법으로 찾음 정확한 기초 정보 포함	새와 파충류의 비슷한 점 **그리고** 다른 점을 몇 가지 방법으로 찾음 정확한 핵심 정보 포함	새와 파충류의 비슷한 점 **그리고** 다른 점을 여러 가지 방법으로 찾음 정확한 정보를 잘 선택함

의사소통	조직 증거 부족	조직 증거 제시가 제한적임(예, 세부 사항의 일렬 배치)	조직 증거를 몇 가지 제시함(예, 세부 사항 순서별 배치 의도)	조직 증거를 명확하게 제시함(예, 부제목 아래 논리적 구분과 세부 사항의 순서별 배치, 총알 같은 그래픽 그림 사용)
	부정확하거나 막연한 단어 사용	적절하고 정확한 단어 사용	정확하고 설명적 단어 사용	정확하고 구체적이며 설명적인 단어 사용
	이름 누락 또는 불완전함.	다이어그램 주요 부분에 이름을 붙임.	다이어그램 전체 이름을 붙임.	다이어그램 전체에 정확하고 효과적으로 이름을 붙임.
	제목 누락 또는 불완전.	제목 포함.	설명적 제목 포함.	설명적, 눈에 띄는 제목 포함.

표 3-16 벤 다이어그램으로 새와 파충류를 비교하는 과제(종합적 루브릭)

준거	코멘트
매우 우수 다이어그램은 새와 파충류의 공통점 **그리고** 차이점을 다양한 방법으로 보여 주며, 정확한 정보를 잘 선택하고 있다. 부제목으로 내용을 논리적으로 구분하고 세부 사항들을 순서대로 배열하고 있다. 또 총알 같은 그래픽을 사용하여 내용을 좀 더 명확하게 조직했음을 보여 주고 있다. 사용하는 단어는 정확하고 구체적이며 서술적이다. 다이어그램 모든 내용에 명확하고 효과적인 이름을 붙였다. 제목은 내용을 충분히 설명하고 있고, 눈에 띈다.	
우수 다이어그램은 새와 파충류의 공통점 **그리고** 차이점을 몇 가지 방법으로 보여 주며, 정확한 핵심 정보를 포함하고 있다. 몇 가지 조직 증거를 제시하고 있고, 세부 사항을 순서대로 배열하였다. 사용하는 단어는 정확하고 설명적이다. 다이어그램 내용을 전체적으로 이름을 붙였고, 제목도 내용을 설명하고 있다.	

보통 다이어그램은 새와 파충류의 공통점 **그리고** 차이점을 몇 가지 방법으로 보여 주며, 기본적인 정보들을 정확하게 포함하고 있다. 제한된 조직 증거를 제시하고 있고, 세부 사항들을 일렬로 배열하였다. 사용한 단어는 정확하고 적절하다. 다이어그램 내용을 전체적으로 이름을 붙였고, 제목도 붙였다.
시작했음 새와 파충류의 공통점 **그리고** 차이점을 몇 가지 방법으로 보여 준다. 그러나 주요 정보를 누락했거나 어떤 정보는 부정확하다. 다이어그램 조직 증거가 부족하고, 어떤 단어는 부정확하거나 모호하다. 이름을 누락했거나 불완전하다. 제목을 누락하거나 불완전하다.

4) 루브릭 구성하기

(1) 준거 정하기

다른 평가 도구와 마찬가지로, 여러분은 평가 도구가 학습 결과나 평가 과제와 일치하는지 확인해야 한다. 먼저 평가 준거들을 확인하고, 그것을 결과와 일치시켜 보라. 준거 확인은 다음 활동을 수행하면서 할 수 있다.

- 평가 과제 특성에 초점을 둔다.
- 노력, 진보 정도, 들인 시간 요소는 배제한다.
- 측정 가능하고 가르칠 수 있어야 한다.
- 학습의 결과와 과정을 진술한다.
- 명확히 진술한다.
- 관리 가능해야 한다(범주는 3~5 정도).
- 평가 과제가 지향하는 '빅 픽처'에 초점을 둔다(특히 일반적 루브릭인 경우).

(2) 준거 설명하기

보통 수행에 대한 설명은 루브릭 상단에 배치한다. 어떤 교사는 최고 수준에서 내림차순으로 배치한다. 또 어떤 교사는 올림차순으로 배치한다. 두 방식 모두 등급은 질적 차이를 나타낸다. 어떤 교사는 낮은 등급을 설명해야 할 가치가 있는지에 대해 회의적이다. 그래서 그들은 능숙한 수행만 설명하는 루브릭이 좀 더 효율적이라고 생각하여 이를 선호한다. 교사들은 종종 성취를 세부적으로 설명하는 학습 목표나 성취 준거를 학생과 함께 개발한다.

준거에 대한 설명은 설정한 준거와 일치해야 하고, 각 준거 간 구별이 명확해야 한다. 즉, 일관성이 중요하다. 준거별로 각 수준을 같은 지시문으로 진술해야 한다. 예를 들어, 수행/평가 과제에서 학생들이 조사한 자료를 인용하기를 요구한다면, 루브릭에서는 인용하는 자료에 초점을 두고 설명해야 한다. 만약 1수준 포인트로 제시했다면, 이후 수준에서도 1수준의 포인트와 비교할 수 있도록 제시해야 한다. 이런 세부적인 사항들이 사소하게 보이지만 학생들에게 루브릭을 훑어보면서 각 설명들을 비교하고 개선하도록 해 보면 학생들을 다른 설명을 진술하기도 한다.

우수 수준proficient level부터 설명하면서 시작하라. 그 수행에서 기대하고 바라는 것이 무엇인가? 이후 허용 가능한 수준acceptable level으로 낮추어 가며 설명하라. 마지막으로 최우수 수준top level을 설명하라. 설명을 다 쓰고 나서 확인해 보라. 여러분이 위아래로 이동하면서 각 수준별로 차이가 나는지를 확인하라.

루브릭 수준을 설명하고 진술하기는 어렵다. 이상적으로 말하면 설명은 가능한 한 구체적이고, 객관적이고 긍정적이어야 한다. 만약 설명이 너무 구체적이면 그 루브릭은 KDB라기보다 체크리스트가 될 것이다. 또 반대로 빈약하다poor, 공정하다fair, 좋다good, 훌륭하다excellent 등 모호한 용어로 설명하면 유용한 피드백을 제공해 주지 못한다. 학생들에게 설명한 것을 보여 줄 필요도 있다. 학생들도 루브릭을 해석해야 하기 때문이다.

　　루브릭의 장단점을 논의할 때 항상 정확성과 융통성 사이에서 균형을 잡아야 한다(Andrade, 2007/2008; Goodrich, 1996/1997; Popham, 1997; Tierney & Simon, 2004). 일반적인 설명은 다음과 같은 내용을 포함할 것이다.

- 제한된, 몇몇, 많은, 전반적으로
- 거의 없는, 조금, 충분한, 종합적인, 세부적인
- 피상적인 이해, 부분적인 이해, 확고한 이해, 심층적인 이해
- 중대한 오류/누락, 중대하지는 않으나 몇 가지 작은 오류/누락, 몇 가지 작은 오류/누락

　　루브릭을 사용해서 빈도를 계산하는 방식은 피해야 한다(Cooper, 2010). 수준을 숫자(예, 1, 5, 7, 10)로 정해서는 안 된다. 수준은 질을 결정하는 일이다. 내러티브 글쓰기를 보자. 1수준에서는 최소한의 수용 가능한 수행을 설명해야 한다. 세부 사항에 대한 서술이 없으면 내러티브를 평가하지 못한다. 루브릭에서 가장 낮은 수준을 '세부 사항에 대한 서술이 없음'이라고 진술하더라도, 숫자로 표현해서는 안 된다. 준거를 정하는 이유는 내러티브의 질을 정하려는 것이다. 세 가지로 구분하는 종합적인 루브릭이 5단계로 표시하는 리커트 척도로 표시하는 것보다 더 나은 방식이다.

　　여러분이 루브릭의 질을 평가할 때, 여러분의 루브릭이 다음 내용을 포함하는지 체크해 보라.

- 수행의 범위를 알려 주는가?
- 기대하는 것이 주 교육과정 결과와 일치하는가?
- 전체적으로 같은 방식으로 준거를 설명하는가?
- 한 수준에서 다음 수준으로 점진적으로 변화하고 있는가?
- 측정보다는 과제의 질을 평가하는 데 중점을 두는가?

• 학생들이 결과물을 만들지 못해서 낮은 수준을 받은 것은 아닌가?

(반대로 루브릭이 중요한 것을 누락하거나 과장해서 학생이 높은 수준을 받는 것은 아닌가?)

(3) 누가 루브릭을 개발해야 하는가

어떤 교사는 전문가들이 루브릭을 개발해야 한다고 생각한다. 대부분의 교사들도 수행/평가 과제에 대한 준거나 자료를 잘 알고 있는 전문가이기 때문에 루브릭을 개발할 수 있다. 또 어떤 교사들은 학생들이 루브릭을 스스로 개발하거나 교사와 함께 공동으로 개발해야 한다고 생각한다. 이 책에서는 학생들에게 루브릭 샘플을 보면서 준거를 검토하고 수준을 설명한 것을 검토해 보도록 하였다. Cooper(2006)는 학생들이 준거를 개발하고, 설명하는 것이 어렵기는 하지만 할 수 있고 해야 한다고 주장한다. 우리 입장은 학생들이 루브릭을 망치더라도 루브릭 개발에 관여해야 한다고 생각하는 편이다. 학생과 함께 루브릭을 개발해 보면, 학생들이 설정해 놓은 평가 기준에 이의를 제기하는 경험을 할 것이다.

5. 교수 · 학습과 AfL 통합하기

학생의 학습을 개선하려면 평가와 수업을 통합할 필요가 있다. 교사는 AfL을 명시적으로 계획해야만 평가와 수업을 통합할 수 있다. 이것이 우리가 말하려는 수업과 평가의 통합이다. 이에 평가는 등급을 매기는 것을 넘어서 학습이 될 수 있다.

앞에서 말했듯이 우리는 종합적이고 적절한 교육과정을 개발하는 일을 풍부한 수행/평가 과제^{RPAT}를 개발하는 일이라고 생각한다. 매일 하는 학습과 AfL을 통합하면서 학습을 개선할 수 있다.

1) 교수·학습과 평가를 자연스럽게 통합한다

백워드 설계를 살펴보면서 여러분은 수업의 어느 부분에서 평가해야 하는지 알아차렸을 것이다. 대부분의 경우 교수·학습 활동이 평가 과제이기도 하다. 교수·학습 전략이면서 평가 도구가 되는 AfL 사례로 역사 단원의 빙고 카드(〈표 3-10〉 참조)를 들 수 있다. 또 마인드맵([그림 3-6] 참조), 질문하기(〈표 3-11〉 참조), 벤 다이어그램도 마찬가지다. 우리는 개념 지식과 관련해서 교수·학습과 수행/평가 과제, 수행/평가 도구를 관련지어서 살펴보았다.

오늘날 캐나다는 교사들에게 책무성을 요구한다. 이에 교사는 진단 평가를 통해서 정보를 수집해서 시작하는 증거 기반 실행을 해야 한다. 교사는 학기 전 과정에서 학생이 학습한 증거들을 수집한다. 형성평가는 학생들이 수행한 과정을 보여 준다. 교사는 이런 정보들을 교수·학습을 조정하는 데 사용한다. 교사들은 AfL의 취지를 수용하면서, 학생들이 어떻게 활동하는지, 지속적으로 성장하려면 어떤 지원을 해야 하는지를 알고 싶어 했다. 이를 위한 전략들은 매우 많지만, 중요한 점은 유용한 정보를 제공하고, 그 정보를 실제로 활용해야 한다는 것이다.

> ✋ **여기서 잠깐!** **그래픽 조직자를 활용한 교수·학습과 평가**
>
> 이 책의 저자 중 한 사람인 Joanne은 역사교사다. 이 책에서 Joanne은 평가 도구를 어떻게 교수·학습과 수행/평가 과제를 연결하는 데 사용할 수 있는지를 보여 준다. Joanne은 인과관계라는 빅 아이디어를 가르치고 있었다. 그가 선정한 영속적 이해는 다음과 같다.
>
> • 역사적 사건에는 여러 가지 원인들이 있다.
> • 따라서 역사는 진리가 아니라 해석의 문제다.
> • 역사 해석은 변한다.

Do를 구성하는 기능은 다음과 같다.

- 조사
- 조직
- 분석
- 총괄평가

Joanne은 교수·학습에서 개념 지도, T-차트, 플로우 차트 등과 같이 워드프로세스 소프트웨어에서 제공하는 그래픽 조직자를 사용하였다. Joanne은 학생들에게 여러 가지 그래픽 조직자들을 보여 주면서 인과관계를 어떻게 보여 줄 수 있는지를 확인하도록 하였고, 인과관계 개념(원인과 결과, 단일/복합적 인과관계)을 교통사고 사례를 사용해서 설명했다. 일단 그래픽 조직자와 인과관계 개념을 습득한 후에 학생들은 수행/평가 과제와 씨름하였다.

학생들은 과제에 알맞은 그래픽 조직자를 선택해서 이를 통해 제2차 세계대전의 원인을 보여 주어야 한다. 학생들은 제2차 세계대전이라는 주제를 조사하고, 그래픽 조직자를 선택하거나 만들어서 그들이 알게 된 Know를 시연하였다. 완성한 그래픽 조직자는 평가 도구가 되었다. 학생들은 저마다 Joanne에게 자신이 알게 된 인과관계가 무엇인지, 어떻게 생각하는지를 알려 주었다. 학생들이 조직자를 선택하면서 고차원적 사고를 했다. 연대순으로 정리하는 연대기법 전략은 제2차 세계대전의 원인들을 제시하는 그래픽 조직자에 비해 상대적으로 덜 정교했다. 히틀러를 중앙에 배치한 개념 웹은 몇 가지 원인을 보여 주었지만, 마인드맵보다 덜 복합적이었다. 이는 제2차 세계대전의 원인을 덜 조사했다는 것을 의미한다. 학생들이 다양한 그래픽 조직자를 사용해서 제2차 세계대전의 원인을 전시하고 공유하도록 한 것은 더 나은 교수·학습 기회를 제공해 주었고, 단순한 사고에서부터 고차원적 사고들을 이끌었다.

John Hattie(2009)는 학습에 영향을 미치는 800개 이상의 요인들을 메타 분석하여 종합해 본 결과, 학생에게 제공하는 피드백이 성취에 가장 큰 영향을 미치는 요인이라고 했다. 교사에게 제공하는 피드백 또한 AfL에서 중요하다. Hattie는 연구를 진행하는 동안에 다음과 같은 '아하'의 순간을 경험했다.

나는 피드백을 '교사가 학생에게' 제공하는 것이라고 생각한 것이 실수라는 것을 깨달았다. 교사는 피드백을 제공했다고 말하지만 항상 그런 것은 아니었다. 그리고 교사가 제공하는 피드백의 대부분은 사회적이고 행동적이었다. '학생이 교사에게' 제공하는 피드백이 강력한 영향을 미친다는 것을 알게 되었을 때, 나는 비로소 피드백을 더 잘 이해하기 시작했다. 학생이 교사에게 무엇을 아는지, 무엇을 이해했는지, 어디에서 실수했는지, 언제 오개념을 갖게 되었는지, 언제 참여하지 않는지 등을 피드백해 줄 수 있으며, 피드백을 이렇게 개방적으로 볼 때, 가르침과 배움이 동시에 일어났고, 더 강력하게 일어났다. 교사에게 피드백은 학습을 가시적으로 만들도록 돕는다(P. 73).

2) 동료 평가와 자기 평가

어떤 교사들은 동료 평가나 자기 평가에 대해 부정적이다. 그러나 동료 평가나 자기 평가 모두 학습 과정에서는 필수적이며, 굉장히 효과적이다. 그렇지만 동료나 스스로가 등급을 매기는 평가는 좋지 않다. 실제로 온타리오주에서는 이를 금지하고 있다.

동료 평가나 자기 평가가 효과적인가 여부는 학생이 평가 기준과 질적 수준을 이해하는가에 달려 있다. 다시 말해서 교사와 마찬가지로 학생들도 평가 역량이 필요하다. 교사는 학생과 함께 루브릭을 공동 개발하거나 학생 친화적 언어로 '번역하는' 수업으로 이 문제를 해결할 수 있다. 학생은 루브릭 개발 및 검토 활동을 통해서 성취 지표와 질적 수준을 구분해 보는 연습을 할 수 있다.

또 학생은 피드백하는 방법도 배울 필요가 있다(Reynolds, 2009). Wendy(이 책의 저자 중 한 사람)가 근무하는 학교에서는 교사들이 학생들에게 피드백하는 방식을 가르친다. 어떤 학교에서는 "나는 …할 때 혼란스러웠다." "여러분이 …할 때 나는 그것이 좋았다." "나는 왜 …을 하였는지 궁금했다." "…을 고려해 보라."와 같은 피드백 예시 문구들도 제공한다.

학생이 자신의 동료를 평가하는 과정에서 평가 역량이나 자기 평가 능력을 기를 수 있다. 자기 평가 활동은 총괄평가, 성찰, 메타 인지, 목표 설정 등과 연결되어 있다(Ontario Ministry of Education, 2007). 평가는 자신이 한 활동을 실제로 평가하는 활동이다. 성찰은 학습과 학습 결과나 평가 준거를 연결하는 데 필수적이다. 메타 인지는 사고에 대한 사고다(Rolheiser, Bower, & Stevahn, 2000). "나는 어떻게 해야 가장 잘 배우는가?" "나의 학습을 최적화시키려면 어떤 전략을 사용해야 할까?" 등이다. 목표 설정은 학습에서 꼭 필요한 것들을 결정하는 일이다.

자기 평가와 메타 인지는 평가의 꽃이다(Earl, 2003). 이것이 AaL이다. 학생이 더 이상 교사를 필요로 하지 않을 때, 학습은 비로소 완료된다. 이런 일은 하룻밤에 일어나지 않는다. 교사의 역할은 피드백, 지원, 학생들이 더 능숙해지도록 연습할 수 있는 기회를 제공하는 것이다. 자기 평가 기회는 다음과 같은 활동을 통해서 할 수 있다.

- 저널이나 학습 일지
- 블로그
- 학생–교사 또는 동료 회의 또는 인터뷰
- 루브릭
- 체크리스트
- 오디오–비디오 녹화
- 예제
- 전자 포트폴리오

학생들의 성장보다 성적을 중시하는 환경이라면, 학생들은 기준을 무분별하게, 너무 가혹하게, 너무 관대하게 무시할 수도 있다. 그러나 부드러운 끈기, 시간, 실천으로 학생이 학습하는 문화에서는 정확하고 유효한 자기 평가를 궁극적인 목표로 삼는다는 것을 이해할 필요가 있다. 온타리오주에서는 자기 평가를 위한 몇 가지 아이디어를 제공하고 있다.

3) 교수 · 학습과 AfL 통합하기

이 책의 저자 중 한 사람인 Susan의 사례를 통해서 교수 · 학습과 AfL을 통합한 방법을 살펴보자. 베테랑 교사였던 Susan은 자신이 평가에 대해 잘 알고 있다고 생각했다. Susan은 유용한 피드백을 제공했고, 과제를 수행하면서 동시에 평가도 했는데, 동료 평가나 자기 평가를 모두 활용했다. 그러나 Susan은 평가가 학습 문화를 창조한다는 점을 충분히 이해하지 못했다.

Susan은 자신을 구성주의자 교사라고 간주하고 있었음에도 불구하고, 자신이 전통적인 소크라테스식 질문을 사용하고 있다는 것을 깨달았다. Susan은 질문을 하고 생각하는 데 필요한 시간 3초를 기다렸다. 그리고 나서 Susan은 학생들이 손을 들고 대답하도록 했다. 학생들이 정답을 말하면, 그는 다른 학생들도 이해했는지 물었다. 학생들이 고개를 끄덕이면 다음으로 넘어갔다.

Susan은 이런 방법에 결함이 있다는 것을 알아차렸다. 조용한 학생들은 거의 말하지 않았기 때문이다. Susan은 각 학생들이 무슨 생각을 하는지 몰랐다. Susan은 질문에서 '어떻게'와 '무엇'을 다시 생각하기 시작했다.

Susan은 예비교사들과 함께 Black and Wiliam(1998)이 제안하는 전략 중 일부를 시도해 보았다. Susan은 'no-hands' 전략을 시도했는데, 그것은 학생들에게 손을 들게 하는 대신 아무 때나 아무 학생을 호명하는 방식이었다. Susan은 모두에게 대답할 기회를 주려고 했다. 처음에 학생들은 이 방식을 싫어했다. 모든 학생이 답할 준비를 하며 주의를 기울여야 했기 때문이다. 몇몇 학생은 자신의 지식을 과시할 기회를 놓친 것에 분개했고, 또 몇몇 학생들은 지명을 받는 것을 겁냈다. 일단 학생들이 교실을 학습을 위한 협력적인 공동체로 인식하면서 자신이 뭔가를 몰라도 괜찮다고 생각했고 긴장은 누그러졌다. 학생들은 Susan의 방식이 모든 학생의 학습을 향상시킨다는 것도 이해했다.

Susan은 모든 학생들의 생각을 알 필요가 있었다. 그는 각 학생들에게 화이트보드를 제공했고 모든 학생들은 자신의 대답을 보여 주었다. 때때로 휴대폰 투표가 화이트보드를 대신했다. 두 방법 모두 짧은 답을 요구했기 때문에 수업 전에 질문을 신중하게 구성해야 했다. Susan은 또한 빨강, 초록, 노랑의 '교통 카드'를 활용했다. 학생들은 자신의 이해의 수준을 나타내는 색깔을 보여 주었다. 빨강은 '멈춤'을, 초록은 '계속 진행'을 의미했다. 학생들은 각 단원 후에 그들이 배운 것과 그들이 혼란스러운 것을 나타내는 성찰 카드를 완성했다. 이런 것들은 Susan이 다음 레슨을 계획하고 속도를 유지하는 데 도움을 주었다.

Susan이 미리 계획한 실라버스에서 벗어났을 때 처음에 학생들은 속상해했지만 학습자의 필요에 따라 융통성을 보여 주는 학습 문화에 점점 적응해 갔다.

또 다른 AfL 전략은 등급 없는 피드백이었다. 학생들은 자신의 활동을 채점이나 점수로 '카운트'하지 않는다는 것을 알고 있어도 열심히 할까? 이러한 의심에도 불구하고 관련 연구에 따르면 일단 학생들(그리고 그들의 부모들)과 교사들이 채점에 집착하는 문화와 반대의 학습 문화를 적용해도 학생들은 수행을 개선하기 위해 노력한다(Black et al., 2003; Fisher, Frey, & Pumpian, 2011; Pulfrey, Buchs, & Butera, 2011). Susan의 학생들은 등급 없는 피드백을 마지못해 받아들였다. "이것은 무슨 가치가 있을까?" 의문을 품고 시작했지만 나중에는 적절한 것으로 받아들였다. 학생들은 피드백이 중요하지만 그것은 오로지 실행에 대한 것임을 점차 이해했다. 피드백은 배움이지 성적이 아니다.

Susan은 학생들이 자신의 수업에서 참여하고 만족스러운 결과를 나타냈을 때 성공했다고 여겼다.

6. 교육과정 계획 마치기

백워드 설계의 마지막 단계는 실행하는 과정과 실행 이후에 통합과 숙고를 통해 여러분 계획을 종합 평가하는 것이다. 이 과제를 완수하기 위해 성찰적 정보들을 수집한다. 이런 정보로 학생-교사 학습 저널, 일일 학습 계획에 대한 반성, 효과적인 교수 전략에 대한 일화나 관찰, RPAT, 평가 도구, 블로그/웹 응답, 단원 활동 결과물 등 다양하다. AfL에서는 학생의 학습을 향상시키기 위해 평가 정보를 활용하는 것은 중요하다.

7. 결론

이 장에서 우리는 교육과정 개발자가 적절하고 적합한 교육과정을 개발하는 단계를 상세하게 설명했다. 이 단계를 선형적으로 제시했지만, 실제로 이 단계들은 자연스럽게 계속 반복·순환한다. 또 항상 단원 목표와 일관성을 유지하면서도 자율성을 위한 여지도 있어야 한다. 다음 두 장에서는 이 장의 아이디어를 보다 구체적인 방식으로 보여 주면서 교육과정 개발을 설명할 것이다.

토론해 봅시다

1. 다음 활동을 위해서 특정 학년 특정 교과 교육과정 문서를 선택하시오.

   1) 다음 질문을 중심으로 문서를 보시오.

   - KDB를 정리할 수 있는가?

   - 종적 스캔을 해 보시오. 어떤 KDB를 정리할 수 있는가?

   - 광의의 관점에서 종적 스캔을 통해 교육과정을 분석하시오.

   - 여러분이 분석한 결과에 맞춰서 학습 목표를 진술하시오.

   2) 스캔과 클러스터에서 KDB 우산을 만드시오.

   - 분석한 빅 아이디어와 영속적 이해를 어떻게 가르치고 평가할 것인가?

   - 21세기 기능은 어떻게 가르치고 평가할 것인가? 이러한 기능 중 하나를 선택해서 루브릭을 개발하시오.

   - Be는 어떻게 가르치고 평가할 것인가?

   - 본질적 질문(1~2개)을 확인하시오.

   - 풍부한 수행/평가 과제[RPAT]를 개발하시오.

   - 이 과제를 어떻게 평가할 것인가?

   3) 이 장의 안내에 따라 RPAT에 대한 루브릭을 만드시오.

   4) 1일 교수 · 학습/평가 과제를 개발하시오. 그 결과를 RPAT, KDB 우산과 연결하시오.

2. '교수 · 학습과 AfL 통합하기' 절에서 제시한 Susan의 이야기를 어떻게 생각하는가? 여러분의 교실에서 교수 · 학습과 AfL을 어떻게 통합할 것인가?

탐구 학습과 간학문적 통합

제4장

◆ **이 장의 주요 내용** ◆
• 학문을 중심으로 접근하기
• 학생을 중심으로 접근하기
• 통합교육과정으로 접근하기
• 교육과정을 통합하는 여러 접근 방식들

캐나다에서 우리는 21세기 교육, 미래 학습의 방향을 탐구 학습이라고 말한다. 교육과정 결과와 평가를 엮는 백워드 설계는 탐구를 기반으로 하는 학습을 계획할 때도 활용할 수 있다. 이 장의 첫 부분에서 우리는 학문을 중심으로 교육과정을 개발하는 관점을 탐구기반 학습으로 명명하고 실제 사례를 가지고 살펴볼 것이다. 다음으로 우리는 학생들이 스스로 개발자가 되어서 탐구하는 것들을 살펴볼 것이다. 두 번째 부분에서 우리는 통합교육과정을 살펴볼 것이다. (여기서 우리는 간학문Interdisciplinary과 통합Integrated이라는 용어를 사용할 것이다.) 사람들은 통합보다는 탐구에 더 친숙하기 때문에, 통합의 근거와 교육과정을 통합하는 서로 다른 접근들을 살펴볼 것이다. 간학문적 접근들은 주로 탐구 학습 원리를 사용한다. 또한 다양한 통합적 접근들도 교육과정, 수업, 평가를 엮는 백워드 설계를 적용한다.

1. 탐구기반 학습

탐구기반 학습에서는 문제를 창의적으로 해결하고자 한다. 학생들은 질문을 만들고, 실생활 문제를 해결하기 위한 증거들을 탐색하면서 그들이 사는 세계를 이해한다.

1) 학문 기반의 탐구

학문을 기반으로 잘 설계한 탐구 프로젝트는 제3장에서 살펴본 풍부한 수행/평가 과제RPAT와 유사하다. 그러나 탐구 프로젝트의 핵심 요소는 RPAT와는 다른 특성을 가지고 있다. 예를 들어, 전문가가 참여해서 학문 관점을 강화하고, 학생에게 교실을 넘어서 어떤 분야를 관찰하고 활동하고 발표하도록 요구한다. 권위나 책무성도 외부에 둔다. 학문 기반 탐구 중에 학생들은 지식을 구성하는 활동을 해야 한다. 서로의 아이디어를 비판하고, 혁신하고, 근거를 들고, 논쟁하면서 지식을 구성한다. 탐구 학습은 학생이 학습한 결과뿐만 아니라 과정에도 영향을 미친다. 〈표 4-1〉은 탐구 프로젝트의 특성들이다.

표 4-1 탐구기반 풍부한 수행/평가 과제RPAT의 특성

탐구 프로젝트 개발	
교육과정을 설계할 때 요구되는 특성	기술어
진실성authenticity	• 실세계의 이슈나 문제 • 실생활에서 학생들이 하는 활동 • 학생들은 결과를 권위자들 앞에서 발표
학문의 엄밀성	• 해당 분야의 전문가를 관찰하고 질문 • 다양한 경로 • 전문가 역할이 가진 위험 부담 • 과학적 과정

평가	• 전문가의 기준 사용 • 학습을 위한 평가[AfL]/학습으로서 평가[AaL]
학교 밖	• 팀워크와 협력 • 연구 윤리의 포함
테크놀로지를 적절히 사용하기	• 전문가가 사용하는 테크놀로지 사용
적극적인 탐구	• 현장연구 • 학생들은 전문가 데이터베이스에 자료를 제공
전문가와 연결	• 해당 분야의 전문가를 관찰하고 함께 작업 • 전문가는 과제 개발에 참여
정교한 의사소통	• 학생의 아이디어 • 학생과 교사 성찰은 학생이 개발하는 것에 영향 • 과정을 기록해서 학생과 교사 활동을 투명하게 함 • 학생들은 자신의 가설을 정하고 조정

출처: Galileo Educational Network (2000~2013).

탐구 프로젝트는 특정 학문의 전문가처럼 사고하는 활동을 강조한다. Neil Stephenson은 2012년 브리티시컬럼비아주 교육행정가 이전에 캘거리 과학 혁신학교의 교사였다. 탐구 학습 분야 리더로서 그는 갈릴레오 교육 네트워크('여기서 잠깐! 갈릴레오 교육 네트워크' 참조)에 참여했다. 그는 학생들이 학문적으로 사고하도록 할 때 학생의 학습이 더 풍부하고 깊이 일어난다고 강조했다. 학문적 탐구에서는 과학자들이 역사학자나 예술가와는 다르게 탐구한다고 본다. 중요한 점은 실제로 대부분의 교사들이 교과 학습이 학문적인 사고를 요구한다는 것을 잘 알지 못한다는 것이다. 이런 이유로, 탐구기반 학습을 중시하는 캘거리 과학 학교에서는 4학년부터 담임교사가 아니라 교과 교사가 과학을 가르친다. Stephenson은 학생의 의견과 선택을 지지하지만, 교과 전문가로서 교사가 탐구 프로젝트를 개발해야 한다고 생각한다. 그는 교과나 학문을 '해방을 위한 구속[liberating constraints]'이라고 표현한다.

　여기서는 Neil Stephenson이 6~7학년 역사 교과에서 수행한 탐구 프로젝트 2개를 소개한다.

여기서 잠깐! **갈릴레오 교육 네트워크**

갈릴레오 교육 네트워크(이하 갈릴레오)는 자선 기구로서 학교의 교수·학습을 혁신하고, 이를 촉진하며, 연구하는 단체다. 갈릴레오는 미국뿐만 아니라 퀘벡, 온타리오, 서스캐처원, 알버타, 브리티시컬럼비아주 등 북미권 교육자들이 함께하고 있다. 이들의 미션은 21세기 학습 환경을 연구하고 창출함으로써 학생, 교사, 리더들의 교수·학습을 증진하는 데 두고 있다. 이 단체는 학생들이 창의적이고 사려 깊게 디지털 테크놀로지를 사용하는 탐구기반 프로젝트를 추구한다. 네트워크를 통해서 학생 간의 협력을 증진시키고 교육 전환을 희망하면서 새로운 교육 이야기를 만들어 가고 있다. 프로젝트는 지역 학구, 대학교, 지역사회 단체나 기업들과 협력하면서 진행한다.

(1) 담배 상자 프로젝트

Neil Stephenson은 캘거리 과학 학교 6~7학년 역사 교과에서 담배 상자 프로젝트로 상을 받았다. Stephenson은 캐나다 문명 박물관 온라인 전시장에 있는 나무로 만든 옛날 담배 상자를 보고 영감을 받아서 이 프로젝트를 시작했다. 이 상자는 캐나다 역사의 한 장면 및 상징하는 이미지들로 장식한 화려한 장식품이었다. Stephenson의 학생들은 학기 중 역사 수업을 통해서 자신만의 담배 상자를 만들었다. 네 개의 옆면마다 서로 다른 시대를 표현하고, 윗면에는 캐나다의 '모든 이야기'를 포괄하는 주제를 담았다. 학생들은 탐구 질문(여러분은 캐나다 역사라면 무엇이 생각나는가?)에 답하도록 하는 방식으로 이 프로젝트를 설계했다.

먼저, 학생들은 종이에 디자인을 하고, 디지털 아카이브에 접속해서 역사 이미지들을 수집하고 재구성해서 자신이 만든 나무 박스에 그 이미지들을 붙인다. 학생들은 모둠에서 다른 학생들과 저마다의 이미지와 연구한 결과를 공유했다. 그리고 스카이프를 통해 캐나다의 다른 주에 있는 3개의 다른 교실 학생들과도 공유했다. 스카이프로 문명 박물관의 큐레이터 등 외부 전문가들도 만났다. 그들은 학생들의 아이디어나 이미지에 대해 피드백을 해 주었다.

프로젝트는 학생들이 초기 자료에서 이미지를 고르고, 그 이미지들을 주제에 부합하도록 일관성 있고 논리적으로 관련시키면서 조정했다. 이 과정에서 학생들이 역사적 사고를 할 수 있도록 했다. 학생들은 자신의 과제를 수행하면서, 자신의 작업이 표절인지 창작물인지, 어느 하나에 편향된 것은 아닌지 등의 질문을 했다.

테크놀로지를 창의적으로 활용했지만, 항상 학습 도구로만 사용했다. Stephenson은 학생들이 비디오 발표물 외형에 너무 많은 시간을 보내면서 학습 목표(이 비디오가 깊이 있는 역사적 이해를 잘 보여 주는가?)에 대한 초점을 잃을까 봐 우려했다. Stephenson도 스카이프, VoiceThread, 구글 독스 등을 통해서 학생들을 도왔고, 프로젝트를 수행하는 중에도 주기적으로 자신의 블로그에 학습 현황들을 기록해서 올렸다(http://firesidelearning.ning.com/profile/NeilStephenson).

수행 중에 계속 평가를 했으며, 동료 평가와 자기 평가 비중이 높았다. 담배 상자의 네 면들을 구성하는 동안 그리고 구성 후에도 학생들은 이미지를 수정하고, 이 이미지들을 가지고 역사를 이해하려면 무엇을 어떻게 연결할 수 있는지를 성찰하고 기록하고 녹음했다. 평가 루브릭도 개발해서 사용했는데, 전체 프로젝트에 관한 내용을 사이트에서 확인할 수 있도록 했다(www.galileo.org/initiatives/vmuseum/index.html).

(2) 산 프로젝트

또 하나의 학문 기반 프로젝트는 11학년 과학 교과에서 수행한 프로젝트이다(http://galileo.org/classroom-examples/classroom-examples-high-school-science/ecological-field-study). 알버타 11학년 학생들은 등산을 하면서 여러 과학 전문가들과 활동했다. 빅 아이디어는 기후, 에너지 전환, 태양 에너지/

기후/생물군계의 상관관계를 탐구한다고 설정했다. 산비탈에서 300m 구간이 북쪽으로 950km 떨어진 어떤 구간과 유사하다면, 우리가 산비탈을 걸을 때 어떤 북쪽 생물군계를 볼 수 있는가?

과학 교사는 이 프로젝트를 설계하기 위해 갈릴레오의 이론, 생물학자, 카나나스키스에 있는 캘거리 지역의 대학 생물학과 환경 학자들을 연결했다. 이 전문가들과 함께 작업하면서 학생들은 전문가들이 사용하는 과학적 탐구 및 연구 기능을 적용하고 같은 도구를 사용하면서 과학자처럼 생각하는 법을 배웠다. 뿐만 아니라 학생들은 협력하는 법도 배웠다.

먼저 학생들은 산의 환경을 탐구하는 데 많은 시간을 보냈다. 학생들은 과학자들이 수행한 전형적인 사례를 탐구하고, 과학자들이 산 환경을 탐구하는 것을 관찰하며 질문했다. 학생들도 교사와 함께 자신의 과제를 과학적이며 복합적이고 다차원적으로 수행했다.

첫 번째로 학생 전체 집단이 산행을 하며 다음과 같은 질문들을 탐구하였다.

- 해발고도는 숲의 밀도에 영향을 미치는가?
- 산 지면의 꼭대기와 아래 중 어디에 동물들이 더 많은가?
- 고도는 성장에 어떤 영향을 미치는가?
- 경사는 고도와 차원에 어떤 영향을 미치는가?

산행 후 학생들은 소그룹에서 산행 중 자신들이 관찰한 것들을 기반으로 가설을 설정했다. 학생들은 자신이 세운 가설을 탐구하기 위해 산 지면에서 정보들을 수집했다. 한 차례 조사를 마친 후에 각 그룹별로 결과를 논의했다. 교사는 학생들의 생각을 분명히 하도록 하는 질문을 했고 모든 학생들은 서로에게 배울 수 있었다.

학생들은 조사하고 정보를 수집하기 위해 산의 다른 지면을 두 번 이상 산행하였다. 학생들은 정보를 모으고 피드백을 반영하며 각자 학습하는 시간을 보냈다. 교사는 학생들의 학습 간 차이를 줄일 수 있도록 끊임없이 토의를 시켰고 이 토의를 통해서 학생들이 자신의 생각을 개선할 수 있도록 도왔다. 마침내 학생들은 해당 분야의 다른 연구물을 찾았고, 그들의 결과와 비교하여 연구 결과를 작성하였다. 연구 결과 보고는 동료들과 함께 작성했고, 교사는 보고서 작성 과정에서 필요한 피드백을 해 주었다. 학생들이 작성한 최종 보고서는 생물학과에서 구축해서 운용하는 데이터베이스로 제출했다. 교사는 학생들의 참여도를 기록하였으며 깊이 있는 질문을 하고 중도 포기라는 위험을 감수하면서 탐구를 완성하도록 도왔다.

2. 학생 중심 탐구 학습

앞에서 우리는 학생들이 학습에 능동적으로 참여한 사례를 살펴보았다. 하지만 이 사례는 교사가 교육과정 개발을 주도한 사례다. 반면에 학생들이 스스로 질문을 하면서 계속 학습해 나가기도 한다. 예를 들어, 온타리오주에서는 학생들이 ① 텍스트, ② 개인, ③ 세계, ④ 텍스트/개인, ⑤ 개인/세계, ⑥ 텍스트/세계, ⑦ 보다 밀도 있는 질문(텍스트/개인/세계)을 포함한 새로운 학습 체계를 개발했다. 여기서는 학생들이 자신이 한 질문들을 탐구한다 (Literacy GAINS, 2013). 이 절에서는 학생들이 탐구 모델에 따라 자신의 학습을 설계해서 수행하면서 개발한 교육과정을 사례로 설명하였다.

1) 초등학교에서의 탐구 학습

유치원에서 탐구 학습은 놀이를 기반으로 다룰 수 있다. 온타리오주 교사인 Angie Harrison은 탐구 학습을 '아이들의 흥미를 따르는 것'이라고 본다. 그녀의 교실 한 쪽 벽면에는 학생들의 사진이 걸려 있고, 그 사진에는 '나는

···이 궁금해요.'라는 생각 풍선들이 걸려 있다. 학생들이 한 문장으로 질문한 문장들이 있다. Harrison은 일정 시간 동안 학생들과 이야기하며, 그들이 '궁금해하는 것들' 관련 자료들을 제공한다.

테크놀로지는 Harrison의 탐구 학습에 큰 역할을 한다. 예를 들어, 그녀는 아이들이 나뭇잎이 변하는 글을 읽을 때 나뭇잎이 변하는 과정이 담긴 비디오나 이미지를 보여 준다. Harrison은 온라인 자료 센터 Discovery Education Canada에서 이런 비디오 자료들을 찾아서 활용한다(www.discoveryeducation.ca/Canada). 나뭇잎의 변화 과정에 대한 이미지는 학습을 더 생생하게 만들어 준다.

Harrison에게 테크놀로지는 **참평가**authentic assessment를 가능하게 해 준다. Harrison은 오디오 기록과 사진으로 학생들의 학습을 기록하면서 즉각적으로 피드백한다. 오디오 기록과 사진들은 학생들이 생각한 사고 과정을 이해하는 데 도움을 준다. 그녀는 『윈도우즈 활용 학습: 어린 학생들이 과제 문서화하기Windows on Learning: Documenting Young Children's Work』(Helm, Beneke, & Steinheimer, 2007)와 『벌레, 그림자, 소용돌이: 유아 교실에서의 과학Worms, Shadows and Whirlpools: Science in the Early Childhood Classroom』(Worth & Grollman, 2003) 등의 책을 사용한다.

여기서 Harrison이 학기 중에 탐구를 어떻게 진행하는지 사례를 살펴보자. 어떤 학생이 구조물을 보고 다리인지 경사로인지 물었다(Harrison, 2012). Harrison은 다리와 경사로의 차이점을 명확하게 하기 위해서 학생들에게 다양한 책과 사진들을 제시했다. 학생들은 Harrison이 아이패드로 보여 주는 구조물을 만든다. 그녀는 PicCollage(http://pic-collage.com에서 이용 가능한 단순한 앱)를 활용해서 학생들이 만든 구조물을 이미지로 바꾼다. 이 앱에는 학생들이 한 질문과 그들이 만든 작품들이 있다. 학생들은 Harrison이 준 사진들 중에서 선택하면서 모음집을 만든다. Harrison은 학생들이 스스로 PicCollage를 만들어 낼 수 있다고 믿는다.

Harrison은 유치원부터 3학년을 가르치는데, 그녀는 유치원과 3학년 수학에서 테크놀로지를 활용해서 AfL을 수행한다. 유치원에서 Harrison은 학생들의 과제를 사진으로 찍고, 이를 그녀의 평가 기록지와 학생들의 디지털 저널로도 업로드한다. 그녀는 큰 화면에 이미지를 확대, 수업에 사용할 수 있는 이미지로 전환한다. 이미지 전환기 덕분에 학생들은 교실에서 수학을 조작적으로 학습하면서 자신의 생각들을 논의한다. 3학년 학생들의 수학 문제 해결 과제를 복사한 후 SMART Notebook(협력적 학습 소프트웨어 프로그램)에 담아서 이것도 이미지 전환기로 이미지를 확대하여 게시한다. 학생들은 자신의 생각을 SMART Notebook에 기록할 수 있다. 또 학생들은 같은 문제에 대한 다른 학생들의 해결책을 보면서 서로 비교할 수 있다. 뿐만 아니라 해결책은 다음 학습에 사용한다. 마지막 결과나 과정은 인쇄해서 포트폴리오로 사용하곤 한다.

대부분의 21세기 교사들처럼 Harrison도 블로그에 자신의 학습과 학생들의 학습을 기록한다. 그 블로그는 '교수 확장하기, 테크놀로지 확장하기'이다 (http://teachieang.edublogs.org/2012/10/23/what-can-you-see).

✋ 여기서 잠깐!　학생 탐구

알버타주에 있는 Bill Belsey는 학생들이 21세기에 필요한 문해력을 습득해야 한다고 생각한다. 탐구, 연구, 의사소통 기능을 '그것은 좋은 질문이야.'라는 5학년 프로젝트에서 다루었다. 좋은 질문(범교과적인 목표에 해당하는 질문)을 하는 것은 탐구와 연구의 첫 단계이다. 학생들은 주제를 고른다. 학생들은 인터넷을 사용하여 해당 분야의 세계적인 전문가들을 찾고, 그들을 인터뷰하기 위한 질문들을 만들어서 그들에게 이메일을 보낸다. 각 학생들은 세 개의 질문들을 만들어서 교실에서 공유하고 질문의 우선순위를 정한다.

목적은 좋은 질문을 하는 기능을 배우는 것이지만, 가장 좋은 질문을 고르는 데는 약간의 경쟁도 있다. 학생들은 인터뷰하는 사람에게 "와우! 참 좋은 질문이구나."

라는 말을 듣기를 바란다. 학생들은 스카이프로 CBC 라디오 쇼 Spark의 진행자인 Nora Young을 인터뷰했는데, 테크놀로지와 관계 변화에 대해 묻고 답했다. 학생들은 환호성을 질렀다. Bill은 이 프로젝트에서 테크놀로지도 중요하지만, 좋은 질문을 하는 방법을 아는 것을 배웠다고 했다.

2) 고등학교에서의 탐구 학습

브리티시컬럼비아주 코키틀램에 있는 Inquiry Hub는 21세기 새로운 중등학교 모델 학교로서 탐구기반 학습을 지향한다. Inquiry Hub에서는 학생 중심 탐구 학습을 강조한다.

2012년 9월, 33명의 학생들(대부분 9학년이며 10학년 몇 명 포함)이 Inquiry Hub에 입학했다. 대부분의 고등학생(9학년)들은 학교에서 수학, 과학, 사회, 영어 등 교과를 배운다. 그러나 이 학교는 약간 다르다.

Inquiry Hub 학생들은 세 개의 일반적인 흥미 영역(① 세계/지역사회, ② 환경 지속가능성, ③ 미디어아트/테크놀로지)에 따라 세 집단으로 구분한다. 학생들은 각 영역의 프로젝트를 수행한다. 예를 들어, 세계/지역사회 영역에 등록한 학생들은 과학과 생태학 맥락에서 지방 하천, 지역사회 정원을 위한 보조금, 개발도상국이 사용하는 대안적인 에너지 형태 등의 연구 문제를 해결하는 데 참여한다.

학교교육과정은 디지털 문해력과 탐구 학습을 주축으로 '필수강좌'를 개설하고 있다. 위원회에서 이 강좌를 승인하기 때문에, 다른 학교의 교사들도 강좌를 골라서 가르칠 수 있다. 각 강좌에 대한 정보는 www.inquiryhub.org에서 볼 수 있다.

Inquiry Hub는 다음 7가지 핵심 측면을 모든 교과교육에서 강조한다.

• **탐구**: 학생들은 깊이 있는 탐구를 통해 자신의 질문을 탐구해야 한다.

- **학생 의견:** 학생들은 커뮤니티, 온라인을 통해 서로의 학습을 깊이 공유한다.
- **청중:** 학생들은 적절하고, 진정한 청중에게 적절한 메시지를 전달한다.
- **커뮤니티:** 학생들은 프로젝트를 하면서 학교 밖에서 다른 학생들과 협력한다.
- **리더십:** 학생들은 어린 학생들의 친구가 되는 등 타인과 관계 맺을 기회를 갖는다.
- **놀이:** 학습으로 놀이를 할 수 있으며, 개인적 흥미를 기반으로 프로젝트를 할 수도 있다.
- **네트워크:** Inquiry Hub는 지역, 교실, 온라인 경험을 혼합한 하이브리드 모델을 사용한다.

(1) 탐구 코스

Stephen Whiffin은 코키틀램 Open Learning과 Inquiry Hub의 교장이다. Whiffin은 엄격한 탐구를 강조하며, 탐구 학습 강좌들을 개발했다. 강좌의 목적은 교사 주도의 탐구기반 수행 과제를 교사와 학생 협력해서 다시 설계하는 데 두었다. 여기서 학생들은 자신의 과제에 주인 의식을 느끼며 설계라는 21세기 기능을 배운다. 학생들은 이 코스에서 배운 지식과 기능들을 교과 학습에도 전이한다. 학생들은 이 과정에서 탐구 학습을 단계별로 '수행하면서' 탐구 절차를 배운다. Whiffin은 학생들이 탐구 절차를 그저 따라가며 학습하는 것을 넘어서 하나의 질문을 통해 10개 이상의 탐구 절차를 끌어 내면서 더 깊이 탐구하도록 한다. 교사는 이런 탐구가 학생들에게 압박감이 아닌 피상적 절차를 넘어서는 도전적인 과제가 될 수 있는 환경을 만든다.

Whiffin은 이 과정에서 이미 있는 것을 만드느라 쓸데없이 시간을 낭비하지 않았다. 대신 그는 탐구 학습을 재설계하였다. 알버타 교육부의 『탐구에 주력하기: 탐구기반 학습 실행을 위한 교사 안내서Focus on Inquiry: A Teacher's Guide

to Implementing Inquiry-Based Learning』(2004)가 유용했다. 갈릴레오 교육 네트워크 역
시 많은 도움이 되었다. 또 Whiffin은 캘거리 과학 학교와 같은 타 학교의 사
례도 활용했다.

탐구 절차를 설계하는 과정은 학생들이 빅 픽처를 설정해 보는 것에서 시
작한다([그림 4-1] 참조).

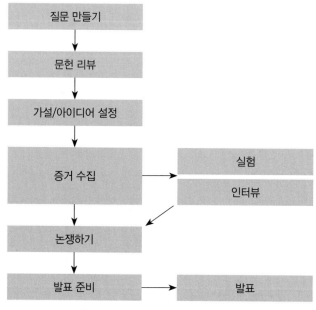

[그림 4-1] 탐구 절차(플로우 차트)

출처: Stephen Whiffin, Inquiry Hub

다음으로 학생들은 〈표 4-2〉의 질문 만들기 활동지를 이용하여 자신의
질문을 만든다(질문하기에 대한 다른 관점을 보고 싶으면 제3장에서 제시한 역사
단원을 보라).

표 4-2	질문 만들기(학생활동지)
초기 질문	누가, 무엇을, 어디서, 왜, 언제, 어떻게?
질문의 구체화	…은 …와 어떤 관련이 있는가? …에 관한 새로운 예는 무엇인가? …의 가능한 해결책으로 무엇이 있는가? 왜 그런지 설명해 보라. …에 대해 어떻게 생각하는가? 왜 …이 중요한가?
관점	타 학문 분야의 전문가는 어떤 질문을 할까?
마지막 질문	

출처: Stephen Whiffin, Inquiry Hub

다음과 같은 몇 개의 탐구 질문은 학생들의 호기심을 자극한다.

- 범죄의 원인은 무엇이며 이것을 없애기 위해 우리는 무엇을 할 수 있는가?
- 왜 프랑스 혁명이 유럽에서 여성의 권리 개선에 중요한 의미를 갖는가?
- 사람들은 어느 때 침입종에 개입해야 하는가?
- 왜 캐나다는 프랑스 혁명이나 미국 혁명과 같은 혁명이 없었는가?
- 기후 변화와 같은 정치적인 이슈와 관련해서 정치가 하는 역할은 무엇인가?

각 절차를 거치면서 살아남은 질문은 학문적인 엄격함과 비판적 사고를 요구한다. 몇몇 학부모들은 이런 질문들이 9학년 학생이 아닌 대학생에게 더 적합하다고 생각할 수도 있다. Whiffin은 9학년 학생들도 실세계의 이런 질문들을 다룰 수 있다고 주장한다.

학생들은 〈표 4-1〉의 특성에 기반한 수업 루브릭을 활용하여 프로젝트를 개발한다. 이 루브릭은 탐구 프로젝트에 관한 갈릴레오의 루브릭을 적용한 것이다. 교사 주도 루브릭은 www.galileo.org/resesarch/publications/

rubric.pdf.에서 볼 수 있다. Inquiry Hub 루브릭은 학생을 탐구 설계자로 보고 만든 것이다.

탐구를 설계한 후, 학생들은 프로젝트를 플로우 차트로 표현한다([그림 4-1] 참조). 완성된 프로젝트는 학습을 위한 다음 단계로 가기 전 반영 단계를 포함하는데, 질문을 재설정하거나 탐구 과정에서 나온 새로운 질문들을 확인한다.

(2) 디지털 문해력 코스

Whiffin의 동료인 David Truss는 디지털 문해력 강좌를 개발하였다. 이 강좌에서 학생들은 책임감을 가지고 자신의 디지털 발자취, 사회적 네트워크 활용, 개인 학습 환경, 개인 학습 네트워크, 디지털 발표, 디지털 탐구 등을 한다. 예를 들어, Truss는 학생들에게 Creative Commons[1] 이미지를 사용하는 법을 가르쳤다(http://creativecommons.org/licenses/by-nc-sa/3.0). 하나는 Creative Commons를 사용하는 것이다. 기부한 것, 비상업적으로 사용할 수 있는 것, 공유한 이미지를 사용하는 방법을 다룬다. 수행 과제에서 학생들은 Creative Commons의 이미지를 사용하여 포스터를 만들고 그것을 다시 기부한다. 다른 코스에서도 학생들이 이 기능을 사용하도록 독려한다.

다른 하나는 학생들이 인포그래픽의 효율성을 분석하고 평가한다. Truss (2013)는 학생들이 디지털 문해력을 실전을 통해서 개발한다. 그는 때로 과거 버전이 최근 버전보다 더 나으며, 새로운 상황으로 기술이 이전하는 성공률은 낮다고 했다. 그는 "물론 지속적으로 질문을 바꾸고 프로젝트를 반복 수행하면서 단선적인 평가 모델이 맞지 않다는 것도 알았다. 지속적인 학습을 할

---

1) 역자 주: 크리에이티브 커먼즈Creative Commons: CC는 저작권의 부분적 공유를 목적으로 2001년에 설립된 비영리 단체이다. 이 기관은 2002년 12월 16일에 저작권 라이선스인 크리에이티브 커먼즈 라이선스를 만들었다. 크리에이티브 커먼즈 라이선스를 따르는 대표적인 프로젝트에는 위키백과가 있다.

수 있도록 학생들이 학습한 결과를 계속 평가한다. 즉, 학생들이 계속 기준을 바꾸고 바뀐 기준으로 자신의 학습 결과를 평가할 수 있는 기회를 가질 수 있도록 했다. 궁극적으로 교사는 학생을 위해 있어야 하며 실제로 대부분의 강좌에서 이렇게 접근하고 있다."라고 기술하였다. 이 프로그램에 관해 더 알고 싶다면, Truss의 블로그를 방문해 보라[David Truss: Pair-a-dimes for your thoughts(http://pairadimes.davidtruss.com)].

3) 창의적인 탐구(K-12학년)

Genius Hour도 학생 중심의 탐구 학습 사례이다. 이 사례는 Daniel Pink (2011)가 주장한 풀뿌리 운동[2](직원들이 자신의 흥미를 다룰 자유로운 시간을 갖게 될 때, 더 생산적이고 창의적일 수 있다는 주장)에서 시사점을 받아서 시작했다. 현재 캐나다 전역에서 교사들이 'Genius Day'라는 교육과정 실행에 동참하고 있다. Genius Hour/Day에서는 교사가 학생들에게 질문을 하면서 시작한다. 독립심, 학습하는 방법의 학습, 탐구를 통한 창의력 등 21세기 기능 관련 질문들을 활용한다. Genius Hour/Day는 학년을 구분하지 않고, 교육과정을 안내하는 구체적인 문서도 없다. 학생들이 자신의 열정을 발산할 수 있는 '자유' 시간을 갖는다. 대체로 100분 정도 한다. 학생들은 탐구를 하는 과정에서 교과 관련 지식을 찾아야 하고 발표 기능을 보여 주어야 하며, 평가는 자기 평가로 진행한다.

브리티시컬럼비아주에서 6~7학년을 가르치는 교사 Gallit Zvi는 채팅창 사회자인데 여기서는 매주 첫 번째 수요일 교사들이 모여서 #genius hour에 대한 채팅을 한다(http://geniushour.wikispaces.com). Zvi의 학생들은 Genius Hour를 좋아한다. Zvi는 학생에게 Genius Hour를 세 번 나누어 제공하는데,

---

2) 역자 주: grassroots movement, 교사로부터 시작된 학습.

첫 번째 시간에 학생들은 탐구 질문을 만든다. 다음 시간에 학생들은 질문을 해결하기 위해서 자신들이 무엇을 할 것인지를 발표한다. Zvi는 "나는 교사로서 Genius Hour 덕분에 완전히 달라졌어요. 나는 더 이상 아이들의 학습을 통제하지 않아요. … 한발 물러서서 학생들이 학습을 하도록 허락해 주면, 많은 이점들이 있어요."라고 말한다(innovative learning designs, 2012). Zvi의 학생들은 Genius Hour에서 웹사이트를 만들거나, 다른 나라에 대해 배우거나, 컴퓨터를 분리하거나 조립하기도 하고, 영화를 만들기도 한다.

브리티시컬럼비아주에서 가르치는 교사 Hugh McDonald(2012)는 7학년에게 Genius Hour를 실행했다. McDonald는 학생들의 반응을 다음과 같이 묘사하였다. "나는 학생들이 모든 단계에서 열심히 참여하는 것이 좋았다." 처음에 McDonald는 Denise Kreb(2011)이 블로그에 올린 학생들의 창의적 과제에 관한 비디오를 참조했다. Kreb은 Genius Day를 학생 질문으로 시작했지만, McDonald는 다음과 같은 질문을 주면서 시작했다.

- 탐구하려는 아이디어는 무엇인가?
- 실험하려는 것이 무엇인가?
- 어떤 기능을 숙달할 수 있는가?
- 어떤 도구 사용법을 연습할 수 있는가?
- 의사소통을 원활히 하기 위해 어떤 도구를 사용할 것인가?

McDonald는 학생들에게 Kreb의 반 학생들이 만든 창의성 루브릭을 보여 주었다(〈표 4-3〉 참조). 그리고 학생들이 제안서를 써서 블로그에 게시했다. 첫 번째 Genius Day 결과로 스크래치로 만든 하키 채, 쿠키와 케이크 만들기, 비디오 사용 안내, 자석 카드, 막대사탕의 막대로 만든 인형 집, 영화 예고편, 컴퓨터 역사에 관한 iMovie, 소설, 그림, 게임 발명에 관한 프레지^{Prezi}, 좋아하는 음식, 사람 등이 나왔다.

표 4-3 학생 기반 창의력 루브릭(Denise Krebs의 교실에서 개발)

Genius Hour 루브릭

Genius = 창조하기와 만들기. 이것이 이 단어의 원래 의미다.

질quality	예! 난 했어요.(5)	"예! 난 했어요!"(5)와 "아니요, 아직이에요!"(1) 사이에 자신이 어디에 있는지 표시하기	아니요, 아직이에요(1)
애매모호성: 약간 혼란스럽지만 괜찮아. 일을 수행하는 방법을 하나보다 더 많이 알고 있어.	난 선생님께 많은 질문을 할 필요가 없어. 난 스스로 생각을 답할 수 있고, 일을 잘 수행해.	5 4 3 2 1	난 모든 일에서 이렇게 해야 하는 지 정확하게 말해야만 해. 난 일에 있어 한 가지 방법만 알고 있어.
호기심: 난 질문하고 배우기를 좋아해.	난 호기심이 있고, 탐구하는 것이 좋아. 난 평생 학습자야.	5 4 3 2 1	난 학습에 대해 질문을 하지 않아. 난 새로운 것을 배우는 걸 원하지 않아.
아이디어 생성(브레인스토밍): 난 가능한 아이디어를 많이 만들어 내.	난 많은 아이디어를 만들 수 있어. 나의 상상력을 이용했지.	5 4 3 2 1	난 아이디어를 명확하게 보지를 못해. 난 쉽게 좌절하지. 난 제으르기도 해.
아이디어의 독창성: 난 독창적인 아이디어를 만들어!	난 새로운 사고를 할 수 있고, 난 상상력이 뛰어나. 난 다른 사람들이 못한 걸 해.	5 4 3 2 1	난 다른 사람이 생각한 것만 생각할 수 있어. 난 어떤 것을 하는 비 새로운 방법을 좋아하지 않아. 난 옛 방식을 그대로 쓰는 걸 좋아해.
유연성/적용 가능성: 난 방법 과 쉽게 연결 지을 수 있어.	난 일을 시작하면 그것을 다른 방법으로 생각할 수 있어. 난 다른 사람들의 좋은 아이디어들은 걸 알지.	5 4 3 2 1	난 내 아이디어를 바꾸거나 더 좋게 생각하고 싶지 않아.
자기반성: 난 나 자신을 솔직하게 볼 수 있고, 나의 과제도 솔직하게 평가할 수 있어.	난 나의 과제를 솔직하게 검토할 수 있어. 그리고 무엇이 옳고 무엇이 설못되었는지 알 수 있지.	5 4 3 2 1	난 나의 과제에 대해 솔직하지 못해. 난 내가 뭘 잘하는지, 과제를 하기 위해 무엇이 더 필요한지 몰라.
내재적 동기: 난 이걸 하고 싶어. 난 목적을 알고 있고, 이것이 날 즐겁게 하지.	난 새로운 것을 하길 원해. 난 나 자신을 믿어.	5 4 3 2 1	난 그것을 얻지 못한다면 새로운 것을 노력하려고 하지 않아.
위험 부담: 난 실패를 두려워하지 않아. Edison은 "난 실패하지 않았어, 성공을 위해 1000번의 과정을 거쳤을 뿐…"이라고 했어.	난 어떤 것도 두려워하지 않아. 심지어 내가 잘하지 못한다 하더라도. 난 과제를 완수하기 위해 새로운 방법을 계속 찾지.	5 4 3 2 1	난 실패가 두려움에서 새로운 것을 하려고 하지 않아. 두어 번 하려고 하지만 이내 포기해 버려.
전문 지식: 난 교과에 대해 많은 것을 알고있어. 내가 자랑스럽고 고마워. 난 전문가야.	난 내가 어떤 것들을 잘 한다는 걸 알아. 난 나의 지식을 다른 사람과 공유하는 것을 두려워하지 않아.	5 4 3 2 1	난 어떤 것에 대한 전문가가 아니야. 난 어떤 것에 대해 잘 알지 못해.

마지막으로 각 과정에서 학생이 수행하는 과정을 성찰했다. 학생들은 교실 트위터 계정에 자신이 한 학습을 공유하고, 자기 평가를 완료하고, 다음 학년도의 Genius Hour에 참여할 학생들에게 편지를 썼다.

3. 간학문적 학습

간학문적 학습을 해 온 역사는 길다. 프로젝트법(Kilpatrick, 1918)은 이 장에서 다루고 있는 탐구 학습이나 통합교육과정을 선도한 선구자다. 따라서 간학문적 학습, 탐구 학습, 통합교육과정 등은 새로운 것이 아니다. 이들은 모두 진보주의를 이끈 John Dewey 철학 및 교육에 대한 관점을 기반으로 하고 있다.

1) 왜?

학생 시절, 학문(교과) 기반 분과 접근을 경험한 교사들(혹은 학문 기반 접근으로 가르쳐 온 교사들)은 간학문적 접근을 어려워하거나 두려워한다. 그러나 21세기, 시간이 지날수록 간학문적 접근을 해야 하는 이유들이 늘고 있다. 사실 어떤 점에서는 교과로 구분지어서 가르치기가 어렵기도 하다. 이에 여기서는 교과를 통합하는 이유들을 더 살펴볼 것이다.

2) 성취에 미치는 영향

간학문적 접근이 성취에 어떤 영향을 미치는가? 간학문적 접근에 대한 효과를 양적으로 연구한 것을 찾기는 쉽지 않다. 1930년대에 이루어진 8년 연구는 통합교육과정이 가치 있다고 인정한 종단연구이다('여기서 잠깐! 간학문적 접근으로 실세계 문제 해결하기'를 보라). 통합교육과정 개발과 운영은 1980년대 후반 및 1990년 초반에 큰 인기가 있었다. 이 운동으로 일화적이지만 수많은 질적 연구들을 수행했다. 그러나 이 연구 결과들은 교육과정 연구 분야에서 크게 인정받지는 못했다. 이에 통합교육과정을 연구하는 Rennie, Venville, Wallace(2012)는 통합교육과정을 전통적 교육과정과 같은 측정 도구로 측정할 수 없다고 주장한다. 왜냐하면 통합교육과정의 결과가 양적이지 않기 때문이다. 이 분야에서 그동안 축적해 온 연구들은 통합교육과정이 학생들의 학업적 성취에 있어 학문을 기반으로 하는 분과 프로그램과 같거나 혹은 그보다 낮다는 결과를 지속적으로 입증해 왔다(Drake, 2007; Smith & Tyler, 1942; Vars, 2001).

21세기 들어서 우리는 간학문적 접근이 성공적이라는 증거들을 축적했다. 1900년대 후반 북아메리카에서 시작한 통합교육과정이나 프로그램들을 지금까지도 계속하고 있으며, 유사한 평가를 하고 있고, 책무성도 갖추고 있다. 이것이 통합교육과정을 통해서 높은 수준의 학업성취를 거두고 있다는 증거이다. 관련하여 다음과 같은 연구 결과들을 볼 수 있다.

- **예술 통합**: 사회경제적 배경에 관계없이 학생들의 학습 참여와 성취가 증가했다(Vega, 2012a; Catterall, Dumais, & Hamden-Thompson, 2012; Walker, McFadden, Tabone, & Finkelstein, 2011; Upitis, 2011).
- **프로젝트기반 학습**Project-Based Learning: PBL: 많은 연구가 PBL을 지지하고 있다(Vega, 2012b; Ravitz, 2009). Buck Institute의 40년 연구(2009)는 PBL이 전통적인 학습보다 학업적으로 성공하는 데 효과적임을 입증하였다. PBL 관련 비영리단체인 New Tech Network(www.newtechnetwork.org)는 16개 주 85개의 학교에 혁신적이고 실천적인 학습 환경을 성공적으로 구축하고 있다.
- **도전기반 학습**Challenge-Based Learning: CBL: CBL은 Apple이 고안한 것이다. CBL은 테크놀로지를 의무적으로 사용해야 하는 PBL이다. New Media

Consortium으로부터 재정 지원을 받아서 6개의 학교에서 CBL 연구를 한 결과, 학생들의 학업 성취가 더 높았다(Johnson, Smith, Smyth, & Varon, 2009).

• **빅 픽처 학습 학교**the Big Picture Learning Schools: 이 학교는 1995년 이후 120개로 늘었다. 전통적인 도시 학교의 졸업률이 52%인 반면, 이 학교의 **졸업률**은 92%이며, 대학 입학률은 95%로 전통적인 도시 학교가 45%인 데 비해 높다(www.bigpictue.org). 이 책의 '여기서 잠깐! 탈학문적 접근'에서 위니펙에 있는 전형적인 학교들이 간학문적인 접근으로 한 빅 픽처 학습 사례를 소개했다.

• **탐험 학습**expeditionary learning: 미국에서 165개 학교들이 이 유형의 학습을 실행했다. 여기서는 프로젝트 학습, 사례 연구, 실세계 문제와 관련된 학습에 집중했다. 연구 결과, 학생의 참여와 학업 성취가 증가했음을 보고하였다(Expeditionary Learning, 2013).

• **교육과정 프로젝트**the Curriculum Project: Curry와 Samara가 개발한 것으로, 간학문적 접근으로 교육과정, 수업, 평가를 실행하였는데, 이 접근에서 높은 **학업 성취** 결과를 보고하였다(Curry, Samara, & Connell, 2005; www.curriculmproject.com/knowledge_share_scholarly_reports.php for links to other scholarly reports).

• **사회-정서 학습**Social and Emotional Learning: SEL: SEL은 자기 인식, 자기 관리, 사회 인식, 관계 기능, 책임 있는 의사 결정을 포함한다. 연구물들은 SEL이 **학문적 성취**를 높였음을 보고하였다(Vega & Tereda, 2012; Vega, 2012c).

이들 연구를 볼 때, 간학문적 접근은 더 이상 간과할 수가 없다.

🖐 여기서 잠깐! 간학문적 접근으로 실세계 문제 해결하기

이 책의 저자 중 한 명인 Wendy는 복잡한 문제를 하나의 학문(교과)으로 해결할 수 없다는 점을 보여 주는 예로 불행한 사고를 겪은 '아폴로 13'을 이야기했다. 아폴로호는 비행 동안에 두 번째 산소 탱크 경로가 합쳐지면서 전기 회로에 합선이 생겼다. 3명의 우주비행사들은 사령선을 버리고 두 명만 탈 수 있는 달착륙선으로 들어갔다. 그러자 이산화탄소가 경고 수준에 이르렀다. 달착륙선의 이산화탄소 필터는 충분하지 않았고, 사령선의 필터와 맞지가 않았다.

지구에 있는 케네디 우주 센터에서는 네모난 사령선의 필터를 둥근 필터 통에 맞출 임시 어댑터를 만들기 위해 팀을 꾸렸다. NASA에서는 서로 다른 분야의 전문가들이 아폴로 13 우주비행사들이 이용할 수 있는 재료만 사용해야 했다. 이 팀에서 만든 필터를 테스트한 후, 각 모델의 사용법을 우주비행사에게 알릴 시간도 절대적으로 부족했다. 그럼에도 서로 다른 생각, 창의성, 몇몇 학문들이 협업해서 성공적인 결과물을 만들었다. 어댑터를 설계하는 데 수학, 과학(화학, 물리학), 엔지니어 기술을 동원했다. 절차 매뉴얼을 쓰고, 우주비행사들에게 말로 설명할 수 있는 강력한 의사소통 기능도 필요했다(http://space.about.com/od/spaceexplorationhistory/a/apollo13.htm).

🖐 여기서 잠깐! 8년 연구

구성주의나 진보주의 접근으로 교육받은 학생들은 전통적 방식으로 교육받은 학생들과 경쟁할 수 있을까? 8년 연구the Eight-Year Study(Aikin, 1942)는 대학에 들어간 미국 1475쌍의 학생들을 대상으로 수행한 종단 연구다. 이 연구에서는 전통적인 접근에서 교육받은 한 명과 구성주의/진보주의 접근에서 교육받은 한 명을 1:1로 매칭했다. 대학과 대학교에서는 학생들이 초-중-고등학교에서 치는 전형적인 표준화시험을 치지 않은 학생들의 입학을 허락하기로 했다. 즉 입학 기준에 전통적 표준을 요구하지 않았다. 구성주의 고등학교에서는 경험 기반 학습을 하면서, 학생들의 동기를 유발하고, 학생의 선택과 교과 통합을 허용했다.

이 연구에서는 18개 변수에서 진보주의 학습을 한 학생들이 전통적인 학습을 한 학생들보다 더 나은 성취를 보였다. 간학문적인 고등학교 프로그램이 더 많을수록, 학생들은 고등교육을 더 잘 수행하고 있었다. 이 연구 결과는 제2차 세계대전 중에 나왔다. 하지만 이 결과는 더 전통적인 입장으로 돌아가려는 일반적인 문화로 잊히고 있다.

3) 문해력과 새로운 문해력

21세기 교육도 문해력 습득을 목표로 한다. 이 문해력은 전통적인 3R뿐만 아니라 간학문적 문해력들도 포함한다. 새로운 문해력은 간학문적인 특성을 지니는데, 서스캐처원 교육부^{Saskatchewan Ministry of Education}(2010)는 과학적 문해력, 역사적 문해력처럼 교과 영역에서의 문해력들을 제시한다. 또 비판적 문해력, 미디어 문해력과 같은 새로운 문해력도 교과 문해력들을 개발하는 데 중요하다는 점을 강조한다.

문해력은 세계를 해석하고 세계에 대한 이해를 표현하는 여러 가지 방법을 제공한다. 문해된다는 것은 학습하고 타인과 의사소통하는 데 밀접한 지식, 기능, 전략을 적용한다는 의미이다. 글로벌화된 세계에서 의사소통 방식은 다양해지고 있다. 이에 의사소통과 의미 만들기를 표현하는 다양한 방식을 이해하고 사용하기를 요구한다. 각 학문 분야는 해당 학문 문해력을 개발하고 있으며(예, 과학적, 경제적, 물리적, 건강, 언어적, 수리적, 심미적, 테크놀로지적, 문화적), 학생들이 끊임없이 변화하는 세계에 참여할 수 있도록 다양한 문해력을 이해하고 적용하기를 요구하고 있다(예, 다양한 의미 만들기 체계를 이해하고, 비판적으로 평가하고, 의사소통하는 능력 등)(p. 26).

브리티시컬럼비아주에서는 21세기 유창성 프로젝트에서 이러한 '새로운 문해력' 중 하나로 '유창성'을 제시했다(http://fluency21.com). 유창성은 디지털 문해력을 중심으로 하는데, 정보 유창성, 해결 유창성, 미디어 유창성, 협력 유창성, 창의적 유창성을 포함한다. 이 유창성은 문해력과 구분할 수 있는데, "문해력이 지식이나 능력을 지녔다는 것을 의미한다면, 유창하다는 것은 숙달되었다는 의미이며, 무의식적으로 사용하고 원활하게 사용한다는 의미이다."(21st Century Fluency Project, 2013, http://www.fluincy21.com/fluencies.cfm). 브리티시컬럼비아주에서 개발한 21세기 유창성 프로젝트는 전문 교육자나 기업가들에게도 적용할 수 있다. 그리고 웹 사이트를 통해서 교육과정을 통합하는 팁들을 제공하고 있다. 여기서 제공하는 통합 단원은 교사에게 온라인에서 협업을 요구하면서 21세기 유창성을 기르도록 하며, 참여와 모험을 독려한다.

미국의 비영리조직인 21세기 파트너십(www.p21.org)은 시민 문해력, 건강 문해력, 환경 문해력, 정보 문해력, 미디어 문해력, 정보/의사소통/테크놀로지 문해력, 재정/경제/사업/기업 문해력을 제시한다.

캐나다 각 주의 교육과정 문서들은 여기서 언급하는 대부분의 문해력이나 유창성을 담고 있다. 예를 들어, 온타리오주에서는 환경 문해력을 모든 교과, 모든 학년에 도입했고, 예술 문해력도 예술 교과 외 타 교과와 연계하고 있고, 2011년 이후부터는 재정 문해력이나 테크놀로지 문해력도 강조하고 있다. 또 기존의 영어과에서 제시하던 비판적 문해력이나 미디어 문해력이 이제는 기술 교과에서도 도입하고 있다.

4) 교육과정 문서

Know, Do, Be는 교과를 가로지르는 통합이나 간학문적 교육과정 근거를 제공한다. K-12 교육과정을 통합할 때 즉, 몇몇 교과들이 하나의 공동 목적을 공유할 때 더 명확히 해야 한다. 대부분의 캐나다 주 교육과정 문서들은 몇 가지 방식으로 통합 체계를 제시하면서, 학교에서 교육과정을 실세계와 연결하도록 안내하고 있다. 여기서 우리는 이런 몇 가지 예시를 살펴볼 것이다.

브리티시컬럼비아주 교육과정은 교과를 가로지르는 '환경' 주제를 제시하고 있다. 알버타주 교육과정은 「초등교육과정 안내서Primary Programs Framework for Teaching and Learning」(2007)에 교육과정 통합을 다음과 같이 정의하면서 통합을 장려하고 있다.

> 초등학교 단계의 학생들은 분절된 조각보다는 연결된 전체로 세상을 바라본다. 따라서 통합적인 접근으로 수업을 조직함으로써 학생들이 교과를 가로질러서 연결고리를 만들 수 있도록 도울 수 있다. 수업 계획 시, 교사가 학생들이 핵심 아이디어를 더 잘 이해할 수 있도록 하려면 의도적으로 교육과정을 아우르는 결과물을 만들어 보게 할 수 있다(p. 2).

서스캐처원주나 온타리오주 교육과정은 도입부에 교과를 아우르는 의미 있는 수업을 계획하도록 안내하면서 통합적 접근을 할 것을 제시하고 있다. 프린스 에드워드 아일랜드의 교육부는 초기 어린이 교육을 지원하기 위해 유치원 통합교육과정 문서를 제공한다. 퀘벡 교육부는 단원 계획에 포함된 범교과적 능력들을 제시하며, 통합 프로젝트를 검증된 학습 방식으로 보고 있다. 「온타리오주 교육과정, 11학년과 12학년: 간학문적 탐구The Ontario Curriculum, Grade 11 and 12: Interdisciplinary Studies」라는 문서는 특징적이다(Ontario Ministry of Education, 2002). 이 문서에서는 간학문적 탐구를 위해서 학년별로 한두 개의 성취기준 혹은 학년 전후의 한두 성취기준을 통합할 수 있도록 허용하고 있다. 각 교과에서 분과 성취기준과 타 교과 성취기준들을 통합한 성취기준을 다음과 같이 제시하고 있다. 이에 2011년에는 약 150개의 통합프로그램을 확인할 수 있었다(Field & Kozak, 2011). 이런 프로그램의 주제는 주로 환경, 야외 교육, 시민 의식 등이었다. 또 농업과 원예학, 신념 개발, 테크놀로지 등도 있었다.

서스캐처원 대학교 교육학부에서는 서스캐처원주 교육과 이 주 관내 학교들이 지향하는 방향에 좀 더 잘 맞추기 위해서 '장소기반 교수학: 맥락기반 교수Pedagogies of Place: Context-Based Teaching'라는 새로운 강좌를 개설했다. 서스캐처원주 교육부는 K−12학년용 범교과 목표를 기반으로 세 개의 광범위한 학습 영역(평생 학습자: 나, 지역사회; 장소: 민주 시민 되기)을 제시하였다. 모든 교과의 학습 영역은 이 능력들을 고려하여 조직해야 한다. '장소기반 교수학' 강좌에서는 탐구를 기반으로 접근할 수 있도록 하고, '가장 적합한 장소'들과 매칭했다. 이런 강좌를 통해서 예비교사들이 언어, 과학 등 특정 교과를 기반으로 교육과정을 개발하고 실행하기보다는 다양한 학습 맥락 및 관련 탐구기반 학습으로 교과들을 통합한 교육과정을 개발하고 실행할 수 있도록 지원한다. 13주 동안 이 강좌를 통해서 예비교사들은 교육과정이 경험적이고 총체적인 특성을 지녔다는 것, 수업의 약 50%가 교실 밖에서 발생할 수 있다는 것을 체험한다. 이 강좌에서 적용하는 맥락은 4가지, 즉 도시, 지상, 가상, 교실을 기반해서 학습하고 있다. 이 강좌는 사회적, 생태적으로 접근하는 캐나다 원주민들의 교육학도 강조한다.

5) 폭과 깊이

통합교육과정은 주제나 이슈를 깊이 공부할 수 있다. "구글은 우리 손가락 끝에 세계를 가져다주었지만, 사람들이 어떤 것을 아는 속도와 접근은 같지 않다."(Cookson, 2009, p. 1). 교육과정 연구자인 Kieran Egan(2010)은 '심층 학습을 위한 교육과정the Learning in Depth curriculum'을 개발했다. Egan은 Simon Fraser 대학교에서 간학문적 학습 사례들을 제공하는 IRGImagination Research Group의 공동 대표다. 1학년 학생들은 자신이 앞으로 12년 동안 전문가가 될 주제를 결정하는 의식에 참여했다. 사과, 먼지, 철도, 고양이와 같은 주제는 성격상 학생들의 정서, 역사, 문화, 생활과 직결되어 있고 다차원적이며 경험적인 주제들이다. 학생들은 주제를 정하고 일주일에 한 시간씩 자신의 속도에 맞춰 활동하면서 포트폴리오를 만들어 나간다. Egan은 학생들의 포트폴리오를 통해서 학생들이 학교 밖에서 과제를 많이 수행했다고 보고했다. 이와 관련해서 학생들을 평가하지는 않는다. 여기서 교사는 전문가가 아닌 프로젝트 조력자이다. 학생들이 전문가로서 매년 자신의 학습 주제를 정하고 스스로 수행한다.

'심층 학습을 위한 교육과정the Learning in Depth curriculum'은 2008학년도 두 학교에서 30명의 학생들이 수행하면서 시작했고, 2009년에는 2000명의 학생들이 수행했다. 2010년 이후에는 입소문이 나서 뉴질랜드, 미국, 루마니아, 호주, 일본, 영국, 헝가리의 학생들도 수행하고 있다. Egan은 이 프로그램이 성공할 것이라고 믿었다. 왜냐하면 이것이 학생들의 상상력을 자극하고, 그들을 전문가로서 대함으로써 흥미를 유발할 뿐만 아니라 학생 자신의 속도에 맞춰 독자적으로 학습을 수행하도록 하기 때문이다.

6) 시간과 효율성

간학문적 접근은 중복을 줄여서 교육과정 결과를 더 효율적으로 다루도록 한다. 초등학교에서 한 명의 교사는 같은 시간에 한 교과 이상의 교육 내용들을 다룰 수 있다. 예를 들어, 여러분이 과학과 언어를 함께 가르친다면 학생들은 블로그 게시판에 두 교과에 모두 걸쳐 있는 환경에 관한 글쓰기를 할 수 있다. 여기서 과학은 환경이라는 과학 교과의 내용으로 접근하고 평가할 수 있다(Drake & Reid, 2010). 교사는 역사, 영어, 과학 교과에서 계속해서 에세이 쓰기 방법을 가르치지 않아도 된다. 이를 영어 교과에서만 가르치고 다른 교과에 적용할 수 있다. 또 각 교과 관련 공통 과제를 수행하고 관련 교과를 포괄적으로 평가할 수 있는 루브릭을 활용해서 더 능률적으로 평가할 수 있다. 이를 통해서 학생들도 범교과적인 지식이나 기능들을 이해할 수 있을 것이다.

7) 복잡한 실세계의 문제 해결

교육과정이 학생들에게 적합한가 하는 문제는 중요한 핵심이다. 통합적 접근으로 학생들은 더 복잡한 문제를 해결하면서 더 흥미를 가진다(Rennie, Venville, & Wallace, 2012). 질문에 답하는(오서즈[3] 경험) 방식으로 접근하는 전통적인 모델에서는 자칫 사실들을 다루는 데 그칠 수 있다. Susan은 9학년 과학 시험에서 현미경의 각 명칭들을 알고 있는지를 계속해서 물어보고 있다고 지적한다. 어떤 과학교사들은 11학년의 학생들에게 그런 지식이 필요하다고 했다. 또 다른 과학교사들은 이런 것을 암기하는 것보다 현미경을 어떻게 작동시켜야 하는지를 아는 것이 더 중요하다고 했다. 이런 의견 불일치들이 분명히 존재한다. 특히 후자의 과학교사들은 단순히 정보 · 지식을 아는 것보다 지식을 적용하는 것을 중시한다. 이런 교사들은 학생들을 데리고 습지에 나가서, 지역의 하천에 흐르는 물의 수질을 현미경을 통해서 측정해 보는 과제들을 수행한다. 이런 학습은 대개 교과를 넘나든다. 왜냐하면 실세계는 간학문적이기 때문이다.

기후 변화와 빈곤과 같은 복잡한 문제는 간학문적으로 다루어야 한다(McMurtry, 2011). 간학문적 접근을 하는 교실에서는 학생들이 최근의 여러 가지 관심사들을 보다 다양한 관점으로 바라볼 수 있는 기회를 제공한다.

> 사회 문제와 이슈들은 교과 체계를 초월한다. … 공립 학교교육의 주 목적은 공적인 문제에 대해 현명한 결정을 할 수 있는 민주시민을 기르는 것이다. 그러므로 교육과정은 학생들에게 교과 지식을 (연결하고), 통합하고, 적용할 기회를 제공해야 한다. 이를 통해 학생들은 복잡한 사회 문제를 이해하고 대처할 수 있다(Wraga, 2009, p. 92).

---

3) 역자 주: Author's. 책 이름과 저자를 맞히는 게임.

실제로 간학문적 기능을 습득한 학생이 평생교육 사회에 더 잘 적응한다. Ken Bain(2012)은 교수·학습 분야에서 명망이 높은 학자인데, 평생교육 사회의 학습자로 주목할 만한 100명을 인터뷰했다. Bain은 학생을 두 그룹, 즉 고성취를 얻기 위해서 학습하는 학생과 계속 질문하고 타 영역과 연결하며 심층 학습하는 학생으로 구분했다. 전자에 속한 학생들은 당면하는 문제를 효과적으로 해결하지 못했지만 후자에 속한 학생들은 지금까지 배운 것들을 연결해서 다양한 해결책들을 모색하였다. 또 후자의 학생들은 아이디어를 탐색하면서 메타인지 전략을 사용했다. Bain의 연구는 복합적인 문제를 다룰 때 간학문적 관점이 강점이 있다는 것을 보여 주고 있다.

8) 뇌 연구와 뇌 가소성

STEM을 ST²REAM으로 전환하면서, 뇌 연구 결과들을 교육에 반영하였다. 우리의 뇌는 본래 가소성을 지니고 있다. 즉, 우리는 학습을 통해 뇌도 변화시킬 수 있다(Willis, 2006, 2008, 2011; Doidge, 2007; Costa & Kallick, 2000; Sousa, 1998). 뇌가 가소성을 지니고 있다고 보는 관점은 인지 능력이 태어나면서부터 정해져 있다고 보는 관점보다 좋은 뉴스다.

STEM은 과학, 테크놀로지, 엔지니어링, 수학에 통합적으로 접근하자는 운동이다. 캐나다 학생들은 진로에서 과학을 잘 선택하지 않으며, 이에 캐나다는 점점 변화에서 뒤처지고 있다는 점에 주목했다. Barlow(2012)는 STEM을 학교에 보급해야 한다고 주장하는 학자다. STEM으로 학생들이 과학 분야에 대해 진지하고 흥미를 가지도록 할 수 있다고 본다. 예를 들어, 과학에 엔지니어링을 통합해서 뇌진탕을 예방하기 위해 하키 헬멧을 만들거나 베이킹 소다와 식초 화산을 만들고, 암세포를 부작용 없이 죽일 수 있는 기술을 모색하는 활동을 하면서 과학 기술에 더 많은 관심을 갖는다. Scofield Magnet 중학교에서는 STEM을 적용해서 학생들이 수질 오염을 공부했다. 결과적으로 학생들은 학문적으로도 더 많이 성취했으며, 학교에서 하는 교육 활동도 더 즐겼다(Drake, 2012).

ST²REAM은 과학, 주제, 기술, 엔지니어링, 예술(문학, 시각예술, 공간 예술 포함), 수학을 포함한다. 시각적 문해력은 학생들이 개념을 묘사하고, 이해하거나 만드는 데 중요하다. ST²REAM은 호평받는 신경과학자인 Kenneth Wesson(2012)이 말한 뇌 연구 결과들을 기반으로 하고 있다. Wesson은 뇌의 부분들을 연결하면 할수록 심화 학습을 할 수 있다고 주장한다.

> 우리가 뇌의 서로 다른 부분들을 수많은 신경경로로 더 연결할 때, 우리는 뇌 회로를 실질적으로 변화시킬 수 있다. … 관습적 전달 체계(교과별로 암기)를 통해 학생들의 학습을 높이는 대신, ST²REAM은 상황학습을 통해 학습 목적을 성취하도록 돕는다. 이는 홀로그램을 구성하는 아주 얇은 층을 닮아 있다(p. 26).

4. 간학문 교육과정과 통합교육과정

통합교육과정이나 간학문적 교육과정을 정의하기는 어렵다. 범교과 학습, 간학문 학습, 통합 학습 등을 구분하지 않고 사용하고 있기 때문이다. 사전에서는 간학문interdisciplinarity을 '서로 다른 학문들을 통합하고 종합하고 조정해서 전체와의 일관성이 있도록 조정하는 학문'이라고 정의한다(Harvey, 2004-2009). 비슷하게 DeZure는 '새로운 수준의 지식 담론 및 통합을 위해 두 개 이상의 학문을 종합하는 것'이라고 정의한다(1999, p. 3). Klein은 '모든 간학문적 활동은 어떤 한 점을 중심으로 공통된 인식론을 이끌기 위해 통합과 종합을 기반으로 하는 활동이다.'라고 정의한다(Klein, 1990, p. 11).

알버타주 「초등학교 교육과정: 유치원에서 3학년까지Primary Programs Framework for Teaching and Learning: Kindergarten to Grade 3」에서는 교육과정 통합에 대해 다음과 같

이 진술하고 있다(Alberta Ministry of Education, 2007).

> 교육과정 통합은 철학과 실제성 둘 다를 기반으로 한 교수 · 학습이라고 할 수
> 있다. 일반적으로 교육과정이 추구하는 핵심 아이디어를 더 잘 이해하기 위해서
> 범교과 지식, 기술, 태도, 가치를 함께 다룬다고 정의할 수 있다. 교육과정 통합은
> 이미 있는 교육 요소들을 더 의미 있는 방식으로 연결하고 관련시키면서 발생한다
> (p. 2).

우리는 교육과정 통합을 여러 교과를 함께 다루는 것 이상이라고 생각한
다. 통합적 접근에 관심이 있는 교사들은 구성주의 철학에 집중하며, 프로
젝트기반 학습이나 수행평가를 선호한다. 학생들이 학습에 능동적으로 참
여하고, 이미 알고 있는 것을 새로운 지식과 연결시킬 때 배운다고 믿는다
(Kuhlthau, Maniotes, & Caspari, 2007).

1980년대 후반과 1990년대 초반의 연구들은 통합교육과정을 통합
과 복합성의 정도에 따라 연속적으로 이해했다(Drake, 1993; Jacobs, 1989;
Fogarty, 1991). [그림 4-2]는 통합의 정도를 보여 주고 있다. Rennie, Venville,
Wallace(2012)는 통합을 이렇게 연속선상에서 이해하는 것이 '세계적인 관점'이라
고 주장한다(p. 99). 이 관점들은 학문과 간학문을 포함하며, 세계적임과 동시
에 지역적이다. 이 연구는 학생들이 학문적 절차에 따라 배울 때 학문 지식을
더 잘 배우고, 통합적 접근을 할 때 문제 해결과 같은 21세기 기능들을 더 잘
배운다고 보고하였다.

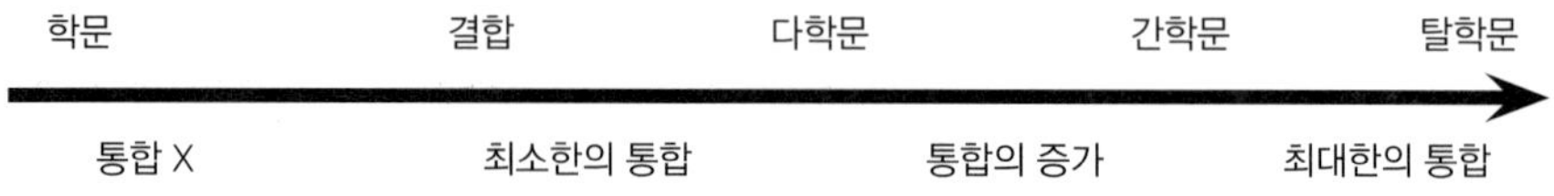

학문	결합	다학문	간학문	탈학문
통합 X	최소한의 통합		통합의 증가	최대한의 통합

[그림 4-2] 통합교육과정의 정도

1) 융합

융합^{fusion}(일반 교육과정에서 초기에 등장한 통합)은 최소한의 통합을 요구한
다. 예를 들어, 브리티시컬럼비아에서는 사회 정의를 모든 학년과 모든 교과
에 통합시켰다. 「공간 형성: K-12 교육과정에서 다양성과 사회 정의 가르
치기Making Space: Teaching for Diversity and Social Justice throughout the K to 12 Curriculum」(British
Columbia Ministry of Education, 2008)는 모든 사람들과 집단의 사회 정의를 성
취하기 위해서 교실에서 적용 가능한 자기 평가 도구, 전략 가르치기, 루브릭
을 포함하고 있는 교육 자료이다. 전형적으로 범교과적인 주제를 탐구하는
데, 이런 주제는 약자 괴롭히기, 사라진 목소리 찾기, 고정관념 부수기, 학대
받는 학생들 돕기 등이다. 교실과 공동체에 공헌하기, 평화적인 방식으로 문
제 해결하기, 다양성과 인권 가치화하기, 민주적인 권리와 의무 실천하기를
성취기준으로 삼고 있다. 이 성취기준 전문은 www.bced.gov.bc.ca/perf_
stands/social_resp.htm에서 볼 수 있다.

2) 다학문

다학문(다교과) 접근은 각 교과 체계를 유지한다([그림 4-3] 참조). 그러나
각 교과들은 평화, 도시의 삶, 지속가능한 거주지 등과 같은 공통 주제나 이
슈를 중심으로 연결 가능하다.

초등 교실에서 학생들은 교과 활동에서 다른 학습으로 이동할 수 있다. 고
등학교에서 학생들은 서로 다른 교과로 같은 주제를 다룰 수 있다. 다교과 접
근이 심층 학습을 보장하지는 않는다. 그러나 〈표 4-4〉에서 볼 수 있듯이,
초등학교에서 북극곰이라는 주제를 탐구하는 것이 지속가능성이나 책무성 같은 빅
아이디어를 탐구하는 것보다 더 현실적이다.

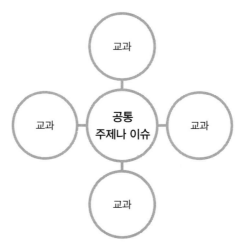

[그림 4-3] 다학문 교육과정

표 4-4 다학문적 접근에서 표면 학습과 심층 학습 비교

다학문적 학습		
	표면 학습	심층 학습
	주제: 북극곰	빅 아이디어: 지속가능성과 책무성 영속적 이해: 생명체는 기초적인 욕구가 필요하다.
언어	북극곰에 대한 책을 읽고, 흥미로운 사실 목록을 만들라.	북극곰 개체 수에 대한 최근 기사를 읽으라. 그래픽 조직자를 사용하여 정보를 범주화하라. 정보를 사용하여 시를 창작하라.
과학	북극곰에 대한 책을 만들라: 북극곰이 어떻게 생겼으며, 무엇을 먹는지, 어디에 사는지, 과(科)는 어떤지 기술하라.	북극곰에 대해 배운 지식을 사용하여 북극곰 개체수의 감소에 관한 설득력 있는 프레지Prezi를 만들라.
수학	북극곰이 살고 있는 지도를 보라. 각 지역에서 북극곰 개체 수를 보여 주는 막대그래프를 그리라.	북극곰에 관한 그래프를 다양하게 연구해 보라. 다음 질문에 답하기 위해 그래프 그리는 기능을 사용하라. 그래프에서 나타내려고 하는 것은 무엇인가? 이 정보를 어떻게 사용할 수 있는가? 최근 경향성으로 볼 때 북극곰 개체 수가 어떻게 될지 그래프를 그리라.

다교과 접근에서 평가는 교과별 접근과 유사하다. 왜냐하면 주제에 집중하더라도 여전히 교과별로 가르치기 때문이다. 좀 더 통합적인 다교과적 교육과정에서는 Havergal 대학의 사례처럼, 교과를 가로지르는 Know, Do, Be로 풍부한 수행/평가 과제^{RPAT}를 개발한다.

🖐 **여기서 잠깐!** **다교과적 접근**

89,030제곱미터에 달하는 Havergal 대학은 Burke Brook이라 불리는 협곡의 산림 지역에 있다. 과학 교사로서 STEM 수업을 하는 한 교사와 두 명의 6학년 교사들은 학생들이 Burke Brook의 다양한 생태를 이해할 수 있는 ebook을 만들기로 했다.

세 교사와 만난 후, Havergal 대학교 교육과정 담당자는 좀 더 확장적이며, 다학문적인 프로젝트를 개발했다. Know로서 빅 아이디어는 생물다양성으로, 영속적 이해는 "인간은 생물다양성에 긍정적인 방식과 부정적인 방식으로 영향을 미친다."로 진술하였다. Do로는 연구, 의사소통, 미디어 문해력과 같은 21세기 기능들을, Be로는 학생들이 환경에 대한 책임감을 가진 사람이 되는 것으로 설정했다. 본질적인 질문은 다음과 같다. ① 우리는 지구에서 누구이며, 지구에 대해 어떤 책임감을 가져야 하는가? ② 우리는 누구이며, 어떤 가치가 있는가를 보여 주기 위해서 무엇을 해야 하는가?

각 교과별로 결과물을 확인하고, 마지막 ebook을 위한 교과별 과제를 다음과 같이 계획했다.

- 사회: 연구, 의사소통, 인터뷰, 역사적 성취
- 과학과 테크놀로지: 생명다양성, 과학적 방법, 지역 식물과 동물의 분류
- 수학: 데이터 관리와 확률, 도표, 생물다양성 그래프
- 미술: 36주 동안 Burke Brook의 ebook을 위한 이미지 만들기
- 종교: "책임의식이란 무엇인가?"에 대해 성찰하기
- 언어: Burke Brook에 관한 정보 읽기, 감상문 쓰기, ebook 발행자를 위한 직업 앱 만들기, Lisa Hardy(환경적 구성주의자)의 생애 쓰기
- 미디어 문해력: 미디어 텍스트 만들기

단원 학습을 하는 동안에 학습을 위한 평가[AfL]를 하고 학습으로서의 평가[AaL]는 풍부한 수행/평가 과제[RPAT]를 계획했다.

3) 간학문

간학문(간교과) 접근은 공통 주제나 이슈를 중심으로 교과를 더 통합한다. 우리는 앞서 백워드 설계를 설명하면서, 빅 아이디어, 영속적 이해, 21세기 기능들을 간학문 접근의 공통 주제로 설명했다([그림 4-4] 참조). 간학문적 교육과정 개발 안내서로 「에듀토피아[Edutopia]」가 있다(www.edutopia.org/pdfs/integrated-curriculum-guide.pdf). 통합교육과정 분야 연구자인 Heidi Hayes Jacobs는 「교실수업 개념[Concept to Classroom]」에서 간학문적 교육과정을 개발하는 단계 및 절차를 제시한다(www.thirteen.org/edonline/concept2class/index.html).

온타리오주의 6학년 교사인 Aviva Dunsiger(2012)는 수학과 언어를 통합한 간학문적 단원을 개발하였다. 이 단원에서 학생들은 테크놀로지를 사용해서 풍부한 수행/평가 과제[RPAT]를 했다(테크놀로지는 학습 도구다). 늘 그렇듯이 Dunsiger는 교육과정 결과[outcome]에서 시작했다. Dunsiger는 수학 교육과정에서 '연산 순서 알기'라는 결과에 도달해야 한다는 것을 확인했다. 또 Dunsiger는 수학에서 학생들의 의사소통능력을 고양시키기 위하여 주에서 주관하는 시험도 친다는 것을 확인했다. 교육과정 개발은 수학과 교육과정 문서에서 수 연산과 관련된 성취기준과 성취 목록(평가 목록)을 살펴보면서 시작했다. Dunsiger와 학생들은 함께 학습할 목표 및 성취기준을 징했다. 그리고 '수학 연산 순서에 대한 미디어 텍스트를 만들 수 있다.'는 RPAT를 정했다. 따라서 학생들은 결과뿐만 아니라 미디어 문해력도 고려해야 했다. 학생들은 디지털 스토리북, 디지털 포스터, 영화, 파워포인트 프레젠테이션도 만들었다. 학생들이 성취기준을 보면서 학생들이 수행할 과제를 정하는 데 참여하였기 때문에 더 이상 Dunsiger 혼자서 단원을 개발하지는 않았다.

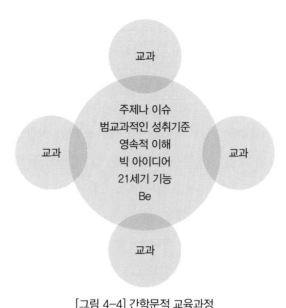

[그림 4-4] 간학문적 교육과정

 여기서 잠깐! **중등에서 간학문 접근**

간학문적 교육과정은 사회 정의나 평등과 같은 이슈에 잘 맞는다. 특히 이런 이슈에 관심이 높은 교사라면 더욱 그렇다. 온타리오주의 Todd Bulmer는 4개의 교과[정치학, 간학문적 연구, 체육(리더십), 철학]를 통합해서 하루 동안 실행할 교육과정을 개발했다. 빅 아이디어는 사회 정의고, RPAT는 지역사회 이슈 관련 캠페인을 기획해서 수행하는 것이다. 한 그룹의 학생들은 지역 환경의 또 다른 한 면인 노숙자를 캠페인의 주제로 삼았다. Todd의 반 학생들은 '변화를 원한다면, 우리가 변해야 한다.'는 점을 이해했다. 이 과제에서 학생들은 자신들이 만든 루브릭을 사용해서 평가했다. 학생들은 이 캠페인 활동 중에 해야 하는 학습 내용들을 반영해서 그리고 자신들이 중요시하는 것들을 반영해서 루브릭을 만들었다.

온타리오주에서는 1995년부터 10학년용, 4학점, 간학문적 프로그램인 '지역사회 환경 리더십 프로그램Community Environmental Leadership Program: CELP'을 제공해 왔다. 2006년부터는 12학년용 프로그램 '물의 여행'을 제공해 왔다. Katie

Gad, Janet Dalziel, Joel Barr 교사들은 모두 이 프로그램들을 가르치고 있다 (www.ugdsb.on.ca/celp/article.aspx?id=15446). 10학년 프로그램에서 학생들은 체육 수업으로 5일 동안 카누와 겨울 캠프 여행에 참여했다. 좀 더 어린 학생들을 위한 간학문적 프로그램으로는 5학년 대상 '지구지킴이'가 있다. 학생들은 구엘프 시를 자전거로 여행하면서 시민을 위한 지방자치제도를 배운다. 팀워크를 다지고 집단이 협력해서 문제를 해결하기 위해서 교실에서는 '공동체의 날'을 두고 함께 식사를 준비하기도 한다. 이 프로그램에 학생들이 계획한 '시민의식의 날'도 포함되어 있다.

12학년 학생들은 야외 교육을 한다. 학생들은 6일 동안의 겨울 설피 여행을 하기 위해서, 모카신^moccasins을 만들고, 야영에서 사용할 은신처를 만들고, 카누 노도 만들었다. 학생들이 환경과 원료를 관리하면서, 지속가능한 빅 아이디어 및 지속가능한 삶의 기능으로 국내산 재료로 교실에서 식사 준비하기, 유기농 정원 가꾸기, 닭 키우기를 수행했다. 학생들은 언어 교과에서 생태비판학을 탐구하고, 물의 여행을 주제로 하는 문학 작품을 다루었다. 학생들은 지역주민들을 인터뷰해서 조사하고, 『Voices』라는 문화 저널 잡지를 발간했다. 이런 활동을 통해서 학생들은 반성적인 저널을 지속적으로 썼다. 4학점짜리 간학문 프로그램을 통해서 학생들은 교실이나 빌딩 등을 '녹지' 측면에서 살펴보았다.

4) 탈학문

탈학문(탈교과) 접근은 학문(교과)을 넘어선다는 의미이다([그림 4-5] 참조). 수업을 교육과정 결과보다는 학생들의 흥미나 실세계와 관련 있는 것에서 출발한다. 관련 주제/이슈/문제가 정해지면, 교사와 학생은 그에 맞춰서 사용할 수 있는 교육과정 결과를 선정한다. 실세계를 기반으로 하기 때문에 여러 교과를 포함한다. 학생들은 탐구 과정에 참여하여 스스로 질문을 개발한다.

학생 질문
실세계의 문제
사회적 이슈
빅 아이디어
영속적 이해
21세기 기능

[그림 4-5] 탈학문적 교육과정

통합교육과정분야 연구자인 James Beane의 연구는 주로 교육과정 통합에 대한 기반 연구, 특히 탈학문적 교육과정 개발을 위한 기반을 다룬다. Beane은 John Dewey와 구성주의 영향을 받았다. Beane의 목적은 민주주의에 대한 이해를 증진시키는 것이다. Beane(1993, 1997)은 학교 구조를 바꾸어야 할 필요가 있다고 생각한다. Beane은 교육과정을 개발하기 위해서 두 가지 질문을 하는 것이 중요하다고 말한다. ① 여러분은 자신에 대해 어떤 질문이나 관심을 지니고 있는가? ② 여러분이 세계에 대해 어떤 질문이나 관심을 가지고 있는가? 학생들은 학급에서 그들이 연구할 것을 정하기 위해 이 질문에 대해 브레인스토밍한다. Beane은 학생들에게 의미 있는 학습이 되려면 좋은 질문을 해야 한다고 생각한다.

책무성을 강조하면서 최근 이런 탈학문적 접근이 다소 주춤하지만 수많은 학교에서 Beane이 주장하는 이런 교육과정 철학을 실험했고 그동안 꾸준히 실천해 왔다. 1972년부터 버몬트주 쉘번에 있는 쉘번 학교에서는 알파 프로그램을 실행하고 있는데 이 프로그램은 Beane의 철학을 기반으로 한다. 이 학교에서 개설하는 통합교육과정은 3개가 더 있는데, 이 학교 학생들은 알파 프로그램이나 다른 3개의 프로그램 중 하나를 수강한다.

알파 프로그램은 6학년에서 8학년을 대상으로 하는 복합연령 집단이 참여하는 프로그램이다. 3명의 교사와 65명의 학생들이 알파 프로그램을 실행한다. 학생들을 세 집단으로 나누고, 각 집단에 교사 1명을 배정한다. 학생들은 첫 3~4주 동안 해당 학기 중에 공부할 것을 계획한다. 학생들이 질문하고, 이를 브레인스토밍해서 탐구할 질문을 선택한다. 처음에 교사들은 학생들이 깊이 있는 질문을 어떻게 할 수 있는지를 보여 준다. 시간이 지날수록 상급 학생들이 질 좋은 질문들을 한다. 학생별로 약 10개의 질문을 개발한다.

학생들은 10여 개의 질문들을 개발하기 위해서 소집단으로, 복합연령으로, 혼성 집단 등 다양한 집단에서 활동한다. 다음으로 학생들은 주 교육과정 문서를 살펴보면서 연결할 성취기준을 찾는다. 백워드 설계에서 본 것처럼 학생들은 질문과 성취기준을 연결하고 교사의 조력을 받아서 교육과정을 개발한다. 이렇게 매년 3개 정도의 탈학문 주제를 정한다. 이 주제에 모든 교과를 포함하지만 수학은 포함하지 않기도 한다. 대표적인 주제를 소개하면 '우리는 인간(정부, 직업, 갈등, 해결)' '지구' '과학' '문화 연구' '생태학' 등이다.

주제를 정하고 나면, 학생들은 성취기준을 충족시킬 수 있는 RPAT를 정한다. 학생들이 과제를 계획하기 때문에 교육과정은 개별화 혹은 차별화되기도 한다. 오늘날 프로그램들은 일반적으로 테크놀로지를 통합하는 편이다. 자기 평가와 동료 평가도 프로그램에서 중요한 요소다. 학생들은 주별로 학습 목표를 설정하고, 성찰하고, 자기 평가를 수행한다. 학생들은 버몬트주에서 제공하는 필수 내용인 의사소통, 문제 해결, 자기주도, 개인 발달, 시민, 사회적 책무성 관련 21세기 기능들로 포트폴리오를 만든다. 이 학교 학생들도 주에서 주관하는 시험을 보며, 시험 결과는 전통적인 학교 학생들과 비교할 때 비슷하거나 더 좋다(Drake, 2012).

여기서 잠깐! **탈학문적 접근**

위니펙에 있는 Seven Oaks Met 학교는 빅 픽처 학습을 하고 있다(www.7oaks.org/school/themet.Pages/default.aspx). 2010년 이 학교는 교수·학습을 혁신한 공로로 Ken Spencer 상을 수상했다. 2012년에는 이런 학교들이 전국에 120개 이상 늘었다.

Rhode 섬에서 처음으로 빅 픽처 학습을 한 학교에서 1995년에 다음과 같은 지침을 만들었다.

- 학습은 학생들의 필요와 흥미에 기초해야 한다.
- 교육과정은 학생들이 실세계에서 실제로 수행하는 것과 반드시 관련 있어야 한다.
- 학생 성장과 능력을 과제의 질과 학생들의 변화를 중심으로 평가해야 한다.

Met 학교에는 50명의 학생들과 4명의 교직원들이 있다. 교사는 한 집단(학생 15명씩)을 맡아서 조언자로서 역할을 한다. 또 학생들은 자신들의 관심 분야 인물을 멘토로 삼는다. 물론 학부모들도 참여한다. 학생들은 목표를 설정하고, 교육과정 결과(성취기준)를 성취했다는 것을 평가할 수 있는 교육과정을 개발한다. 이렇게 개발한 교육과정에서는 탐구기반 학습, 범교과 프로젝트, 지역사회에서 인턴십 활동하기 등을 강조한다. 학생들은 스스로 개별 학습 계획을 하는데, 개인적으로 의미 있고 열정적인 활동을 하기 위해서 학교 밖에서도 탐구한다. 학생들은 일주일에 이틀 정도 지역사회에서 인턴십 활동을 한다.

Met 학교는 빅 픽처 학습 철학을 따른다. Dennis Littky(2004)는 Met 학교의 초창기 멤버 중 한 교사로 학생들이 목표를 설정해야 한다고 주장한다. 가장 중요한 것은 Be이다. 학생들은 열정적이며 위험을 감수하는 평생학습자이다. 학생들은 독창적이고 자기주도적인 문제 해결자이며, 비판적인 사고를 하는 사람이다. 창의적이고, 전통을 보존하며, 도덕적으로 용감하고, 자기를 존중하고, 세계를 사랑할 줄 안다. 학생들은 문해력과 수리력을 지녔으며 삶을 진정으로 음미할 줄 안다.

학생들이 이런 태도를 습득하게 하기 위해 다음 5개의 범학문적 학습 목표를 설정하고 있다.

- 의사소통: 정보를 어떻게 수집하고 보존할 수 있는가?
- 사회적 근거: 다른 사람들은 이것을 어떻게 보는가?
- 양적 근거: 내가 이것을 어떻게 평가할 수 있는가? 나는 이 문제를 어떻게 해결할 수 있는가? 수학자처럼 사고할 수 있는 방법은 무엇인가?
- 경험적 근거: 나는 이것을 어떻게 증명할 것인가?
- 개인적 자질[BE]: 이런 노력을 이끄는 태도는 무엇인가?

5. 세 가지 접근 비교하기

다학문, 간학문, 탈학문적으로 접근하는 교육과정을 구분하는 경계는 사실상 유동적이다. 특히 교사가 교육과정 문서를 따라야 하는 상황이나 학생들이 일제식 표준화 시험을 보아야 하는 상황에서는 특히 더 구분하기 힘들다. 그나마 교수ㆍ학습을 구분하는 것이 분과와 다학문, 간학문, 탈학문적 세 접근들을 좀 더 명확하게 구분해 준다.

『헝거게임[The Hunger Games]』(Collins, 2008)은 수업에 널리 사용하는 인기 있는 소설이다. 이 소설은 오늘날 우리가 당면하고 있는 이슈, 10대들이 불안해하는 것, 개성, 탈감각, 생존, 신념을 지키려는 용기 등을 다룬다. 온타리오주 교사인 Mariss Ferriolo, Steffany Kuhn, Robert Lambert, Renee Mack은 이 소설을 기반으로 8학년용 언어(국어) 단원을 개발했다. 이 단원의 목적은 학생들이 이 책의 주요 아이디어와 주요 주제에 초점을 두고 반응하며 읽기, 학생 자신의 추론과 관점을 통해서 고차원적으로 사고[HOTS]하는 데 두고 있다. RPAT는 학생들이 『헝거게임』의 주요 캐릭터 역할을 수행하고, 캐릭터의 삶을 기술하는 것이다. 학생들은 스크랩북, 비디오, 파워포인트, 포토스토리, 뉴스 등을 만든다. 또 학생이 선택하는 활동들도 가능하다. 학생들이 수행하는 활동은 다음을 포함해야 한다.

- 캐릭터의 삶을 나타내는 저널 세 개
- 신문 기사글 편집
- 책에서 발생한 사건들 중 하나에 대한 보고서
- 지역을 아수라장에 빠뜨릴 만한 주제의 기사글
- 신문, 잡지, 옷, 무기, 음식, 주거지 타입 등 이 소설의 시간과 장소에 적합한 광고 2개
- 헝거게임을 경험하면서 나타나는 캐릭터의 변화를 보여 줄 수 있는 일기 형태의 글

가령 중등학교에서 다학문적 접근을 하는 두 교사는 『헝거게임』 책을 선정해서 각자의 교과 수업에서 이 책을 다루었다. 예를 들어, 영어 교사는 이 책을 문학 작품으로 탐구하였고, 역사 교사는 이 책의 정치, 사회, 경제 배경을 검토하였다. 기술 교사는 학생들에게 포스터를 만들어서 온라인(Glogster 앱을 통해서)에 올리도록 했다. Educurious라는 사이트에서는 이런 식으로 하는 수업 아이디어들을 볼 수 있다(http://educurious.org/try/hungergameschallenge).

간학문적 접근을 하는 교사들은 교육과정 결과(성취기준)를 연결하면서 시작한다. 파트너 교사인 Mary Mobley와 Michael Chambers는 텍사스주 Manor High Tech에서 3주간의 간학문적 단원을 헝거게임으로 개발했다. 그들은 교육과정 성취기준에서 시작했다(Nobori, 2002). 그들이 개발한 단원은 프로젝트기반 학습을 따랐다. 역사 교과의 성취기준으로는 세계적인 침체의 원인, 전체주의의 증가, 제2차 세계대전 중에 등장한 세계적인 리더들을 다루었다. 영어 교과의 성취기준으로는 소설 속에 등장하는 도덕적 딜레마 분석하기, 복합적인 추론하기, 개인적인 반응으로 에세이 쓰기를 다루었다. 모든 학습은 루브릭을 만들어서 수행하고 평가했다. 모든 프로젝트에서는 교과별 결과(성취기준)뿐만 아니라 문어와 구어적 의사소통, 협력, 비판적 사고,

테크놀로지 문해력과 같은 21세기 기능들도 수행/평가한다.

학생들의 학습 집단 편성을 하지만, 각 학생별로 학습계약서를 작성하는데, 자신이 하는 역할과 책무성을 계약서에 명기한다. 문제기반 학습[PBL]에서 학생들은 문제를 어떻게 연구할지 생각한다. 교사는 학생의 요구와 관련해서 워크숍을 주관한다. 학생들도 워크숍을 주관할 수 있다. 학생이 주도하는 워크숍의 주제는 전체주의적 리더십과 역사적 사건과 책 속 사건들로부터 실제와 소설의 도덕적 딜레마를 비교하기이다. 학생들은 수행 과정에서 지속적으로 평가를 받는다. RPAT는 멀티미디어를 사용해서 청중들 앞에서 나치 수용소 생존자가 당면한 도덕적 딜레마에 관한 발표하기, 세계적인 리더들이 진주만에 대해 한 도덕적 의사결정을 연극으로 하기이다. 교사는 학습을 위한 평가[AfL]를 했고, 최종평가는 다소 놀라울 정도였다. 이 연구는 www.edutopia.org/stw-project-based-learning-best-practices-guide에서 볼 수 있다.

탈학문적 접근에서는 학생들이 그들의 개인적, 사회적 질문을 브레인스토밍하며 시작한다. 그리고 나서 학생들은 교사와 함께 협력하여 교육과정 결과들을 살펴본다. 교사는 학생의 질문을 기반으로 하여 필수적인 질문들을 만들어서 관련시킬 수 있는 교과의 교육과정 결과(성취기준)를 연결한다. 『헝거게임』처럼, 학생들이 흥미 있어 하는 문학 작품에서 출발해서 학생들의 질문을 다루고 평가하여 관련 있는 교육과정 결과(성취기준)와 연결할 수 있다.

6. 결론

이 장에서 우리는 탐구 학습과 간학문적 학습을 살펴보았다. 둘은 공통점을 지니고 있으며 특성상 탐구 학습은 더 분과적으로 접근하는 경향이 있고, 간학문적 접근은 학문을 관통하려는 경향이 있다. 둘 다 교육과정 결과에서 출발하는 백워드 설계를 활용할 수 있고, 평가와 수업을 통합할 수 있다.

토론해 봅시다

1. 이 장에 제시한 학교나 모델 중 어떤 것이 가장 마음에 드는가? 그 이유는 무엇인가?

2. 교과에 대한 탐구적 접근은 어떤 이점이 있는가? 가능한 탐구는 무엇인가?

3. 주제나 이슈를 선택하라. 그리고 이 주제나 이슈를 다학문적, 간학문적, 탈학문적 접근을 통해서 어떻게 다룰 수 있는지 기술해 보라. 여러분은 이 수업을 어떻게 평가할 것인가?

4. 제3장에서 다룬 루브릭 개발 안내를 참고로 해서 학생이 만든 루브릭인 〈표 4-3〉의 효과를 분석해 보시오.

간학문적 통합교육과정 개발하기

제5장

> ◆ **이 장의 주요 내용** ◆
> • 통합교육과정의 5W
> • 백워드 설계로 통합교육과정 개발하기
> • 평가와 통합교육과정

　이 장에서 우리는 통합교육과정 하면 떠오르는 몇 가지 질문을 검토하면서 시작하고자 한다. 우리는 간학문적 관점에서 교육과정을 개발하는 과정을 훑어볼 것이다. 마지막으로 우리는 간학문적 통합교육과정과 관련해서 평가 문제를 다뤄 볼 것이다.

1. 5W로 본 통합교육과정

　통합 단원을 개발하는 과정에 대해서 물어볼 질문들이 많다. 우리는 여기서 서로 다른 상황에서 통합교육과정을 개발하는 교사들의 경험을 바탕으로 지역과 간학문이라는 두 관점에서 이 질문들을 다뤄 볼 것이다. 이 책의 저자 중 한 사람인 Susan Drake는 1993년에 『통합교육과정 개발에 도전하기 Planning Integrated Curriculum: The Call to Adventure』를 출판했다. 이 책에서 Susan은 온타리오주 1~9학년 과정을 맡고 있는 교사들에게 당시에 도입한 교육과정 정책 중 하나인 통합교육과정을 안내했다. 이후 통합형 단원을 개발하는 수많은 교사들이 이 책을 읽고 참조하고 있다.

1) Who

누가 교과를 통합해서 단원을 개발하는가? 교사나 교사 집단 누구나 이런 통합형 단원을 개발할 수 있다. 원하는 교사는 누구나 개발할 수 있으며, 반드시 교과를 통합한 단원을 개발해야 하는 것도 아니다. 교과를 통합해서 단원을 개발하는 일을 처음 하는 교사가 통합교육과정을 개발하는 일은 도전적이고 교육과정 개발자로서 의지도 필요하다. 초등학교 교사는 모든 교과(또는 다수의 교과)를 가르친다는 점에서 교과 통합형 단원 개발이 상대적으로 덜 복잡하다. 한 교사가 복수의 교과를 가르친다면 교과 통합형 단원을 개발하는 과정에서 만나는 장애물들이 더 적기 때문이다.

우리는 교사들이 협업해서 풍부한 통합형 단원을 개발하는 사례들을 자주 목격했다. 이렇게 개발하는 과정에서 갈등도 피해 가기는 어렵다. 7명 이상의 교사들이 협업해서 단원을 개발하면, 다루어야 할 의제가 너무 많아서 힘들다. 또 구성원들이 초면이면 그들은 브레인스토밍-기준 만들기-수행하기storm-norm-perform를 순환하는 전형적인 절차를 밟는 편이다. 가장 일반적인 쟁점은 어떤 지식이나 기능을 전면에 부각시킬 것인가(중심으로 삼을 것인가)하는 문제이다. 백워드 설계는 개발에 참여하는 모든 교사들이 생각하는 것들을 가로질러서 공통점을 도출할 수 있도록 한다. 이렇게 해서 교사들은 교과를 위한 실질적인 방법을 찾을 수 있다.

2) What

통합교육과정은 어떤 모습인가? 제4장에서 우리는 다양한 유형의 통합교육과정 모습을 스펙트럼으로 제시하였다. 어떤 교사는 조심스럽게 통합을 시도한다. 한 단원 개발에서 시작해서 점차 추가해 간다. 먼저 자신들이 이미 다루고 있는 교과에 뭔가를 융합^fusion하면서 변경하기 시작한다. 어떤 교사는 스펙트럼의 한 쪽 끝인 학생 중심, 즉 학생이 흥미 있어 하는 실생활 이슈에서 시작하고, 그러고 나서 적합한 교육과정 결과(성취기준)를 찾아서 연결한다. 즉, 스펙트럼의 다른 한 쪽 끝에서 마무리한다. 이것이 탈학문적 접근이다.

이 책에서 우리는 적절성과 책무성의 균형을 잡으려고 한다. 따라서 우리는 이 장에서 간학문적 접근을 취할 것이다. 통합형 단원 개발은 교육과정 문서(우리는 온타리오주 교육과정 문서를 활용했다.)의 교과별 결과(성취기준)에서 시작해서 중요한 이슈, 질문, 문제와 관련해서 흥미 있고 의미 있는 학습 경험을 제공할 것이다.

3) Where

교사는 통합교육과정을 개발하면서, 즉 동료들과 협력하고 실행하는 과정에서 여러 가지 문제를 겪는다. 가장 흔한 문제 중 하나가 공간 문제다. 과학 탐구의 일환으로 학생들이 벽화를 그리는 과제를 수행하고자 한다면, 학생들이 과학실에서 할 수 있을까? (복도를 사용할 수도 있다.) 교실에 컴퓨터를 구비하고 있다면, 이를 어떻게 통합할까? (컴퓨터로 스카이프를 연결하면, 모든 학생들은 전 세계의 스카이프 이용자와 접촉할 수 있다. 학생들은 조사 활동을 하기 위해서 각자 노트북을 가지고 올 수도 있다.) 학생 30여 명밖에 수용하지 못하는 교실에서는 어떻게 할까? (도서실이나 식당을 이용해 보라.) 교사들은 이렇게 창의적으로 해결책을 찾아낸다.

교실 밖에서도 여러 가지 활동들을 한다. 지역의 수질 검사, 지역 주민 인터뷰, 지역 미술관이나 박물관 탐방 등은 모두 통합교육과정에서 하는 전형적인 활동들이다. 만약 실생활 맥락에서 개발하는 교육과정에서는 학생들이 직접 가서 배워야 하는 활동들이 많다. 장소 기반 학습에서는 학습을 위한 중요한 원천으로 지역사회를 꼽는다. 이런 점에서 지역사회를 존중하는 접근이다(Sobel, 2004). 학생들은 국제 및 글로벌 이슈나 세계도 탐구한다. 통합교육과정에서는 본격적인 활동을 하기 전에 장소에 대한 감각을 기르기 위해 지역사회에 있는 역사, 문화, 환경, 경제, 예술 장소들을 방문하고 이를 통해서 배운다.

4) Why

학생들에게 적절한 교육과정을 제공하고자 하는 교사들이 통합교육과정 개발에 관심을 갖는다. 시간이 갈수록 통합교육과정은 더욱 설득력을 얻는 것 같다. 교육과정으로 복잡한 문제를 다루려면 한 교과만 다루기는 어렵다. 또 21세기 기능들은 간학문적이다. Be도 교과를 가로지른다. 더 중요한 점은 통합 학습을 통해서 학생들이 설정한 학습 목표에 더 효과적으로 도달할 수 있다는 연구들이 이를 뒷받침해 주고 있다(제4장 참조). 학업 성취와는 별도로 학생들은 통합적인 형태의 학습에 더 잘 참여하고 학교교육을 더 즐긴다. 이런 잠재적인 혜택들 때문에 더 노력이 드는 통합교육과정을 개발해서 실행하려고 한다.

5) When

통합교육과정을 개발하고 실행할 때는 시간도 중요하다. 처음 통합교육과정을 시도하는 교사들은 특히 계획하는 시간을 더 필요로 한다. 학교는 교사들에게 함께 작업하거나 준비할 시간을 줄 필요가 있다. 이런 시간을 학교의 공식적인 일과표에 넣어서 다루는 학교들도 있다. 경우에 따라서는 이렇게 교육과정을 개발하는 활동이 전문적 학습 공동체Professional Learning Community: PLC

의 공식적인 목적이기도 하다. 각 학교에서는 학생, 교사, 학교, 지역사회가 요구하는 독특한 요청들을 나름대로 해결해야 할 필요가 있다.

6) 핵심 사항

우리는 뜻이 있는 곳에 길이 있다는 것을 안다. 이 책에서도 국가교육과정 책무성이 강한 나라나 상황에서도 통합교육과정을 개발해서 실행하는 사례들을 제시했다. (또 제6장에서도 이런 사례들을 추가로 제시하고 있다.) 교사들이 처음에 통합형 단원을 개발하고 실행할 때, 그들은 종종 "이것은 내가 지금까지 했던 수업들 중에서도 가장 힘들었지만, 가장 흥미있고 보람이 있었다!"라고 말한다. 교사들은 통합교육과정을 개발하고 실행하면서 수업에 대한 생각을 바꾼다. 그들은 이제 교과를 엄격하게 구분해서 가르치기 힘들다고 말한다.

새로운 이야기는 분과적 접근과 통합적 접근(간학문적 접근)과 관계가 있는가? 분과 교과에 초점을 두면 해당 교과나 교과에 접근하는 방식을 더 심층적으로 이해할 수 있다. 역사가, 예술가, 작가, 수학자, 과학자처럼 생각하는 것은 가치 있다. 우리는 늘 이런 교과 분과적인 환경에서 가르치고 배워 왔다. 동시에 우리는 통합적 접근을 할 수 있는 공간을 마련할 수 있다. 21세기에 문제는 더 복잡해지고, 이런 문제를 해결하기 위해서 역사, 예술, 문학, 수학 등 관련 모든 교과의 관점을 가져올 수 있어야 한다. 여기서 우리는 제4장에서 말한 문장을 반복한다. 두 가지 접근은 저마다 최적의 시간과 장소가 있고 둘은 서로를 충분히 보완할 수 있다(Rennie, Venville, & Wallace, 2012).

2. 간학문적 단원 개발하기

간학문적 교육과정을 개발하는 과정은 원칙적으로 교과와 교과를 연결(통합)하는 사전 단계와 3단계에서 추가하는 것(사전 단계에서 교과를 통합하기 위한 첫 브레인스토밍, 일일 수행/평가 과제 관련 본질적 질문 마인드맵)을 빼면, 제3장에서 예로 든 10학년 역사 단원 개발(분과 교과별 교육과정 개발)과 크게 다르지 않다. 백워드 설계는 사전 단계와 3가지 단계를 밟는다. 각 단계는 [그림 5-1]에서 다시 확인할 수 있다. 다시 말하지만 우리는 이를 선형적인 절차처럼 표현하지만, 실제로는 반복적인 과정이라는 점을 기억하라. 결국 큰 직소 퍼즐의 조각들처럼 함께 개발하면 된다.

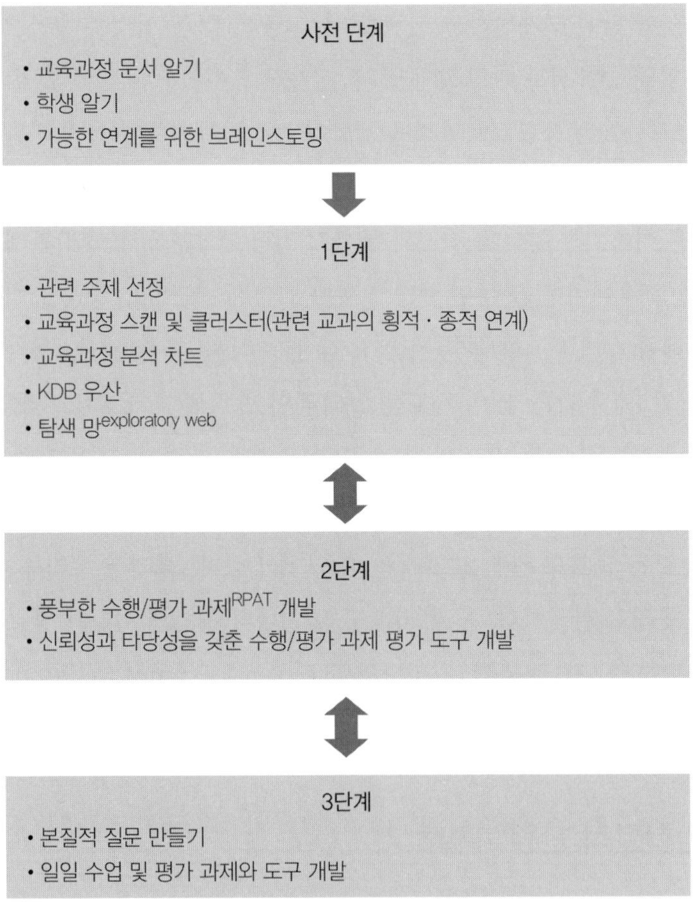

사전 단계
- 교육과정 문서 알기
- 학생 알기
- 가능한 연계를 위한 브레인스토밍

1단계
- 관련 주제 선정
- 교육과정 스캔 및 클러스터(관련 교과의 횡적 · 종적 연계)
- 교육과정 분석 차트
- KDB 우산
- 탐색 망exploratory web

2단계
- 풍부한 수행/평가 과제RPAT 개발
- 신뢰성과 타당성을 갖춘 수행/평가 과제 평가 도구 개발

3단계
- 본질적 질문 만들기
- 일일 수업 및 평가 과제와 도구 개발

[그림 5-1] 간학문적 백워드 설계 단계

이 장에서는 4학년용 '우리는 모두 여기 함께^{We're all in this together}' 단원을 예시로 들 것이다. 이 단원은 탐구 학습에 초점을 두고 있고, 제4장에서 구분한 통합교육과정 유형 중 '간학문' 단원이다. 우리는 특별한 이유 때문에 4학년을 선택한 것은 아니다. 어떤 학년이든 상관없다.

1) 교육과정 알기

〈표 5-1〉에서 보듯이, 각 교과별 교육과정 문서를 검토하면서 시작할 수 있다. 이 활동은 12학년 전체 교과를 개괄적으로 살펴보는 활동이다. 이 과정에서 여러분은 광각 렌즈를 활용하여 빅 픽처를 그린다. 12학년 학습에서 고려해야 할 것은? 교과의 KDB는 무엇인가? 총론과 어떻게 일치시킬 것인

표 5-1 K-12 Know, Do, Be 살펴보기

	횡적 검토			
	사회	과학	예술	국어
Know	시스템과 구조 상호작용과 상호의존 환경 변화와 유지 문화 권력과 정부	시스템과 상호작용 지속가능성과 책임 물질 에너지 구조와 기능 변화와 유지	문화/문화 정체성 사회적 정의 비평과 창의성을 위한 절차적 지식	광범위한 텍스트, 언어 관습 이해 쓰기, 말하기, 듣기를 위한 절차적 지식
Do	탐구 의사소통 맵핑	과학적 탐구 기능적 문제 해결 조사 의사소통	창조 문제 해결 연결 의사소통	읽기 쓰기 듣기 말하기
Be	문화적으로 다양하고 상호의존적인 세계에서 글로벌 경제에 참여하고 경쟁하는 정보화된 시민	과학적 및 기능적 리터러시	지역사회와 사회 전체의 완전한 참여자가 되어 자신의 잠재력에 도전한다.	리터러시 미디어 리터러시 비판적 리터러시

가? 비록 교육과정 문서 전반에 걸쳐 학생들이 학습하기를 기대하는 것을 명시하고 있지만 그래도 이 활동은 교사의 해석 활동이라는 점을 기억하라.

2) 학생 알기

이 단원은 온타리오주 사우스 웨스턴 학교 4학년용 단원이다. 이 학교는 도농 복합 지역이고 지역 경제는 침체되어 있다. 제조업은 거의 사라졌고, 농가들은 농작 비용을 충당하기도 힘들어한다. 지역이 가진 유일한 자원은 풍부한 바람이다. 바람 자원을 개발하는 일은 지역 공동체의 공동 쟁점이고 우호적인 이야기만 하는 것은 아니지만 식탁에서도, 거리에서도, 지역 신문에서도 화제다. 서로 다른 의견들을 소통할 때 성인이 늘 긍정적인 롤 모델 역할을 하는 것은 아니다. 교사들은 자신이 동의하지 않는 것을 표현하는 방법을 배우는 것도 중요하다고 생각했다. 더불어 학생들이 가진 여러 가지 지식과 선호하는 학습 방식을 유념하는 것도 중시했다.

3) 연계를 위한 브레인스토밍

예비 단계에서 연계 가능성들을 브레인스토밍하는 것이 좋다. 만약 교육과정을 혼자서 개발한다면, 브레인스토밍도 혼자 할 수 있다. 만약 동료와 협업해서 개발한다면, 함께 브레인스토밍할 수 있다. 브레인스토밍을 통해서 빅 픽처와 해당 학년 교육과정 결과 둘 다 감지할 수 있다. 교육과정 개발을 해 본 경험이 있는 교사는 교과들을 연결해서 가르칠 수 있는 토픽이나 빅 아이디어, 21세기 기능들에 대해 더 풍부한 대화를 나눌 수 있다. 교육과정 개발에 익숙하지 않은 초보 교사는 교육과정 문서를 살펴보고 나서 이러한 브레인스토밍을 하는 것이 좋다. 이 단계에서는 초기 아이디어를 얻는 데 집중한다. 교육과정을 개발하려는 동기를 서로 부여할 수 있고, 각 교과를 감지하는 것도 중요하다.

브레인스토밍을 할 때 백워드 설계나 교육과정 성취기준과 상관없이 학생들은 교육과정에 흥미를 느낄 수 있다. 하지만 교육과정 성취기준을 충족시키지 못하는 결과를 초래할 수도 있다. 교사는 교육과정에 대한 학생들 흥미와 책무성, 이 둘을 모두를 만족시킬 수 있어야 한다.

4) 백워드 설계: 1단계

(1) 주제 정하기

이 단계쯤 오면, 아마도 교과를 연계하기 위한 초기 브레인스토밍을 마쳤을 것이다. 여기서 선정한 이슈는 지역 경제 관련 이슈로 이 지역에 풍력 발전기 설치 가능성 문제를 다룬다.

(2) 교육과정 스캔과 클러스터

이 단계에서는 일반적으로 2개 이상의 교과를 대상으로 혹은 2명 이상의 교사들이 함께 개발하기 때문에 교과 분과적 접근보다 좀 더 복잡하다. [그림 5-2]는 스캔과 클러스터를 하는 과정을 개관한 것이다.

교과를 스캔하고 클러스터하는 절차는 두 가지 정도 있다. 하나는 여러분이 설정한 목표에 적절하도록 교육과정을 스캔하는 것이다. 다른 하나는 여러분이 목표들을 통합한 핵심 학습을 중심으로 클러스터하는 것이다. 스캔은 관련 교과들을 살펴보는 것인데, 교과 교육과정 문서일 수도 있고, 온라인으로 제공하는 자료들일 수도 있다. 어떤 교사들을 교육과정 결과(성취기준)를 잘라서 큰 종이 위에 그룹핑을 해서 붙이면서 클러스터를 하기도 한다. 파일에서 오려 붙이기를 하기도 한다. 클러스터 결과를 '빅 아이디어, 영속적인 이해, 21세기 기능'이라고 이름을 붙인 작은 비닐봉지를 만들기도 한다. 또 어떤 교사들은 출력물이든 파일 자료든 클러스터한 결과를 형광펜 색깔로 구

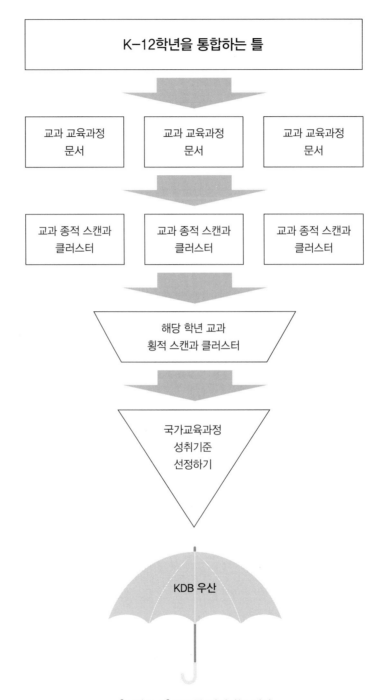

[그림 5-2] KDB를 결정하는 절차

분하기도 한다. 이렇게 의미 있는 방식으로 관련 성취기준들을 묶은 목적은 묶음별로 교육과정을 개발하려는 것이다. 모든 성취기준을 묶는 것은 아니고, 또 모두가 동일하게 묶는 것도 아니다.

　　종적인 스캔은 4학년 아래 두 학년(학생들이 무엇을 배웠어야 했는지 알기 위해서)과 한 학년 위(학생들이 이 학년 다음에 무엇을 배울 것인지를 알기 위해서)를 대상으로 한다. 성취기준을 의미 있게 클러스터하면 학습해야 할 중요한 KDB를 정리할 수 있다. 이 과정을 〈표 5-2〉에 제시하였다. 그리고 이것 역시 여전히 탐색 중이고 다음 과정에서 조정하며 바뀔 수 있다. 무엇을 가르칠지를 결정하지 않았어도, 성취기준이 내포하고 있는 KDB가 무엇인지는 이해해야 한다. 이렇게 종적 스캔 목록을 한번 만들어 보면, 동시에 횡적 클러스터도 할 수 있다. 〈표 5-2〉는 국어나 사회와 같은 일부 교과 성취기준들은 매번 유사하다는 것을 알 수 있을 것이다. 나선형 교육과정처럼 매년 학습하는 성취기준은 동일하지만 학년이 올라갈수록 좀 더 정밀하고 더 복잡하게 다루어야 한다.

　　[그림 5-2]에서는 4학년 교육과정을 중심으로 횡적 스캔과 클러스터하여 〈표 5-2〉와 같은 매트릭스로 제시하였다. 우리는 〈표 5-3〉에서 제시한 4학년 KDB를 정리하는 데 집중했다. 이 목록은 4학년 성취기준에 포함되어 있는 KDB들을 확인한 것이다. 여러분도 단원을 개발하기 위해서 이런 식으로 KDB 목록을 정리할 수 있다.

표 5-2 　4학년용 단원을 개발하기 위한 종적 스캔과 클러스터

4학년 교육과정 스캔과 클러스터 결과

Know			
빅 아이디어: 독립			

과학

2학년	3학년	4학년	5학년
인간의 행동이 공기와 물의 질에 영향을 미치는 방식과 공기와 물의 질이 생명체에 영향을 미치는 방식 평가하기 인간을 포함하여 생명체가 공기와 물에 의존하는 법 묘사하기	식물이 사회와 환경에 미치는 영향, 그리고 인간이 동식물에 미치는 영향 평가하기 환경을 위협하는 조건들 예를 들어서 확인하기	특수한 서식지와 공동체를 가진 동식물들이 어떻게 상호의존하는지 조사하기	인체 기관들이 어떻게 상호 관계하는지 확인하기

사회

2학년	3학년	4학년	5학년
환경이 사람들의 생활과 생활과 욕구를 충족시키는 방식에 어떻게 영향을 미치는지 설명하기	인간의 욕구를 충족시키기 위해 공동체가 서로, 그리고 환경과 어떻게 상호작용하는지 설명하기	온타리오와 다른 주 및 지역을 연결하는 다양한 분야들(예, 예술, 문화, 음악, 춤, 기술, 유산, 여행, 스포츠 등) 밝히기	연방, 주, 지방 세 정부가 협력하여 도전을 해결하거나 과제를 제출할 수 있도록 방식 조사하고 보고하기 물 이상의 증거가 문명이 그들의 물리적 욕구를 충족시키기 위해 어떻게 환경을 조성하고 활용하였는지 설명하기

Know 빅 아이디어: 원인과 결과

과학

2학년	3학년	4학년	5학년
동물이 인간에게 미치는 긍정적·부정적 영향 확인하기 / 인간이 동물에 미칠 수 있는 긍정적·부정적 영향 확인하기	사람들이 하는 서로 다른 활동이 식물에 미치는 영향 평가하기 및 나쁜 영향을 최소화하고 좋은 영향을 높이는 활동 목록 만들기	서식지와 공동체에 대한 인간 활동의 영향 분석하기 / 다양한 관점을 고려하여 자연 서식지 및 공동체와 인간이 상호작용하면서 미치는 긍정적·부정적인 영향을 분석하고 부정적인 영향을 최소화하는 방법 평가하기	사람들의 건강에 영향을 미치는 사회적·환경적 요인 평가 및 개인이 이러한 요인이 미치는 해로운 영향을 줄이고 혜택을 주는 장점을 취하는 방안 제안하기

사회

2학년	3학년	4학년	5학년
관심 분야 확인하기(예, 쓰레기 버리기) 및 범법과 책임 변경 제안하기	증기 정착자 그리고/또는 최종 구민이 사용했던 도구와 기술과 오늘날 도구와 기능 비교하기	환경과 경제 사이의 인과관계 밝히고 기술하기 / 다양한 주 및 지역의 경제·문화 활동을 자연환경과 관련짓기	증기 문명이 선택한 과학 기술 발전과 현대사회와의 관련성 보고하기

Know 빅 아이디어: 시스템

과학

2학년	3학년	4학년	5학년
동물이 사회와 환경에 영향을 미치는 방식 및 인간이 동물과 그 서식지에 영향을 미치는 방식 평가하기	식물이 사회와 환경에 영향을 미치는 방식 및 인간이 식물과 그 서식지에 영향을 미치는 방식 평가하기	주거지와 지역사회 및 그 곳에 사는 동식물과의 관계를 이해할 수 있는 시연하기	인체 시스템의 구조와 기능 및 그 내적 외적 시스템 간의 상호작용을 이해할 수 있는 시연하기

4학년 교육과정 성취기준 스캔과 클러스터

Do 맵핑 / 사회

2학년	3학년	4학년	5학년
지역에 대한 지리적 정보를 수집하여 의사소통하기 위해 다양한 자원과 도구 사용하기	도시와 농촌 조사에 대한 지리적 정보를 수집하여 의사소통하기 위해 다양한 자원과 도구 사용하기	온타리오와 다른 주 및 지역의 정체 및 문화가 미치는 물리적 영향을 읽어보기 위해 다양한 자원과 도구 사용하기	정부 과정, 단체와 개인의 권리 그리고 선거인단 참여를 포함한 캐나다인의 시민으로서 의무와 책임을 수집하고 분석하기 위해 다양한 자원과 도구 사용하기

Do 탐구 / 과학

2학년	3학년	4학년	5학년
신비한 동물의 기본적 욕구, 특성, 행동, 적응을 조사하는 과정에서 과학적 탐구/실험 기능 활용하기	식물이 욕구를 충족하는 다양한 방법을 조사하는 과정에서 과학적 탐구/실험 기능 활용하기	지역의 동식물이 욕구를 충족하는 방법을 조사하는 과정에서 과학적 탐구/실험 기능 활용하기	인체 시스템의 변화를 조사하는 과정에서 과학적 탐구/실험 기능 활용하기

사회

2학년에서 5학년까지

질문 만들기, 조사 정보 수집, 데이터 해석, 결과를 제시하기(미디어 작업, 구두 발표, 노트 및 설명, 그림, 표와 그래프)

국어

2학년에서 5학년까지

목적과 청중에 맞는 글쓰기 아이디어 발전시키기, 지지하는 정보에 기반해서 아이디어 탐색, 다양한 방식으로 아이디어 정렬 및 분류, 주요 아이디어 및 지지하는 세부 사항을 조직하고 검토하기

Do
교과를 아우르는 의사소통

2학년에서 5학년까지

일련의 의미 구성 전략을 활용하여 다양한 리터러시, 그래픽 및 정보 텍스트 사용 방법에 대한 이해를 믿고 시연하기(국어)

다양한 목적에 맞게 서로 다른 종류의 다양한 의사소통 방식 사용하기(과학, 국어)

적절한 단어 사용하기(과학, 국어, 사회)

발표: 말하기 기능 및 전략 사용

미디어 작업, 구두 발표, 노트 및 설명, 그림, 표와 그래프 등을 확인 및 의사소통에 사용하기(사회, 국어, 사회)

창작 발표: 감정, 아이디어, 이해를 의사소통할 수 있는 시각자료 요소, 원리, 기법을 사용하여 다양한 2차원 및 3차원 위드아트 제작에 창의적 절차 적용하기(비주얼 아트)

창작 발표: 감정, 아이디어, 이야기를 의사소통할 수 있는 드라마 요소, 관습을 사용하여 실연하는 연구에 창의적 장의적 절차 적용하기(드라마)

Be
책임의식stewardship

과학

2학년	3학년	4학년	5학년
동물과 인간에게 서로에게 미치는 부정적인 영향을 최소화하는 방법 제안하기	인간이 식물을 보호할 수 있는 방법 제안하기. 해로운 영향을 최소화하고 좋은 영향을 높이는 개인 활동 목록 만들기	부정적인 영향을 최소화하는 방식 평가하기 / 소멸이나 멸종을 사전에 방지할 수 있는 활동 제안하기	인간 건강에 영향을 미치는 사회적 환경적 요인 평가 및 개인이 해로운 영향을 줄이고 혜택의 장점을 취하는 방안 제안하기

사회

2학년	3학년	4학년	5학년
환경이 사람들의 생활과 욕구를 충족시키는 방식에 어떻게 영향을 미치는지 설명하기	초기 정착민들이 자연 자원을 어떻게 소중히 여기고, 활용하고 도 보았는지 설명하기	중세인이 사회 환경에 가진 관심과 비슷한 오늘날의 관심 연결하기	사회에서 정부가 하는 역할 및 단체, 개인의 권리를 수행하는 방식, 그리고 자신의 삶에서 시민으로서 책무성을 가지고 실천하는 구체적인 사례 밝히기

표 5-3 4학년 단원 개발을 위한 횡적 스캔 및 클러스터

4학년 횡적 클러스터

Know-빅 아이디어: 상호의존	**과학** 특수한 서식지와 공동체를 가진 동식물들이 상호의존하는 생활 조사하기 **사회** 온타리오와 다른 주 및 지역의 경제·문화에 미치는 물리적 영향을 알아보기 위해 다양한 자원과 도구 사용하기
Know-빅 아이디어: 시스템	**과학** 주거지와 지역사회 및 그 곳에 사는 동식물들의 관계를 이해할 수 있는 시연하기 **사회** 지역 개념 설명하기 온타리오와 다른 주 및 지역을 연결하는 여러 분야들 알아보기 다양한 주 및 지역의 경제·문화 활동과 자연환경 관련짓기
Know-빅 아이디어: 원인과 결과	**과학** 서식지와 공동체에 인간이 미치는 영향 분석하기 **사회** 환경과 경제 사이의 인과관계를 밝히고 기술하기 다양한 주 및 지역의 경제·문화 활동과 자연 환경 관련짓기
Do: 탐구	**과학** 지역의 동식물들이 욕구를 충족하는 방법을 조사하는 과정에서 과학적 탐구/실험 기능 활용하기 **사회** 질문 만들기, 정보 조사, 데이터 해석, 발견한 것 제시하기(미디어 작업, 구두 발표, 노트 및 설명, 그림, 표와 그래프) **국어** 목적과 청중에 맞는 글쓰기 아이디어 발전시키기, 지지하기 위해 정보·아이디어 조사하기, 다양한 방식으로 아이디어 정렬 및 분류하기, 주요 아이디어 및 지지하는 세부 사항들을 검토하고 조직하기

Do: 의사소통	일련의 의미 구성 전략을 활용하여 다양한 리터러시, 그래픽 및 정보 텍스트 사용 방법을 이해하는 글 읽고 시연하기(국어) 다양한 목적에 맞게 서로 다른 청중들과 소통하기 위해 여러 방식 사용하기(과학, 국어) 적절한 단어 사용하기(과학, 국어, 사회) 발표: 쓰기, 말하기, 미디어(국어, 과학, 사회)
Be: 정보화된 환경적 책임의식	사회 문화적으로 다양하고 독립된 세계의 정보화된 시민 과학 소멸이나 멸종을 미연에 방지할 수 있는 활동들 제안하기

(3) 교육과정 분석 목록

이쯤 되면, 여러분은 여러분이 개발하려고 하는 교육과정이 어떤 모습일지 대략적인 아이디어를 떠올릴 것이다. 교육과정 결과(성취기준)를 분석하려면 횡적으로 살펴보고(스캔), 단원을 개발할 수 있는 중요한 성취기준을 선택해야 한다. 적게 선택할수록 많이 배울 수 있다. 그렇다고 해서 여러분이 선택한 모든 성취기준을 모두 다루고 평가해야 할 필요는 없다. 〈표 5-4〉는 Know(이탤릭체, 명사), Do(볼드체, 동사)를 정리한 교육과정 분석 목록이다. Be는 일반적으로 암시적이기 때문에 해석해야 하지만, Know와 Do는 명시적으로 드러나기 때문에 어렵지 않게 분석할 수 있다.

표 5-4 성취기준 분석하기

교육과정 분석을 위한 횡적 스캔과 클러스터에서 선정한 성취기준

주 교육과정 성취기준	Know	Do	Be
지역의 자연과 지역 공동체가 서로 **다른 방식**으로 주민들과 상호작용하며 미치는 긍정적, 부정적 영향을 **분석하기**. 부정적인 영향을 **인식하고** 최소화하는 방법 **평가하기**(과학)	원인과 결과 서식지 지역사회 인간에게 미치는 긍정적 부정적 효과 부정적 효과를 최소화하는 방법	분석 평가 창조 (고등사고 기능)	환경에 대한 책임의식
환경과 경제 사이의 인과관계 **정의하고 기술하기**(사회)	원인과 결과 경제 지역사회(지역)	분석(고등사고 기능)	지적인 시민
다양한 목적과 다양한 청중에 맞는 의사소통 방식 **활용하기** (과학, 국어)	다양한 형태의 의사소통 의사소통 기능의 절차적 지식	의사소통 창조	유능한 소통자
질문 만들기, 조사 **수집하기**, 데이터 **해석하기**, 결과 **발표하기** (미디어 작업, 구두 발표, 노트 및 설명, 그림, 표와 그래프)(사회, 과학, 국어)	조사 기능에 대한 절차적 지식(과학과 사회의 공통점)	탐구/조사	연구자

(4) KDB 우산

KDB 우산은 몇 개의 교과를 아우르는 주요 학습 내용을 표현한다([그림 5-3] 참조). 그리고 기억해야 할 중요한 점은 KDB 우산에 KDB(Know: 빅 아이디어나 영속적 이해, Do: 21세기 기능들, Be: 태도나 행위)를 적게 넣을수록 많이 배운다는 사실이다. 각 KDB에 세 가지가 넘지 않도록 하는 것이 좋다. KDB 우산에 공간이 많을수록 일관성 있고 책무성을 갖춘 의미 있는 교육과정을 개발하기가 더 쉽다는 것을 알게 될 것이다. 본질적 질문은 KDB를 정리해 보면 떠오른다. KDB와 마찬가지로 1~3개 정도 흥미로운 본질적 질문을 만드는 것이 좋다. 교육과정 성취기준을 분석해 놓은 긴 목록을 작성하는 것보다

[그림 5-3] '우리 모두 여기에' 단원 개발을 위한 KDB 우산

는 학생들을 동기화시키는 것이 훨씬 더 중요하기 때문이다.

(5) 탐색 웹

여기까지 여러분은 성취기준을 잘 연결하였을 것이다. 이제 여러분은 이 들을 잘 통합할 수 있는 교수·학습 및 평가 과제를 브레인스토밍할 수 있을 것이다. 교육과정을 개발하는 교사들은 통상 [그림 5-4]처럼 교과별로 가능한 것을 브레인스토밍하는 편이다. 이 과정 초반부에 아이디어를 도출하고, 간학문적 교육과정이 가능한지를 타진한다. 중요한 것은 이런 웹이 단지 탐색적인 것이며, 최종 결과는 매우 다를 수 있다는 점을 기억해야 한다. 3단계에 가서, 브레인스토밍한 것을 본질적 질문으로 바꾸며 또 웹을 만들 것이다.

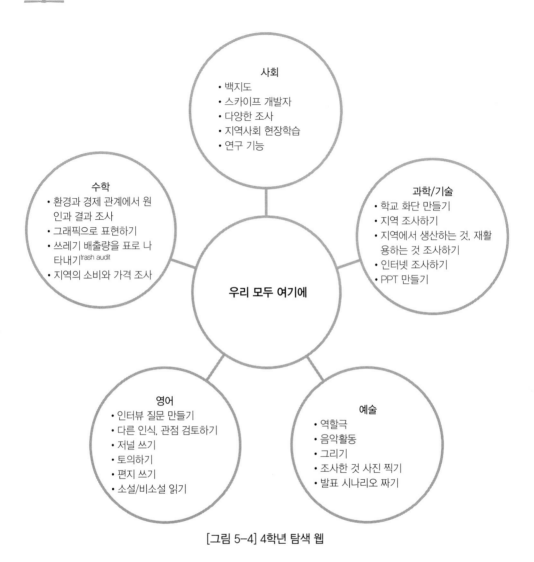

[그림 5-4] 4학년 탐색 웹

5) 백워드 설계: 2단계

여러분은 백워드 설계의 2단계에서 학생들이 의도한 KDB를 배웠다는 것을 증명할 풍부한 수행/평가 과제^{RPAT}를 선정했다. 4학년용 이 단원의 RPAT는 시청에서의 회의이다('여기서 잠깐! 시청 회의' 참조).

시청 회의

시가 소유하고 있는 공유지를 어떻게 활용할 것인가를 결정하는 중요한 시청 회의가 12월 9일에 열릴 예정이다. 이 땅은 시 외곽에 있고 이 지역 주요 수송로들과도 가깝다. 이 땅이 예전에는 Brown 가족이 소유한 농가가 딸린 개척자 농장이었지만, 최근 10년까지 소유한 사람이 없었다. 원래의 헛간은 없어졌지만, 통나무 오두막과 102년 된 벽돌집이 아직도 있다.

여러분은 이 땅을 서로 다른 방식으로 사용하자는 제안을 지지하는 네 단체 중 한 단체에 소속될 것이다. 4가지 제안은 다음과 같다.

① 한 경제 단체에서는 이 땅에 지역사회 센터와 쇼핑몰을 짓고 싶어 한다.
② 한 환경 단체에서는 자연 그대로 이 땅을 보존하고 싶어 한다. 하이킹이나 조류 관찰과 같은 무동력 레크리에이션 용도로도 사용하고 싶어 한다.
③ 한 전통 보존 단체에서는 오두막과 집을 보존해서, 여행자들이 일할 수 있는 개척자 농장으로 리모델링하고 싶어 한다.
④ 한 대안 에너지 회사에서는 이 땅에 풍력 발전소를 짓고 싶어 한다.

여러분은 위 네 단체 중 어느 단체 구성원이 되고 싶은가?

우리는 이 땅으로 현장답사를 갈 것이다. 그 땅에서 여러분은 자신이 속한 단체별로 조사 활동을 하고 조사 내용을 노트에 적을 것이다. 여러분은 조사 노트에 다음과 같은 내용을 포함해야 한다.

① 동식물들이 거주하는 서식지에서 그들이 환경에 적응하는 방식, 상호의존하는 방식 설명하기
② 이 땅에 사람들이 만든 구조물을 포함해서, 주목할 만한 랜드마크를 스케치하거나 지도로 표현하기(손으로 그린 그림, 아이패드 스케치, 사진, 비디오 등)

시청 회의에서 여러분은 다른 단체와 함께 이 지역 세 도시에서 심사위원으로 온 시의원들(우리 지역의 시장과 두 도시의 시의원을 초대할 것이다.) 앞에서 여러분의

제안을 지지하도록 파워포인트로 발표할 것이다. 여러분은 시청 회의에 참여하는 친구들과 방문자들이 하는 질문에도 대답할 준비를 해야 할 것이다.

여러분들이 파워포인트를 발표할 때, 다음 내용을 포함해서 설명해야 할 것이다.

① 여러분의 제안이 지역사회에 미칠 수 있는 긍정적 부정적 효과. 여러분의 제안에 대한 환경, 경제적 장점과 단점
② 여러분의 제안이 환경에 미치는 부정적인 효과를 최소화할 수 있는 방안
③ 시의회가 여러분의 제안을 수용해야 하는 이유. 여러분의 주장을 지지할 수 있는 지도, 그림, 이미지를 포함할 것

모두에게 발표 시간을 똑같이 줄 것이다. 발표 후 시의원들이 피드백을 제공할 것이다. 그리고 그들은 여러분의 학급 친구들과 함께 이 땅을 어떻게 활용할 것인가에 대한 최종 결정을 하는 투표권도 가지고 있다.

교실에서는 교수 · 학습 루브릭을 사용해서, 여러분 개개인이 기여한 점과 참여 정도를 평가할 것이다. 모든 과제를 수행하는 과정에서 교사는 총괄적으로 평가할 것이다. 여러분이 발표한 것은 녹화해서 우리 반 홈페이지에 탑재할 것이다. 이렇게 해서 일반 대중들이 여러분이 한 발표를 보고 피드백할 것이다.

또 여러분은 우리 반 홈페이지에 올릴 글을 두 편씩 써야 한다.

① 시청 회의에 대한 뉴스 기사 글쓰기
② 시청 회의에서 결정한 것에 대해 동의 혹은 반대하는지를 편집자에게 물어보는 편지글 쓰기

(1) RPAT 평가 도구 만들기

RPAT가 결정되면 그 평가 도구를 만들어야 한다. Know와 Do의 구성 요소와 관련한 루브릭은 〈표 5-5〉에 제시하였다. Be는 단원 활동에 대한 온라인 글쓰기를 통해 별도로 평가한다. 우선 환경관리인의 관점에서 '환경 기록'을 작성한다. 이를 단원 활동 전반에서 지속적으로 작성한다. 마지막에는 자신의 환경 리터러시/책임의식에 대한 자기 평가와 함께 새로운 환경 기록을

작성한다. 이렇게 작성하는 기록에 대해 등급을 매기지 않는다. 학생들은 서로의 온라인 글쓰기에 대해 코멘트를 제공한다.

표 5-5 4학년 RPAT 루브릭

빅 아이디어	4 완전 성취함	3 능숙함	2 개선 중	1 시작함
원인과 결과, 상호의존 (블로그)	블로그에서 동식물, 인간 및 경제 간의 원인과 결과 및 상호의존을 완벽하게 설명함	블로그에서 동식물, 인간 및 경제 사이의 원인과 결과 및 상호의존을 적절하게 설명함	블로그에서 동식물, 인간 및 경제 사이의 원인과 결과 및 상호의존을 어느 정도 설명함	블로그는 동식물, 인간 및 경제 사이의 원인과 결과 및 상호의존에 대한 제한된 이해를 보여 줌
탐구/조사	모든 단계에서 조사를 완벽하게 수행함. 심층적 질문을 제시함. 학생은 관련성이 높은 영향과 해결책을 정확하고 분명하게 말함	모든 단계에서 조사를 유능하게 수행함. 좋은 질문을 제시함. 학생은 관련성이 높은 영향과 해결책을 정확하고 분명하게 말함	모든 단계에서 조사를 적절하게 수행함. 질문을 적절히 제시함. 학생은 관련성이 높은 영향과 해결책을 분명하게 말함	모든 단계에서 한 조사가 제한적임. 질문은 제한적이었음. 학생은 한정적인 영향과 해결책을 분명하게 말함
의사소통	파워포인트 발표는 매우 관심을 끌었고 매우 유익했음 학생은 보디랭귀지, 동작, 제스처를 사용해서 지속적으로 믿음을 주려고 집중했음	파워포인트 발표는 관심을 끌었고 유익했음 학생은 보디랭귀지, 동작, 제스처를 사용해서 지속적으로 믿음을 주려고 대체로 집중함	파워포인트 발표는 상당 부분 관심을 끌었고 유익했음 학생은 보디랭귀지, 동작, 제스처를 사용해서 지속적으로 믿음을 주는 데 집중하지 못하고 들락날락함	파워포인트 발표는 일부분 관심을 끌었고 유익했음 학생은 보디랭귀지, 동작, 제스처를 사용해서 믿음을 주는 데 한계가 있었고, 집중하지 못함

제언

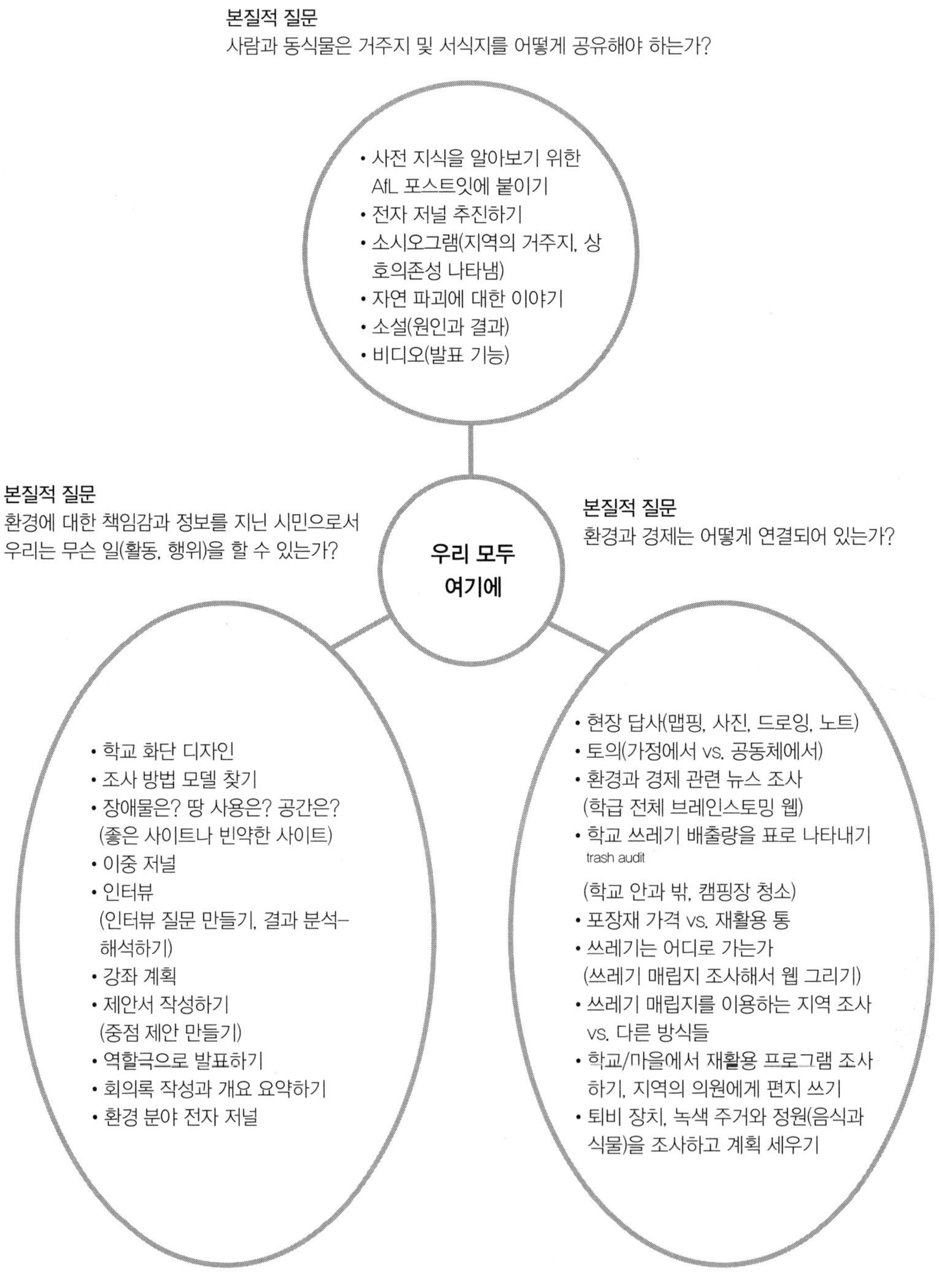

본질적 질문
사람과 동식물은 거주지 및 서식지를 어떻게 공유해야 하는가?

- 사전 지식을 알아보기 위한 AfL 포스트잇에 붙이기
- 전자 저널 추진하기
- 소시오그램(지역의 거주지, 상호의존성 나타냄)
- 자연 파괴에 대한 이야기
- 소설(원인과 결과)
- 비디오(발표 기능)

본질적 질문
환경에 대한 책임감과 정보를 지닌 시민으로서 우리는 무슨 일(활동, 행위)을 할 수 있는가?

우리 모두 여기에

본질적 질문
환경과 경제는 어떻게 연결되어 있는가?

- 학교 화단 디자인
- 조사 방법 모델 찾기
- 장애물은? 땅 사용은? 공간은? (좋은 사이트나 빈약한 사이트)
- 이중 저널
- 인터뷰 (인터뷰 질문 만들기, 결과 분석– 해석하기)
- 강좌 계획
- 제안서 작성하기 (중점 제안 만들기)
- 역할극으로 발표하기
- 회의록 작성과 개요 요약하기
- 환경 분야 전자 저널

- 현장 답사(맵핑, 사진, 드로잉, 노트)
- 토의(가정에서 vs. 공동체에서)
- 환경과 경제 관련 뉴스 조사 (학급 전체 브레인스토밍 웹)
- 학교 쓰레기 배출량을 표로 나타내기 trash audit
  (학교 안과 밖, 캠핑장 청소)
- 포장재 가격 vs. 재활용 통
- 쓰레기는 어디로 가는가 (쓰레기 매립지 조사해서 웹 그리기)
- 쓰레기 매립지를 이용하는 지역 조사 vs. 다른 방식들
- 학교/마을에서 재활용 프로그램 조사하기, 지역의 의원에게 편지 쓰기
- 퇴비 장치, 녹색 주거와 정원(음식과 식물)을 조사하고 계획 세우기

[그림 5-5] 본질적 질문 웹

6) 백워드 설계: 3단계

(1) 본질적 질문 웹

이제는 1일 학습 과제와 RPAT를 개발할 차례다. 여러분은 먼저 계획 중인 활동과 평가가 KDB와 일치하는지 확인하고, 본질적인 질문을 하면서 학생들이 학습할 수 있도록 준비시키기 시작해야 할 것이다. 여기서는 교과보다는 미리 생각해 둔 본질적 질문들을 다루면서 다시 브레인스토밍을 하게 될 것이다([그림 5-4] 참조). 본질적 질문은 웹을 통해서도 수행할 수 있다. [그림 5-5]는 웹을 통해서 4학년용 통합 단원에서 계획한 3가지 본질적 질문을 다루는 사례다.

(2) 1일 교수·학습 전략/평가

이 통합 단원을 3개의 소단원으로 구성하였다. 학생들이 RPAT를 수행하면서 KDB를 시연하도록 구성해 놓았다. 여기서 우리는 2개의 소단원을 사례로 제시할 것이다. 각 소단원은 성취기준을 기반으로 몇 가지 학습 목표를 설정하고 이를 학생 친화적으로 진술하였다. 〈표 5-6〉은 소단원 하나를 계획한 도표이다. 첫 번째 열에는 학생 활동과 평가를 개별화하고자 했다는 점에 주목하라. 충족시켜야 하는 결과는 두 번째 열에 있다. 세 번째 열은 이 전략을 KDB와 일치시키는 방법이고, 학생들에게 RPAT를 준비시키는 방법이다. 첫 번째 소단원에서는 사람들이 주거지 및 거주지에 미치는 영향을 탐구한다.

표 5-6 첫 번째 소단원 계획

소단원 1

본질적 질문: 사람과 동식물은 거주지 및 서식지를 어떻게 공유해야 하는가?

학습 목표

- 나는 동물 서식지와 인간의 거주지 간의 상호의존성이 미치는 긍정적 · 부정적 효과를 분석할 수 있다.
- 나는 인간이 자연에 미치는 부정적인 영향을 최소화하는 방법을 평가할 수 있다.

1일 교수 · 학습 활동/평가 과제		
1일 교수 · 학습/평가	결과	KDB와 RPAT 간의 연계
• 서식지 이해 등급을 결정하여 포스트잇에 쓰기 AfL: 진단 평가		
• 전자 저널 진행: 첫 번째와 마지막 입력은 환경운동-개인별로 환경보호에 대한 책임의식 고찰 AaL: 교사 피드백, 등급 없음 차별화/학생이 주도하는 학습	다양한 글쓰기 주제와 목적 확인하기(쓰는 글에 개인적인 목소리 담기)	환경보호에 대한 책임의식 의사소통
• 다양한 서식지 조사하기. 구조(학교 운동장, 지역사회), 요소(동식물, 인간 포함), 상호작용(먹이사슬, 먹이그물) 조사하기. 서식지를 분석한 결과를 기초로 소시오그램 작성하기, 작성한 소시오그램 갤러리에 전시하기 AfL: 소시오그램, 갤러리 작업, 동료 평가 AaL: 전자 저널	특정 서식지와 지역 거주지가 함께하는 동식물과의 상호의존 조사하기	상호의존 탐구
• 비디오 시청(예, 12세였던 Severn Suzuki가 UN에서 발표한 환경 문제 연설) • 인간이 환경에 미치는 영향을 서로 의사소통하고 발표하는 방법 알기 AfL: 학생들은 의사소통 및 발표에 대한 앵커 차트를 작성한다. 차별화/학생이 주도하는 학습: 글쓰기를 통한 의사소통을 어려워하는 학생들은 아이팟 녹음 파일을 교사에게 보낼 수 있다.	다양한 청중과 다양한 목적에 따라 다양한 의사소통 방법 활용하기(과학, 국어)	시청 회의에서 자신이 조사한 것을 발표하고 의사소통하기(발표)

두 번째 소단원은 조사한 것을 발전시키는 방법을 배운다. 이를 위해서 교사는 일련의 활동을 제시하고 평가하면서 시작한다(〈표 5-7〉 참조). 그러고 나서 학생들은 시청에서 발표를 하기 위한 계획을 세운다.

표 5-7 두 번째 소단원 계획

소단원 2

본질적 질문: 환경에 대한 책임감과 정보를 갖춘 시민으로서 우리는 무슨 일(활동, 행위)을 할 수 있는가?

학습 목표

- 나는 서식지에 사는 동물과 식물 관계를 질문할 수 있고, 그 대답을 찾기 위해 조사할 수 있다.
- 나는 다양한 방식으로 나의 조사 결과를 효과적으로 전달할 수 있다.

1일 교수 · 학습 활동/평가 과제		
1일 교수 · 학습/평가	결과	KDB와 RPAT의 연결
• 조사 탐구 모델의 절차. 학교 운동장 정원 설계를 위한 제안서 작성하기 AfL: 제안 샘플, 앵커 차트 • 가능한 정보 자원 브레인스토밍(예, 학교 운동장 서식지, 토지 활용, 가능한 이슈) • 기술 소양: 신뢰 가능 및 신뢰 불가 웹사이트 AfL: 부모, 자원자 및 학교 공동체의 동료 평가 • 노트 작성(이중 입력 저널, 핵심 유형, 구글 폼, 구글 독스, 아이패드의 워드 독) AfL: 자기 평가, 교사 관찰 • 구글 폼과 전략적 소그룹을 활용한 차별화/학생이 주도하는 학습 • 교과 관련 인터뷰 질문 개발하기: 학교 운동장, 서식지, 토지 활용, 가능한 이슈 AfL 도구: Q-차트 • 가능한 한 다양한 관점을 가진 이해관계자들과 브레인스토밍(예, 학생, 관리인, 교사, 정원사 등) 이해관계자들과 면담 및 스카이프 인터뷰 진행하기. 노트하기 AfL: 관찰, 노트에 대한 루브릭 • 다양한 정보를 다양하게 인용하는 방법 조사하기 AfL: 앵커 차트 • 개인 전자 폴더에 인용 카드 작성하기 • 분류 조사 샘플에서 찾은 것 수합, 분석 및 해석 AfL: 관찰 • 정원 활동에 대한 분류 계획 작성 AfL: 토론	• 질문 만들기, 정보 수집(1차 및 2차 자료), 데이터 해석(그래프, 그래픽 조직자), 결과 발표(미디어 작업, 구두 발표, 노트 및 기능, 그림, 표와 그래프). (사회, 과학, 국어) • 과학적 조사 방법 활용	• 탐구/조사 모델 탐구 • 학급에서 계획서 제안 • 제안서 제출 및 필요로 하는 조사 활동 단계별로 추진하면서 평가 정교화하기 • 학생들이 과제를 수행하는 과정을 모두 전자 녹음함

• 시청 회의 계획을 위한 조사 및 주요 내용 작성 AfL: 체크리스트, 피드백 제출 차별화/학생이 주도하는 학습: 능력/학습 유형 혼합 그룹	• 질문 만들기, 정보 수집(1차 및 2차 자료), 데이터 해석(그래프, 그래픽 조직자) 및 결과 발표(미디어 작업, 구두 발표, 노트 및 기능, 그림, 표와 그래프)(사회)	탐구 기능 기술 소양
• 역할극을 위한 드라마 테크놀로지 검토하기 • 그룹별로 시의회 패널 발표 역할극 리허설하기 AfL: 루브릭 동료 평가 차별화: 능력/학습 유형 혼합 그룹 *Kim & Sandy−짝 *Joseph−단독 *Ira, Judy, Tina는 보조교사^{EA}와 함께	• 다양한 청중과 다양한 목적에 따라 다양한 의사소통 방법 활용하기(과학, 국어) • 감정, 아이디어, 및 이야기로 의사소통하는 드라마 요소 및 형태를 활용해서 창의적인 절차로 연극하기(드라마)	역할극 구두 발표 창작하기 수행/평가로서 역할극
• 보고서 작성과 편집 1. 시청 회의 회의록 개요 2. 편집자에게 편지 쓰기 AfL: 교사와 동료로부터의 피드백, 수정	다양한 청중과 다양한 목적에 따라 다양한 의사소통 유형 활용하기(과학, 국어) 편집 절차(국어, 쓰기)	시청회의 끝 무렵에 편지 두 통 보내기
• 환경 관련 전자 저널(AaL)	다양한 글쓰기 주제와 목적 확인하기 글에 개인의 의견 담기	환경보호에 대한 책임의식

(3) 1일 교수·학습 활동/평가 도구 개발하기

학생들은 〈표 5−8〉을 활용해서 두 번째 소단원에서 조사하기로 한 절차를 밟는다. 모든 루브릭들처럼 루브릭 형태의 안내문은 학생들이 수행한 수준을 스스로 평가하도록 돕는다.

표 5-8 조사 절차 루브릭

준거	완전 성취함	능숙함	개선 중	시작함
계획서 작성 (사고)	학생은: • Know 관련 질문에 답하는 방식을 브레인스토밍했다(누가, 무엇을, 어디서, 언제). • 독자적인 그때 꾀 조사자료 개발하여 논리적 방식으로 모든 정보를 수집하고 조직했다.	학생은: • Know 관련 질문에 답하는 방식을 브레인스토밍했다(누가, 무엇을, 어디서, 언제). • 교실에서 제공하는 그때 꾀 조사자료 선택하여 논리적 방식으로 모든 정보를 수집하고 조직했다.	학생은: • Know 관련 질문에 답하는 방식을 설명했다(누가, 무엇을, 어디서, 언제). • 교사가 제시하는 그때 꾀 조사자를 사용하여 정보를 수집하고 조직했다.	학생은: • 조사를 하면서 브레인스토밍 웹을 만들고 정보를 추가하고 있다.
자료 원천 다양하게 탐색	• 계획에 필요한 모든 자료들을 다양하게 사용했다(책, 기사, 웹사이트, 블로그, 팟캐스트, 비디오 등).	• 계획에 필요한 대부분의 자료들을 다양하게 사용했다 (책, 기사, 웹사이트, 블로그, 팟캐스트, 비디오 등).	• 몇 가지 질문 관련 정보를 검색했다.	• 주제 관련 몇 가지 정보를 검색했다.
인용 자료	• 교실에서 정한 양식에 맞춰서 모든 자료를 바르게 인용했다.	• 교실에서 정한 양식에 맞춰서 대부분의 자료를 오류 없이 인용했다.	• 각 자료의 제목, 저자, 자료 출처를 표기했다(책, 웹사이트 등). • 교실에서 정한 틀에 맞게 했다.	• 교사가 제시한 표에 자료를 표기했다. • 교과 저자를 표기했다.
노트하기	• 나름대로 틀을 만들어서 조사한 자료를 효과적으로 기록하고 조직했다.	• 교실에서 만든 틀에 조사한 자료를 효과적으로 기록하고 조직했다.	• 자료 목록을 작성하면서 자료를 기록하고 조직하고 있다.	• 무작위로 자료를 기록하고 조사하고 있다.
결과 분석과 해석	• 관련 자료를 기반으로 통찰하고, 분석하고 해석하여 논리적인 결론을 내렸다.	• 관련 자료를 기반으로 통찰하고, 분석하고 해석하여 적절한 결론을 내렸다.	• 수집한 자료에 근거해서 결론을 내렸다.	• 제한된 자료로 결론을 내렸다.

발전을 위한 제안:

질문은 교과를 아우르는 기능을 탐구하는 데 초점을 두고 있고, 이는 단원 개발에서 중요하다. 이를 위해서 Q-차트를 활용할 수 있다. Q-차트를 놓고, 학생들은 해당 칸에 적절한 질문들을 만든다(〈표 5-9〉 참조). 질문은 고등사고 기능을 사용하도록 하기 위해서, '왜' '어떻게'와 같은 육하원칙을 다루는 의문사를 사용해서 만들 수 있다. 게임을 이용해서 이런 질문을 만들 수도 있다. 학생들은 이런 질문을 만들면서 동시에 각 질문에 대답하려는 시도를 한다. 이런 질문은 또 조사 활동이나 탐구 활동을 안내할 수도 있다(Q-차트 활용에 대해서는 www.youtube.com/watch?v=Uy44j7p2E04을 참조하라).

표 5-9 질문 작성에 활용할 수 있는 Q-차트

	~하고 있다	~했다	~할 수 있다	~할 것이다
무엇을				
어디서				
언제				
누가				
어떻게				

출처: 원출처 미상; Joe Ribera가 구성한 유튜브 비디오의 사회과 wiki(www.youtube.com/watch?v=Uy44j7p2E04)에서 검색.

3. 교육과정 개발 체크리스트

여러분이 알고 있듯이 적절하고 책무성 있는 통합교육과정을 개발하면서 교육과정, 교수·학습, 가르침, 학습, 평가를 종합적으로 이해할 수 있다. 〈표 5-10〉은 이런 교육과정 개발 절차를 검토할 수 있는 체크리스트이다. 이 표는 루브릭 형태의 체크리스트로, 좌측 절차에 따라서 우측에 질적인 코멘트나 통찰을 위한 공간을 두고 있다. 이 표는 단일 교과 교육과정(분과형 교육과정)을 개발할 때도 사용할 수 있다.

표 5-10　통합형 단원 개발 체크리스트

교육과정 개발 과정	나는;	코멘트
교육과정 알기	주 교육과정 총론을 고려했는가? 교과 교육과정을 안내하는 문서를 훑어보았는가?	
학생 알기	학생의 학습 선호도를 고려했는가? (다중지능 등을 조사했는가?) 교수·학습/평가 전략이 다양한가? 교육과정을 적절하게 차별화하고 학생주도화했는가?	
사전 계획 브레인스토밍	교과들을 통합할 수 있는 연결점을 브레인스토밍했는가? 교사로 활용할 수 있는 외부 전문가는 있는가?	
스캔과 클러스터	해당 학년보다 두 학년 아래와 한 학년 위의 각 교과를 종적으로 스캔 했는가? 스캔 결과를 바탕으로 KDB를 중심으로 클러스터했는가? 수평적 스캔을 해서(해당 학년의 교과를 검토해서) 교과들을 아우르 는 KDB를 정리했는가?	
단원의 초점	단원의 초점이 학생들의 연령단계에 적합하고 적절한가?	
교육과정 결과 (성취기준) 분석	스캔과 클러스터를 해서, 교과를 아우르는 교육과정 결과를 도출했는 가? Know(명사), Do(동사), Be 차트를 만들었는가?	
KDB 우산 본질적 질문	KDB를 실제로 가르치고 평가할 수 있도록 선정했는가? KDB와 연계해서 계획하기 위한 본질적 질문을 만들었는가? 본질적 질문은 탐구를 권장하며 복합적인 답이 가능한가?	
탐색 웹	탐색 웹을 작성하면서 결과나 KDB에 적합한 수행/평가 활동들을 브 레인스토밍했는가?	
수행/평가 과제[RPAT]	학생들에게 그들이 수행/평가할 RPAT를 명확하게 설명하였는가? 학생들에게서 KDB가 드러나는가? 본질적 질문과는 맞는가?	
평가 도구	RPAT에 적절한 평가 도구를 개발했는가? 루브릭을 명시적이고, 유의미하며, 적절하게 작성했는가?	
본질적 질문 웹	본질적 질문들을 문항별로 브레인스토밍하고 웹을 작성했는가? 본질적 질문을 중심으로 교수·학습/평가 전략들을 계속해서 조정하 고 정교화했는가? 모든 교수·학습 전략들이 RPAT나 KDB와 일관성이 있는가?	

1일 교수·학습/ 평가 활동	RPAT를 수행할 수 있도록 1일 교수·학습/평가 활동들을 구성하였는가?	
	학생들은 자신이 수행하고 시연하는 과제에 대해 모든 측면에서 지도를 받고 있는가?	
	교수·학습^{AfL} 도구를 개발하였는가?	
	AaL을 포함하고 있는가?	
	차별화 및 학생주도화하고 있는가?	
	학생은 능동적인 학습자인가?	
일관성 체크	교육과정 일관성을 계속 확인하고 되짚고 있는가?	

4. 평가에 대해

여러분이 교과 통합형 단원을 개발해서 실행하면서 여기에서는 평가를 어떻게 다룰까 하는 질문을 할 수 있을 것이다. 이 책에서 우리가 계속 강조해 온 원칙들을 그대로 통합교육과정에도 적용할 수 있다. 평가는 공정성, 신뢰성, 타당성이 필요하며, 주로 AfL 형태를 취하고, 이는 평가와 교수·학습을 구분하지 않는다. 우리는 이 장에서 여러분에게 4학년 단원을 예시로 들어서, 교수·학습과 평가 둘 모두를 위해 평가 도구를 사용하라고 권장했다. Q-차트, 조사 활동 루브릭을 사용하면, 교사와 학생 모두 교수·학습의 목적 및 기대하는 성취를 좀 더 명확하게 견지할 수 있고 교사는 학생이 습득한 기능이나 이해 정도, 다음 단계로 진행해야 할지 여부를 판단할 수 있는 정보를 얻을 수 있다.

각 소단원에는 각 교과의 학습 목표를 포함하고 있다. 따라서 교과에서 학생이 습득하기를 기대하는 것을 명확히 드러낼 수 있다. 앞에서 말했듯이 통합교육과정을 개발하는 대부분의 교사는 교육과정을 개발하고 실행하는 거의 모든 과정을 학생들과 함께한다.

교과 통합 단원에서는 종종 학생도 교사도 모두 그들이 한 활동을 교과로 구분하기 어렵다. 예를 들어, 여러분이 '원인과 결과'를 분석했다면, 이것은 사회 교과인가 과학 교과인가? 대부분 교사들은 통합교육과정에서 교과를 엄격하게 구별하지 않는다고 답한다. 오히려 (원인과 결과) 활동을 토대로 과학과 사회 교과 모두 동일한 점수를 주었다. 유사한 점에서 교과를 아우르는 루브릭을 사용해서 조사하거나 과제를 수행하면서, 사회와 과학 두 교과를 동시에 성취하고 평가한다. 예를 들어, 학생들의 제안서 발표를 바탕으로 영어, 과학, 사회과의 의사소통 능력을 평가한다. 통합교육과정에서는 이렇게 실행과 동시에 평가를 함으로써 실제로 좀 더 효율적이다. 기억해야 할 것은 결국 학생들이 한 것(교사가 가르친 것)을 종합적으로 평가해야 한다는 점이다. 만약 여러분이 (RPAT로) 드라마 발표를 계획하고 있고, 드라마 발표와 관련해서 평가를 하려고 한다면, 학생들은 드라마 발표 관련 기능들을 배우거나 다루어야 한다. 특히 드라마 발표(RPAT)에서 파워포인트 프레젠테이션을 사용해야 한다면, 학생들이 파워포인트를 사용해야 한다는 것을 당연하게 여겨서는 안 된다. 평가하기 전에 학생들이 수업을 통해 이런 기능을 배울 수 있어야 평가가 공정하다.

여기서 잠깐! 교실에서 평가 실제(간학문적 교육과정의 경우)

간학문적 교육과정에서 평가는 무엇이 다를까? 온타리오주 Melissa Dixon은 자신이 만든 통합교육과정을 가르치면서 효과적인 평가 방법을 모색했다. Melissa는 평가를 기록하는 노트 한 쪽에 통합한 모든 교과의 결과(성취기준) 목록을 만들어서 첨부했다. 그리고 학생들이 활동을 하고 나면, 그 결과가 어느 교과의 성취수준인지를 기록했다. 특정 교과에서 학생의 성적을 낼 필요가 있을 때, Melissa는 과제의 난이도를 고려하여 학생들이이 성취한 수준을 판단한다. 그리고 Melissa는 이것을 통지표에서 제시하는 문장이나 등급으로 표기한다.

어떤 교사들은 교과 통합형 학습이 교과라는 안전지대를 벗어난다고 걱정한다. 지금까지 수업 경험으로 쌓은 '전문성'을 유지하는 것보다는 타 교과의 자료들을 가지고 가르치고 배우는 활동은 확실히 신선하며 도전적이다. 예를 들어, 과학 주제로 쓴 저널을 평가할 때 평가 루브릭이 타당한지를 영어 교사가 검토해야 할까? 해결 가능한 방식은 두 교과 교사가 협력하는 것이다. 과학 교사는 과학 내용을 평가하고 영어 교사는 저널의 형식이나 구성을 평가할 수 있다.

호주 애들레이드주에 있는 호주 과학 및 수학 학교는 오래 동안 두 교과를 통합한 프로그램을 운영하면서 평가 방법도 탐구해 왔다(Drake, 2012). 교사들은 하나의 과제를 토대로 2개 이상의 교과를 평가한다. 간학문적으로 개발한 한 단원에서 학생들은 기술적 발명에 대한 역사적, 과학적, 기술적 관점을 탐구했다. 학생들은 기술이 사회에 미치는 영향에 대한 에세이를 썼다. 이 에세이 작성을 안내하는 루브릭을 사용했고, 작성한 에세이로 역사, 과학, 기술 교과를 평가했다. 영어 교사는 모든 에세이를 평가했고, 기술 교사는 기술 에세이를 평가했으며, 역사 교사는 역사 에세이를 평가했다.

다른 단원에서는 학생들이 과학 탐구 과제를 수행하고 다양한 청중들에게 편지를 썼다. 이 편지쓰기는 영어 교과 교육과정을 충족하는 것이었고, 단원 운영에 같이 참여한 각 교과 교사들이 모두 평가에 참여했다. 영어 교사는 과학 교사에게 무엇을 중점으로 보고 평가해야 하는지 '도움'을 받았고, 평가할 것을 가르치는 팁을 얻었다. 동시에 과학 및 기술 교사는 영어 교사에게 과학 및 기술 내용을 설명해 주었다. 또 다른 연구 과제에서는 학생의 지식과 기능을 총괄 평가하기 위해 지역사회의 전문가를 초청했다. 교사들은 종합적인 평가 도구를 사용하도록 전문가들을 교육했다.

이들은 평가에 매우 주의를 기울였다. 그들은 평가를 신뢰하는 것이 통합 프로그램을 지속하는 데 매우 중요하다는 것을 알고 있었다. 그들은 교육과정과 평가를 계획하기 위해 정기적으로 만난다. 그들은 교사와 학생의 반응에 따라 루브릭(평가 도구)을 검토하고 수정하면서 개발했다. 이를 위해서 지속적으로 토론하고 평가는 최대한 자제했다. 그들은 학생들에게 무엇을 기대하는지를 다양한 방식으로 명확히 안내했다.

✋ **여기서 잠깐!**   간학문적 교육과정 평가의 권위

온타리오주에서 교사생활을 하는 Donna Stewart의 학생들은 정말 중요한 문제에 참여하고 있었다. 그 지역의 피리 물떼새는 지역 해변의 서식지를 잃을 위험에 처해 있었다. 여행 산업 촉진을 위해 해변을 확장한 것이 이 새의 개체 수에 영향을 미쳤다. 그것은 지역사회와 관련된 환경 이슈였다. 아이들은 그 이슈에 대해 논픽션 정보 글을 작성했다. 그들의 글쓰기 작업은 영어 및 과학 교사가 총괄 평가했지만 더 진정한 평가는 지역사회에서 이루어졌다. 학생들의 글은 지역사회의 여행 정보 센터를 통해 출판 · 배부되었다. 지역의 환경 단체는 Trillium 펀딩을 받아서 출판 비용을 충당했다. 몇 년이 지난 오늘날에도 학생들은 여전히 그 단원에 대한 이야기를 한다. 그들은 또한 학교를 졸업한 후에도 그 단원에 관해 여전히 배우고 있다.

---

5. 결론

이 장에서 우리는 통합교육과정을 어떻게 개발하는지를 살펴보았다. 우리는 통합교육과정을 개발하는 과정에서 만나는 몇 가지 쟁점들을 검토했다. 그리고 우리는 실제 교과 통합형 단원을 개발하는 과정을 제시했다. 마지막으로 우리는 간학문적 접근으로 단원을 개발할 때 평가 문제를 짚어 보았다.

토론해 봅시다

1. 통합할 만한 교과를 2개 정도 선택하시오. 각 교과 교사들이 서로 협력하면 더욱 좋을 것이다. 그리고 각 교과를 안내하는 교과 교육과정 문서를 읽어 보시오.
2. 학년을 선택하고, 종적·횡적 스캔과 클러스터를 해 보시오. 그리고 개발할 교과 통합 단원에서 중점을 둘 결과를 정리해 보시오.
3. KDB 분석 차트와 우산을 완성하시오.
4. RPAT를 개발해 보시오. 어떤 평가 도구가 적절한가?
5. 적용할 교수·학습 전략들은 무엇인가?
6. 체크리스트(〈표 5-10〉 참조)와는 다른 어떤 것이 가능한가?

21세기 교사 이야기  제6장

1. 다시 이야기 모델로

우리는 이 책에서 캐나다 교육 이야기를 했다. 오늘날 교사들은 원하든 원하지 않든 범지역적이고 범세계적인 환경에서 산다. 실제로 21세기 기능들을 연구해 온 Heidi Hayes Jacobs(2010, p. 211)는 학생들이 이미 "21세기를 살고 있으며, 그들은 학교교육도 21세기가 되기를 기다리고 있다."라고 말한다. 우리는 교사로서 우리가 실행하는 교육과정에 이런 21세기 가치나 신념을 넣어서 새로운 이야기를 만들 수 있다.

우리는 지금 이 책의 마지막 장에서 이야기 모델을 활용해서 이런 21세기 교사 이야기를 탐구하고자 한다.

2. 개인 이야기

이야기 모델에서 개인 이야기는 가장 안 쪽에 위치한다. 교사는 처음에 개인적으로 한 경험, 현재의 가치와 신념, 미래에 대한 기대를 통해서 자신의 교육과정 실행의 의미를 형성해 간다. 오래 된 속담 중에 이런 말이 있다. '교사는 자신이 배웠던 방식으로 가르친다.' 그러나 이 책에서 보듯이 21세기에는 이런 속담이 더 이상 통하지 않을 것이다.

성찰하는 실천가(Schön, 1983)가 되는 것이 무엇보다 중요하다. John Dewey(1910)도 성찰 없이는 성장할 수 없다고 말해 왔다. 순환하는 학습을 하는 데 성찰은 매우 중요하다. 성찰은 우리를 변화하는 시대를 더 잘 살도록

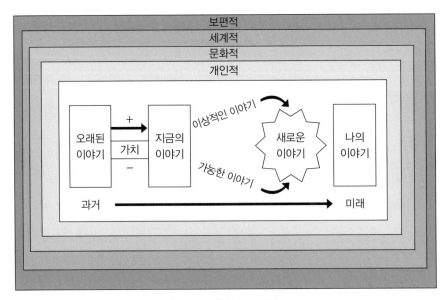

[그림 6-1] 이야기 모델

도와준다. 오늘날 학습은 '학습^learning—탈학습^unlearning—재학습^relearning' 과정을 필요로 한다. 따라서 어느 정도 모호하고(불확실성), 긴장이나 불편을 내포하고 있다. 또 오늘날 학습은 어느 정도 자신의 가치를 개인적으로 성찰하는 활동을 내포하고 있다. 실제로 드러나든 드러나지 않든 말이다.

우리는 여러분이 이 장을 성찰적인 태도로 읽기를 바란다. 여러분의 가치는 무엇인가? 그것을 여러분의 교육과정 실행 및 연구와 어떻게 일치시킬 것인가? 여러분의 수업에서는 여러분의 가치가 드러나는가? 캐나다 교육 학회에서는 'Teaching the Way We Aspire to Teach: Now and in the Future' (2012) 연구를 통해서 캐나다 교사들에게 '여러분의 가치가 무엇인가'라고 질문했다. 이 질문에 응한 교사들의 대답을 분석한 결과는 다음과 같다.

- 교수·학습에 대한 열정
- 학생을 보살피는 데 헌신
- 위험을 감수하는 창의성, 융통성, 의지
- 지식과 자기주도적인 추진
- 에너지, 열정, 참여
- 진심, 협업, 소속감

대부분의 교사들은 실제로 그들이 가르치기를 바라는 방식으로 가르치지만 안타깝게도 그것이 일관성 있고 조직적으로 나타나지는 않는다. 그리고 이 연구에 따르면 약 220명의 학생들이 자신의 일을 사랑하는 교사, 학생들을 믿는 교사, 인간적으로 행동하는 교사를 원했다(Wolpert-Gawron, 2012). 결국 교사들이 바라는 교사상과 학생들이 바라는 교사상 간에는 유사점이 많았다(또 학생들이 선호하는 교사의 교수 전략으로는 교사들이 동료와 함께 하거나, 테크놀로지를 이용할 때 선택, 다양성을 제공하고, 현실 세계와 연결하거나, 프로젝트기반의 학습을 좋아하였다).

자신의 실제 및 경험을 성찰하지 않는 교사는 Jack Whitehead(2012)가 '실천상의 괴리living contradiction'라고 표현하는 것을 느끼기 힘들다. 실천상의 괴리는 교사가 추구하는 가치와 실행하는 실제가 맞지 않을 때 경험하는 긴장 같은 것이다. 교사들은 늘 지금까지 전통적으로 해 온 전형들old story과 새로 등장하고 있는 것들 사이에서 어려움을 겪는다. 예를 들어, 학습을 위한 평가AfL를 추구하는 교사는 평가 등급을 매기라는 요청이 있을 때, 또 학생들이 한 노력이나 시간을 엄수하는 것에 가치를 두는 교사들은 등급이나 점수를 없애려는 정책이 나올 때, 일종의 괴리감을 느낀다.

우리는 이 책에서 여러분이 하던 일을 잠시 멈추고 그것을 성찰해 보기를 바란다. 새로운 이야기가 등장할 때 그것이 옳지 않다고 생각하거나 느낄 수 있다. 예를 들어, 강의를 주로 하는 교사는 탐구 학습이나 테크놀로지 기반 학습을 요구할 때 저항감을 느낄 수도 있다. Whitehead는 모든 실천가들에게 "나는 주어진 체계 속에서 나의 실제를, 내가 지지하는 가치를 어떻게 실현할 것인가?" 혹은 "나는 나의 가치와 실천 사이의 간격을 어떻게 줄일 것인가?" 하는 질문에 답해 보아야 한다고 주장한다.

이런 모순을 해소하려면 서로 대립하는 것처럼 보이는 오래된 이야기와 새로운 이야기를 조화시키거나 종합하는 방식을 취해야 한다. 학생들을 돌보고, 학생들의 성장에서 즐거움을 찾고, 전문성을 신장하려고 노력하는 것은 이전부터 있었던 좋은 교사의 모습이다.

1) 실천상의 괴리

온타리오주의 Helen Pereira-Raso는 학생들에게 필요한 것을 학습하도록 도와주는 것과 학생들이 스스로 발견할 수 있도록 학습 자립을 키워 주는 것 사이에서 자신이 겪은 실천상의 괴리에 대한 이야기를 해 주었다.

프로젝트를 기반으로 하는 교수·학습으로 전환하기가 쉽지 않았다. 나는 내가 프로젝트기반 학습의 뿌리를 이해하지 못하고 있었다는 것을 이제야 깨달았다. 처음에 내가 프로젝트형 단원을 개발해서 운영할 때, 나는 학생들의 학습을 도와주지 않았다. 나는 학생들에게 그들이 수행할 과제를 할당하고, 그것을 프로젝트로 구성했다. 나는 프로젝트 과정에서 교수·학습이나 평가를 조정하지 않았다. 둘을 동시에 설계하는 일은 당시 나로서는 어려운 일이었다. 나는 학생들을 참여시키는 데 어느 정도 성공을 거두었지만, 그것도 내가 원하는 만큼은 아니었다. 학생들은 당연히 학습해야 할 것을 이해하지 못했다. 또 학생들은 대부분의 과제를 스스로 해결해야 한다는 사실과 이 과제를 장시간 해야 한다는 사실에 좌절했다. 학생들은 내가 자신들의 학습을 제대로 평가하고 있는지에 대해서도 확신하지 못했다. 학생들은 오로지 그들이 친구들과 부모님 앞에서 세미나 발표를 해야 한다는 것 정도로만 알고 있었다.

학생들도 나도 혼란스러웠다. 나는 내가 세운 목적에 확신이 없었다. 나는 나를 스스로 무언가로 인식하지 못하고 있다는 것도 명확하게 알게 되었다. 어떤 학습이든 목적을 명확히 한 후 출발해야 한다. 나는 Rudy Crewe(2011)가 초임교사에게 한 말을 확인해 보았다. "나는 생각을 잘 한다. … 나는 지금도 생각하고 있다. 열정과 학생들을 사랑하는 마음만으로는 부족하다. 나는 목적, 계획, 전략, 기술할 줄 아는 교사로 성장해야 한다는 것을 배웠다. 이런 역량이 없다면, 나는 희망이라는 수술 도구만 사용하는 외과전문의와 같을 것이다." (p. 20)

Crewe처럼 나도 프로젝트를 기반으로 하는 학습을 시도한 첫 번째 도전은 내가 나의 교수를 성찰하는 계기였다. 나는 학생들에게 실제로 배우고 싶은 것이 무엇인지를 물었다. 우리는 무엇을 하고, 왜 그것을 하며, 어떻게 그것을 하지? 학습을 도와주는 것과 학생들 스스로 발견하도록 하는 것 사이의 균형은 뭐지?

여기서 잠깐! **실천상의 괴리**[living contradiction]

프린스 에드워드 아일랜드주 교사인 David Costello(2012)는 1, 2학년 읽기를 가르친 자신의 경험을 바탕으로 실천상의 괴리 문제를 탐구하는 현장 연구를 수행했다. David는 둘 다 가능하다는 점을 찾으면서 이 문제를 해결했다.

연구를 시작할 때, 나의 읽기 수업은 교실 밖에서 외부인이 결정해 놓은 것을 기반으로 해 왔다. 이런 것을 결정하는 데 학생들의 요구는 거의 고려하지 않는다. 내가 교실 교사이며, 매일 수업에서 수많은 것들을 결정을 할 수 있다는 사실을 인식하지 못했다. 나는 Mainstream 초등학교의 문해력 프로그램 계획을 사용하면서 학생의 요구는 나의 수업이나 평가를 보완하는 것으로 활용했다. 학생들의 지식을 사용할 것인가 혹은 학생들의 읽기 능력을 개선할 목적으로 만들어 놓은 교수·학습 자료를 사용할 것인가? 이 문제는 순전히 나에게 달려 있다(p. 58).

서스캐처원주에서 교사생활을 하는 Shelley Wright(2012)는 자신의 블로그에 그녀가 처음 교사를 시작했을 때부터 지금까지 자신의 수업에 대한 생각이 어떻게 변해 왔는지를 기록하고 있다. 아마도 이런 생각의 전환은 그녀가 개인적으로 실천상의 괴리 문제를 해결해 온 과정일 것이다. 그녀는 "난 내가 생각했던 많은 것들을 단념하면서 더 좋은 교사가 되었어."라고 글을 마무리 지었다. Shelley의 생각이 어떤 과정을 겪으며 변해 왔는지를 〈표 6-1〉에 요약하였다.

표 6-1 경력에 따른 Shelley Wright의 생각의 변화

나는 이렇게 생각했었다.	나는 지금 이렇게 생각한다.
말을 잘 듣고, 잘 행동하는 학생들이 이상적이다.	자신의 미래(삶)를 준비하기 위해 90%를 미리 생각하는 학생들이 두렵다.
읽기는 국어 교사의 일이다.	모든 교사는 읽기를 가르칠 책임이 있다.

몇몇 학생들은 게으르고, 무기력하며, 학교에 맞지 않는다.	몇몇 학생들에게 맞지 않는 것은 학교이다. 학생들은 배우는 것을 좋아하지만 학생들은 내가 가르치는 것을 배우지 않는다.
학생들은 수동적인 학습자이다. 내가 지식으로 채워야 할 빈 그릇이다.	학생들은 변화 가능한 반성적인 학습자이며 나를 가르친다.
나는 내용을 전달해야 한다.	학생들은 나와 함께 교육과정을 개발할 능력이 있다. 학생들은 교육과정 성취기준을 선택하는 것부터 단원을 개발하고, 평가 준거까지 모두 함께 개발할 수 있다.
내용은 수업을 통해서 전달해야 할 가장 중요한 것이다.	배워야 할 혹은 형성해야 할 가장 중요한 것은 기능들이다(예를 들어, 협력, 비판적 사고력, 정보 관리 등).
과제는 내가 통제해야 한다.	과제는 학습을 풍부하게 하는 것일 뿐이다.
점수는 중요하다.	점수는 큰 의미가 없다. 오직 피드백을 원할 뿐이다.
테크놀로지는 자료를 찾기 위한 것이다.	테크놀로지는 학습 과정의 모든 단계에 영향을 미친다.
K-12학년별로 교육과정을 조직하는 것은 타당하다. 단, 몇몇 학생들은 그래도 성공적으로 성취하기 힘들다.	모든 학생들은 성공하길 원한다. 나의 일은 학생들이 모두 성공할 수 있는 방법을 찾도록 돕는 것이다. 학생들은 그들이 원하는 것을 나에게 충분히 보여 줄 수 있다. 단, 교사로서 내가 진지하게 질문하고 듣는다면 말이다.
시험은 학생들이 배운 것을 알려 주며 중요하다.	학습을 다양한 형식으로 포착해야 한다.

3. 문화적이고 세계적인 이야기

새로운 이야기는 문화적/세계적 이야기를 탐구한다. 가령 우리가 제1장에서 설명한 Michael Fullan(2013)이 제안하는 21세기 학습에 대한 이야기들이 여기에 해당한다. 테크놀로지가 미치는 영향도 전 세계이기 때문에 세계적 이야기가 될 수 있다. 오늘날의 문화적/세계적 이런 이야기들은 주로 다음 3가지 요소들을 포함할 수 있을 것이다.

1. 학습을 가속화하는 테크놀로지
2. 21세기 기능들을 딥 러닝하는 새로운 교수학
3. 변화 주체로서 교사

1) 21세기 교사

우리는 이 책에서 21세기 특성을 띠는 선도 교사들을 만나서 대화를 나누었다. 우리가 만난 21세기 교사들은 교육과정 성취기준을 고려해서 평가를 설계하면서 수업 시간에 할 것들을 정하는 편이었다. 적합성과 책무성을 동시에 충족시키는 전략을 사용하였다. 이런 교사들은 또 테크놀로지를 사용하여 학생들의 학습을 고양하고, 학습한 것을 더 정밀하게 평가했다. 교사들은 늘 테크놀로지를 사려 깊게 사용하고, 항상 교수를 지원하는 도구로 사용했다. 이런 교사들은 대부분 구성주의에 기반한 신념을 가지고 있었다. 그들은 전통적인 교수 방법이 적절하다고 생각할 때는 전통적인 교수 방법을 활용하며, 또 학생을 위해서 교육과정을 차별화, 학습자주도로 해야 한다고 생각할 때는 이런 것들도 수용했다.

21세기 교사들은 종종 그들의 교실을 좀 더 개방하는 편이다. 부모들이 접속 가능한 교실 웹사이트를 가지고 있기도 하고, 누구나 교실에 접근 가능하도록 한다. 그들은 자신의 교실에서 실행한 교육과정을 블로그에 올리며 성찰하는 글을 쓰고, 실행을 스스로 개선해 간다. 그들은 학생들과 관계 형성을 강화하고, 동료들과 협력하며, 자신의 전문성을 개선하는 활동에 적극적이다. 그들은 교육과정 실행에서 학생들을 보살피는 데 중점을 두면서, 학생들이 전인으로 성장하도록 돕는다. 무엇보다 그들은 변화를 원한다.

2) 테크놀로지

요즘 학생들을 흔히들 디지털 세대라고 부른다. 그들은 테크놀로지를 사용하며 자랐고 이를 당연시한다(Prensky, 2001). 성인들은 언어를 구사할 수 있지만 디지털 이민자이기도 하다. 이제 테크놀로지는 젊은이들의 삶에 상당한 영향을 미치고 있으며 디지털 세대로 태어난 아이들의 두뇌도 예전과는 다른 방식으로 발달한다고 한다. 왜냐하면 디지털 미디어에 지속적으로 노출되면서 그들의 뇌에도 영향을 미치기 때문이다(Small & Vorgan, 2008). 나아가 Prensky(2013)는 다음과 같은 말을 한다.

테크놀로지는 우리 뇌를 확장한다. 이것은 새로운 사고하는 방식이다. 이런 사고는 가변성, 불확실성, 복잡성, 애매모호성이라는 새로운 맥락에서 겪는 어려움들을 처리할 수 있게 한다. 이 세계에서 인간은 더 이상 가장 강력한 존재가 아니다. 오랫동안 인간이 가진 능력은 '유효하고' 이제는 인간이 가진 능력만으로는 충분하지 않다. 테크놀로지는 우리에게 필요한 새로운 능력을 제공한다. 따라서 테크놀로지는 정신 활동에서 '추가'된 어떤 것이 아니라, 테크놀로지는 새로운 정신 활동 중 '하나'이다(p. 22).

(1) 디지털 시민

통상 Web은 정보를 전달하는 것이었다. Web 2.0에서는 이제 상호작용이 가능하다. 사람들이 정보를 공유하고 새로운 지식을 만들 수 있는 사회적 연결망이 되었다. Web 2.0은 궁극적으로 가치중립적이지만, 사람들이 사용하는 방식에 따라 긍정적, 부정적인 영향을 미칠 수 있다.

온타리오주의 예비교사인 Amber Botelho는 11학년 미디어 수업에서 사회적 연결망 단원을 개발했다. Amber는 학습 목적을 학생들이 사회적 연결망이 주는 위험과 이익을 심도 있게 이해하고, 어떻게 더 안전하게 네트워크를 다양화할 수 있는지, 온라인에서 한 그들의 행동이 일상에 어떤 영향을 미치는지를 알아보는 데 두었다. Amber는 학생들이 사회적 미디어를 그녀보다 더 많이 사용하길 기대했다. 이에 학생들이 이미 알고/사용하고 있는 미디어들이 어느 정도인지를 진단 · 평가하였다. 모든 학생들이 컴퓨터에 접근 가능했고, 95%의 학생들이 페이스북, 트위터, 텀블러와 같은 사회적 연결망 중 최소한 한 개 이상을 사용하고 있었다. 그러나 이런 사회적 연결망 관련 정보 보호, 사생활 정책들에 대해 아는 학생들은 몇몇밖에 없었다.

 디지털 시민성 가르치기

인터넷은 긍정적인 면과 부정적인 면을 동시에 가지고 있다. 이에 학생들에게 이런 인터넷을 어떻게 다뤄야 하는지를 가르치는 것이 중요하다. 예를 들어, 사회적 연결망들은 학습 도구로서도 강력하지만, 사이버 폭력을 증가시키는 매개체이기도 하다. 알버타주의 Bill Belsey는 antibullying.com을 창시한 사람인데, 세계적인 관심을 끌기도 했다. 교사들은 Belsey를 통해서 온라인 코스에 접속할 수 있고, 이를 통해서 학생들에게 사이버 폭력이 무엇인지를 이해시키고, 사이버 폭력을 느낄 때 어떻게 대응할 수 있는지를 알려 줄 수 있다. 교사는 디지털 시민성을 가르칠 수 있고 학생도 배울 수 있다.

Amber는 직소 전략을 사용했다. 그녀는 '전문가' 그룹을 4개 구성했다. 각 그룹에게 사회적 연결망 사이트를 배정해 주었다(텀블러, 트위터, 유튜브, 핀터레스트). Amber는 페이스북을 활용해서 교실에서 토의를 했다. 학생들은 할당된 사회적 연결망을 통해서 개인 계정을 개설했다. 주제는 사생활, 윤리, 사이버 폭력, 네티켓 등 최근의 이슈들이었다. 학생들은 배정받은 네트워크의 사생활 정책, 사이트에 올라온 불쾌한 글에 대응하는 법, 사이버 폭력에

관한 공통 양식 등을 조사했다. 학생들은 각 전문가 그룹에서 토의하고 그들이 알게 된 것을 기록한 후에, 본 그룹으로 돌아가서 서로 다른 사회적 연결망을 조사한 구성들이 다시 모여서 학습했다.

RPAT는 캠페인이었다. 학생들은 주제 하나를 정하고, 그들이 좋아하는 의사소통 수단 중 하나를 선택했다(광고, 포스터, 팸플릿, 온라인 광고 등). 각 전문가 그룹 대표 학생들을 조직했다. 학생들은 청중을 정하고, 캠페인에 어떤 정보를 어디에 게시할지뿐만 아니라 그들의 선택이 타당한지도 확인하였다.

(2) 테크놀로지와 변화

지식이 빠르게 급속도로 변하면서, 우리는 향후 몇 년 동안 학교에서 어떤 테크놀로지를 사용할지 예측하기 힘든 상황이다. K-12학년에서 시도하고 있는 블랜디드 학습blended learning(온-오프라인 학습을 결합한 학습법)이나 하이브리드 학습hybrid learning 등 학습하는 방법들이 변하고 있다(Horn, 2013). 심지어 새로 짓는 학교들을 처음부터 인터넷 접근이 가능하도록, 소집단 학습이 가능하도록 짓고 있다. 교실도 상호작용이 활발한 장소로 변하고 있다(Ash, 2013).

어떤 교육용 앱을 활용할지 예측하는 것도 쉽지 않다. 오늘날 교사들이 주로 사용하는 앱들을 보면 다음과 같다(Della Vedova, 2013).

- 교실에서 스카이프나 구글, 행아웃을 사용해서 콘퍼런스를 한다.
- 칸 아카데미와 같은 온라인에서 개방하는 교육과정을 사용한다.
- 다양한 툴과 온라인 토의 공간을 제공하는 Edmodo, Schoology와 같은 학습 관리 체계Learning Management Systems: LMS를 사용한다.
- 트위터, 페이스북, 인스타그램, 핀터레스트와 같은 사회적 연결망을 사용한다.
- 교육용 구글 앱으로 학생들은 과제, 협력, 차별화된 교수, 의사소통 등을 한다.

전문적인 학습과 테크놀로지

　　교육과정 자문가인 Jennifer Burke는 테크놀로지를 사용해서 노바스코샤의 교사들을 지원한다. 학교에서 특정 교과만 가르치는 교사들이다. Jennifer는 콘퍼런스 시스템인 Via를 사용해서 각 지역에 있는 교사들을 초대한다. Jennifer는 박물관과 협력해서 교사들이 교육과정 성취기준과 일관성 있는 학습 프로그램을 개발하도록 돕는다. 박물관 웹사이트는 Moodle(https://moodle.org)로 연결한다. Jennifer는 Moodle을 사용해서 교사들이 가상 학습 환경에서 관련 자료를 축적하고 열람할 수 있도록 했다. 또 참여 교사들은 Moodle을 통해서 Jennifer뿐만 아니라 다른 지역의 교사들과도 생각, 자료, 사례 등을 나눈다. Jennifer는 테크놀로지를 사용해서 더 많은 교사들이 전문성 및 실행을 공유하고 있다는 것을 알게 되었다.

　　교육에서도 현재보다 더 테크놀로지를 활용할 수 있기를 바라지만, 우리는 테크놀로지를 학습을 위한 것으로서 가치 있다고 말하는 Tom Freure의 주장에 동의한다. Tom은 4, 5학년 교실에서 스마트보드와 실물화상기를 다양한 목적으로 사용한다. 학생들은 자신이 한 과제를 다른 학생들에게 보여 주며, AfL을 위한 각자의 생각들을 토의한다. 토의에 참여하면서도 동료들을 동료 평가한다. Tom도 이 토의에 참여하는데, 아이패드를 사용해서 수업도 하고 평가도 한다. Tom이 사용하는 전략은 서로 다른 수준의 난이도를 가진 과제를 앱에서 제공하고, 그것이 학생들에게 적절한지를 체크한다. 이 전략은 특히 학년을 구분해서 가르칠 때 유용하다. 그는 아이패드가 교사에게 교수 플랫폼이 아니라 도구라는 데 주의를 기울여야 한다고 말한다. 아이패드를 사용해서 수업할 때, 교사가 하는 역할은 직접교수보다는 이용 가능한 것들을 안내하는 역할을 한다. 아이패드가 제공하는 여러 가지 도구와 관련 앱이나 옵션들을 사용해서 학생들 개별화 교육이 가능할 뿐만 아니라 탐구하고, 창조하고, 협력하고, 의사소통할 수 있다. 테크놀로지를 사용해서 시간, 장소, 학습 속도의 제약 없이 학습하고 활동할 수 있다(Naidu, 2008).

한 가지 우려는 모든 학생, 모든 학교들이 이런 테크놀로지나 인터넷에 동등하게 접근할 수 없다는 점이다. 이 책에서 만난 교사들이 모두 1:1 노트북, 스마트보드 등 최신 장치들을 가지고 있지는 않았다. 그러나 교사들은 교실에 컴퓨터 한두 대만 있어도 많은 활동을 할 수 있다고 말한다. 인터넷에 접속만 가능하면, 그들은 스카이프에 접속할 수 있고, 전문가를 만날 수 있고, 필요한 자료나 정보를 수집할 수 있다. 또 점점 테크놀로지 기반 시설과 정책들이 늘고 있고, 학생들은 개인이 가진 기계들을 학교에 가지고 오며Bring Your Own Device: BYOD 학교 밖에서도 이를 지원하고 있다. 아마도 거의 모든 학생들이 자신의 주머니에 디지털 기기 하나쯤은 넣고 다닐 것이다. 상급생일수록 더욱 그럴 것이다. 만약 어떤 학생이 가지고 있지 않다면, 교사는 하나 이상 가지고 있는 학생들을 찾아, 서로 공유할 수 있도록 할 것이다. 또 다른 우려는 교사가 테크놀로지를 이용하여 가르치는 것을 불편해한다는 점이다. 왜냐하면 이들은 테크놀로지 사용법을 학생들보다 더 잘 모르기 때문이다. 어떤 학생이 친구나 교사를 가르치게 될 때, 역할이 바뀐다. 다행히도 이런 역할 전환은 종종 협력적이며 상호적인 학습 공동체를 만들기도 한다. 따라서 교사는 이런 긍정적인 결과를 보면서 조금은 더 안심하기도 한다(Mishra & Keohler, 2006).

(3) 새로운 학습 문화

테크놀로지는 사람들에게 서로 다른 방식으로 배울 수 있도록 돕는다. 이는 두 가지 서로 다른 모습으로 나타난다. 하나는 사람들이 대규모 집단 학습을 할 수 있도록 한다는 것이고, 다른 하나는 학습을 매우 개별화한다는 것이다. 이 둘은 서로 다르지만 서로를 보완한다. 이 두 가지 모습은 어떤 의미가 있는가?

『새로운 학습 문화A New Culture of Learning』에서 Thomas와 Brown(2011)은 사람들이 주로 집단적으로 배우지만, 여기에서 '집단적'이라는 것은 임의의 다양한 학습자라는 점에서 '교실'에서 배우는 학습자와 다르다. 학습 주제에 대해 관심이 있는 사람들이라면 누구나 참여하고 공유한다. 사람들은 필요에 따라서 학습 집단에 들어가기도 하고, 나오기도 한다. 블로그나 사회적 연결망 등 새로운 미디어는 책, 교사, 교실을 부분적으로 대체한다. 디지털 세상에서 학습은 놀이, 질문, 상상, 동료 간 상호작용, 암묵적 지식, 유동적이고 일시적인 집단 구성이 가능하다는 점에서 가치가 있다. 이것은 학생과 교사 모두 학습에 참여하도록 하여 좀 더 민주성을 드러내도록 한다.

열정기반 학습passion-based learning(Maiers, 2011; Maiers & Sanvold, 2010)도 21세기에 등장한 것이다. 열정기반 학습 역시 테크놀로지 때문에 가능한데, 이것은 협력적인 학습과 개별화가 가능하다. 제4장에서 설명한 Genius Hour도 열정기반 학습 중 하나다. 맨해튼에 있는 P.S. 188 the Island 학교는 열정기반 초등학교 사례다(자세한 것은 http://schools.nyc.gov/schoolportals/01/m188/default.htm를 참조하라).

새로운 이런 학습 문화에서는 내적 동기가 핵심이다. 내적 동기는 학습자에게 외적인 보상보다 내적인 즐거움을 준다. 예를 들어, AfL 원리 중 하나는 학생들이 학습을 하기 위해서 배우도록 한다는 것이다. 학습자들은 더 이상 포상과 같은 외적 동기 때문에 배우지 않는다. 컴퓨터를 통해서 사람들이 서로 협력하려는 내적 동기를 가지고 이런 서비스를 무료로 제공한다. Web 2.0에서는 지식과 의미를 만드는 사람들이 함께 활동한다. 예를 들어, 사람들은 전문가들이 작성한 백과사전을 참고하기보다도 위키피디아에서 참고할 내용을 만들고, 편집하며, 비판한다. 블로그나 트위터 역시 무료로 교사 전문성에 기여한다. 전문성 성장을 바라는 교사들에게 이런 미디어는 큰 도움을 주고 학습하는 기쁨을 준다.

(4) 전문성 개발 관련 학습망

우리는 캐나다 여기저기서 일하는 교사들을 만나서 이야기하면서, 교사들이 개인 학습망^{Personal Learning Networks: PLN}에 대해서 이야기하는 것을 많이 들었다. PLN은 교사들이 모여 학습하는 공동체^{Professional Learning Communities: PLC}이다. PLC는 학교 변화와 관련해서 널리 확산되었다(Kanoid, 2011; Dufour & Marzano, 2011). PLC는 소규모의 교사들이 공통의 목적을 지니고, 전문성 신장 관련 학습을 하는 공동체다. 예를 들어, 어떤 초등학교 동학년 교사들은 교실에서 AfL을 실행하기 위해 함께 수업 계획을 한다(Miller, 2005). PLN은 PLC와 매우 다르다. PLN은 교사들이 만드는 공동체이지만, 개인적으로 전문적인 주제를 탐구하는 공동체이다. PLN은 사회적 연결망을 통해서 활기를 띠고 있다.

✋ **여기서 잠깐!** 　테크놀로지 기반 풍부한 딥 러닝

서스캐처원주에서 교사로 일하는 Kathy Cassidy는 1학년 교사로, 수차례 수상 경력이 있다. Kathy는 학생들과 함께 한 혁신적인 실행들을 블로그에 게재하면서 유명해졌다. 그녀는 테크놀로지를 사용해서 학생, 학부모, 다른 교사들과도 자신의 실행을 나누었다. 그녀는 학생들이 학습하는 모습을 담은 사진과 비디오에 담아서 공개하면서 그녀의 교실에서 일어나는 일들을 공유했다. 그녀의 학생인 6~7살 학생들도 개인 블로그를 가지고 있었는데, 이 블로그는 읽기, 쓰기, 수학, 과학, 사회, 체육에서 무엇을 공부하고 있는지를 보여 주는 디지털 포트폴리오다. 학생들은 자신의 생각을 보여 주기 위해 그림, 팟캐스트, 비디오 화면 녹화, 비디오 등을 사용한다. 학생들은 전문가, 다른 교실과 온라인으로 연결하기 위해 위키스나 구글 독스를 사용할 줄 알며, 스카이프를 통해 친구들을 사귄다. Kathy는 또 평가도 명확히 한다. 학생들은 블로그에서 학생들이 주도하는 회의를 한다. 약간의 지침과 함께, Kathy의 학생들은 회의에 초점을 두고 블로그의 게시물을 선택한다(Cassidy, 2013a). 학생들은 부모와도 그들이 잘 한 것과 더 잘하길 원하는 것을 공유하다. Kathy의 첫 번째 책인 『시작부터 접속하기: 초등학교에서의 글로벌 학습^{Connected from the Start: Global Learning in Primary Grades}』(2013b)은 초등학교 교실에서 교육과정 성취기준을 충족시키면서 어떻게 교실 밖 세계와 접속할 수 있는지를 상세하게 알려 준다.

　　교사들은 점점 더 전문성을 스스로 개발해 나간다. 제1장에서 Michelle Metcalfe의 전문성 성장에서 말했듯이, 지난 몇 년 동안에 이런 모습들이 꾸준히 등장했다. 그녀는 국제적인 학습 공동체라 할 수 있는 블로그로 언어를 가르치는 스토리텔링 방법인 TPRS를 배웠다. 2년 동안에 Michelle은 스페인어 교수들과 함께 하면서 '지속적인 협력'이라고 칭했다. 그들은 온라인을 통해서 전문적 관계를 맺고 강력한 학습을 경험한다. 그녀는 공통의 관심사를 가진 다른 사람들과 웨비나(웹상에서의 세미나)에 참여한다. 유럽, 러시아, 미국 등에서 공통의 목적을 지닌 사람들이 이 학습 공동체[PLN]에 참여하고 있다.

　　Genius Hour(제4장에서 살펴본)를 실행하는 교사들 역시 트위터 채팅을 통해 만나는 PLN이다. Genius Hour에 관심이 있는 교사라면 누구나 트위터에 로그인하여 #geniushour를 검색한 후 참여할 수 있다. '구성원'은 늘 유동적이지만, 그들은 늘 학생들이 하는 도전과 흥분들을 공유한다. 태평양 표준 시간으로 매월 첫째 주 수요일 오후 6시, 교사라면 누구나 이 채팅에 참여할 수 있다. 게다가 교사들 중 상당수는 학생들과 한 활동을 게시하는 개인 블로그나 교실 웹사이트를 가지고 있으며, 이런 사이트를 PLN의 다른 동료들과 공유하기도 한다.

(5) 교육과정 자료 공유

　　새로운 학습 문화 중 하나는 K-12의 교육 자료를 공유함으로써 교사들이 전문적으로 협력하는 것이 가능하다는 것이다. Discovery Education Canada는 행정가, 교사, 부모, 학생을 위한 사이트이다. 이 사이트는 '디지털 내용 수상작, 상호작용적 레슨, 실시간 평가, Discovery의 몇 가지 재능에 관한 가상 체험, 교실 콘테스트나 도전, 전문성 개발 등을 제공한다. Discovery는 캐나다에서 교실을 바꾸고 학습에 영감을 불어넣는 방법을 선도하고 있다(www.discoveryeducation.ca 참조).'

　　교사들이 사용하는 캐나다 Cube는 본래 온타리오주의 교사들이 교육

자료를 공유하고 상호 교류하던 데이터베이스이다(www.cubeforteachers. com/#6 참조). Cube는 전문 교육자, 행정가, 교사, 학부 학생들(최신기술에 유창한 사람들부터 초보자까지)에게 지속적으로 피드백을 해 주고 테스트를 제공한다. Cube에서 모든 사람들의 목소리는 동등하다.

Curriki는 K−12학년 교사, 학생, 부모들이 학습 자료를 개발하고 공유하는 세계적인 공동체다(www.curriki.org/welcome). Curriki는 2012년에 출범해서, 현재 이용자는 약 760만 명이다.

칸 아카데미는 이미 널리 알려져 있는 교육 사이트이다(www.khanacademy. org). 가령 거꾸로 교실flipped classroom(학생들은 교실에서 수업을 하기 전 가정에서 미리 온라인을 통해서 학교 수업 관련 내용을 학습해 온다.)은 칸 아카데미에서 제공하는 비디오 등을 사용해서 학습할 개념들을 사전학습한다. Salman Khan(교사가 아니라 사업가임)은 수학, 과학, 경제, 역사 개념 등을 이해하기 쉽게 설명하는 비디오를 유튜브에 올린다. 이런 개념 학습용 비디오는 교사가 전자 칠판에 필기를 하면서 설명하는 비교적 짤막한 강의들이다. 칸 아카데미에서는 2,400개가 넘는 비디오들을 열람할 수 있다. 또 칸 아카데미는 지속적으로 피드백을 제공한다. 이런 피드백 자료는 학생 개인별로 제공하며, 학생들은 자신이 소기의 목표에 도달하였는지 여부에 대한 평가 정보를 받을 수 있다. 모든 비디오는 무료이며, 학생들은 시간과 장소에 구애받지 않고 접근 가능하며, 원한다면 얼마든지 몇 번이고 볼 수 있다. 하루 평균 200만 사용자들이 100회에서 200,000회 정도 이 비디오를 본다. 칸 아카데미는 이제 공교육의 파트너이다.

3) 새로운 교수학

제1장에서 말했듯이 새로운 교수학은 21세기 기능들 관련 교수 활동 및 평가에서 다음 4가지 특성을 띤다(Fullan, 2013, p. 33).

- 참여 필수
- 내적 효율성(학습은 더 쉽고 더 흥미롭다.)
- 접근의 개방성
- 실세계의 문제 해결

이 책(제2장부터 제5장까지)에서는 새로운 교수학을 다양하게 다루었다. 그리고 새로운 교수학에서는 어떻게 책무성을 보장하는지도 설명하였다. 여기서는 21세기 교사들의 경험을 토대로 새로운 교수학을 다시 한번 더 살펴볼 것이다. 이 과정에서 Fullan이 제시하는 새로운 교수학이 가진 4가지 특성뿐만 아니라 교사들이 교실에서 실제로 적용하는 전통적인 이야기에 등장하는 몇 가지 요소들도 동시에 살펴볼 것이다.

(1) 딥 러닝

Pierre Poulin 교사의 6학년 교실에서는 교사가 딥 러닝이라는 새로운 교수학을 어떻게 실행할 수 있는지를 보여 준다. Poulin은 구성주의적이고 21세기 교육의 원리들을 반영한 iClasse 프로그램을 개발하였다. 2012년도에 퀘백에 있는 5개 교실, 즉 Poulin의 학교 3~6학년 중 5개 교실이 iClasse를 사용하였다(www.ppoulin.com, www.hyperclasse.com). Pierre-François Bourdon과 교장 Isabelle Massé도 iClasse에 참여하고 있다.

따뜻하고 환영하는 교실 환경을 만들기 위해서 iClasse에서는 학생 의회를 운영한다. 위원 역할은 학생들이 돌아가면서 수행한다. 의원들은 교사와 함께 교실 학습의 많은 부분에 참여한다. 예를 들어, 학생들은 자신들이 원하는 것이 있을 때, 그것을 학습 목표로 설정할 수 있다.

의사소통, 팀워크, 창의성 같은 21세기 기능들을 습득하기 위해서 교실은 3인 1조 모둠 활동하기에 좋도록 등근 탁자들을 배치해 두고 있다. 학교에는 개인 노트북을 제공하기 때문에 디지털 문해력에도 접근한다. 학생들은 인터넷에서 자료를 찾고, 사회적 연결망을 사용해서 의사소통한다. 교과서는 없다. 과제도 온라인으로 수행한다. 교실에서 학생들은 도전기반 학습Challenge-Based Learning: CBL을 하는데, 이것은 학생들이 자신의 실생활에서 만나는 실제 문제를 중심으로 '문제기반 학습, 프로젝트기반 학습, 상황 학습들이 가진 장점을 살린 새로운 교수 모델'이다(Johnson, Smith, Symth, & Varon, 2009, p. 7). 테크놀로지는 CBL에서 중요하다. 예를 들어, Poulin의 학생들은 일주일에 한 번 컴퓨터와 멀티미디어 도구로 세미나를 한다.

학생들이 만든 전자 포트폴리오는 형성평가 정보를 다양하게 담고 있다. 학생들도 테크놀로지를 통해서 자신이 실패한 것이 무엇인지를 생각하는 데 사용하고 있다. 예를 들어, 5명의 학생들이 마인크래프트(가상 세계에서 레고 스타일의 블록을 이용해서 상상하는 것이라면 무엇이든 만들 수 있는 컴퓨터 게임)에서 학교를 만들었다. 학생들은 Poulin을 3D 세계로 초대하였고, 그에게 그들이 실내 풀의 둘레와 부피를 어떻게 측정할 수 있는지 보여 주었다. Poulin은 전통적인 방법을 통해서는 접근할 수 없는 방식으로 그들이 어떻게 사고하는지를 보고 들을 수 있었다.

또한 테크놀로지는 진정한 독자를 만든다. Poulin의 학교는 아이튠즈에서 프랑스어 팟캐스트를 올리는 퀘백의 첫 번째 학교다. 학생들이 글을 쓰고, Poulin은 교사로서 피드백을 한다. 그리고 나서 학생들은 스스로 읽을 팟캐스트를 고를 수 있다. 누구든지 학생들이 쓴 글을 읽을 수 있다. 학생들은 전 세계에 독자층이 있다는 것을 알면서, 프랑스어로 쓰는 글의 질이 높아졌다. 종종 팟캐스트를 듣는 외국 독자들이 그들이 쓴 글에 대한 피드백을 주기도 한다.

(2) 평가를 통한 딥 러닝

새로운 교수학들은 주로 실세계의 문제를 다룬다. 우리는 예비교사를 대상으로 살면서 가장 기분 좋았던 평가 경험이 무엇인지, 왜 그 경험을 '지금까지 기억하는지'로 실태 조사 연구를 해 보았다(Drake, Reid, & Beckett, 2010). 예비교사들의 답변 중 상당수는 그들이 학교수업에서 수행한 RPAT였다. 최근까지 기억하는 이유는 학생으로서 많은 것을 배웠기 때문이었다. 학생들에게 RPAT는 도전적이고 재미있고(그래서 거부할 수 없는 참여를 동반한다), 동기 유발적이고(내적 효율성이 있다), 흥미롭기 때문이다. 그렇다고 모든 RPAT가 학생들에게 고도의 기능이나 고등사고 기능을 요구하는 것은 아니다. 다음 목록들은 우리가 이 조사연구를 통해서 예비교사들에게 들었던 과제들 중 일부이다.

- 학생이 출제한 시험 문항: 학생들은 짝으로 시험 문제를 만들고, 다른 짝들과 바꾸어 풀어 보았다. 이 과제는 실제로 시험을 보는 것에 목적을 둔 것이 아니라 학생들이 개발한 질문의 완성도, 질 등을 평가하는 데 목적을 둔 것이다.
- 모의재판, 아기 키우기 상황극 등 시뮬레이션: 인형을 아기라고 하고 두 명의 학생이 부부로 가정하여 아기를 안고 다니면서 베이비시터를 구해야 한다. 예산을 고려해서, 베이비시터에게 시급을 얼마나 줄지도 생각해야 한다. 한 예비교사는 다음과 같이 기억했다. "11학년 때 나는 놀고 싶어 하기만 한 유치원생 같았지만, 이런 상황극을 하고 나서야 '집'이 얼마나 복잡한지를 깨달았다."
- 가상의 문서 만들기^mock document: 가상 기자로서 뉴스 쓰기(Elizabethan Times 등), 역사 기록자인 사서로서 일기 쓰기(학생들은 소설에 등장하는 역사적 사건들을 스스로 기획하면서 일지를 적는다), 잃어버린 스케치북(학생들은 자신에게 영감을 주는 실제 한 예술가가 되어서 그가 습작했을 법한 스케치북을 만든다. 이런 스케치북은 예술가들의 유작으로 흔히 발견되는 그런 스케치북들이다.)
- 거리 공연: 아이언맨, 로미오와 줄리엣 등을 공공장소에서 리허설한다.

이런 것들은 학습을 위한 평가^AfL^로서 완벽하다.

✋ **여기서 잠깐!** **AaL: 평가가 곧 수업이다**

온타리오주의 Kristen Clarke(2013)는 학생이 평가에 참여하는 평가문해력을 높이기 위한 실행 연구를 했다. Kristen은 학생들이 교사의 피드백을 더 잘 이해하고, 메타인지 기능을 활용하기를 원했다. 그녀와 학생들은 AoL, AfL, AaL의 의미에 대해 대화를 나누었다. 그리고 Kristen은 학생들에게 자신이 평가해야 할 일정을 참고하도록 했다. 평가는 단순하게, 자주 할 예정이었다. 학생들은 자신을 누가 평가하는지, 피드백을 어떻게 활용하는지, 점수는 어떤 의미인지 등 여러 번의 평가에 대한 상세한 정보를 확인하였다. Kristen도 학생을 평가했다. 대부분의 학생들은 이런 평가 문해력에 대해 긍정적인 반응이었다. 학생들은 자신이 성취한 것들을 살펴보면서 성적표의 의견도 확인하고, 통지표에 부모님에게 보내는 메모도 직접 썼다. 학생들은 서로 피드백을 주고받았다. Kristen은 통지표에 적힌 학생들의 이런 의견을 보면서, 학생들이 자신의 성취를 검토하면서 자신의 학습에 대한 책무성도 느낀다는 점에서 이런 실행 연구가 의미 있다고 생각했다.

좋은 수행 과제는 기성세대에게도 의미를 줄 뿐만 아니라, 교실을 넘어서서 영향을 미친다(Fullan, 2013). Poulin의 교실에서는 학생들이 노인들과 함께 하면서 노인 세대를 학습할 수 있도록 했다. Bill Belsey 역시 비슷한 과제를 개발했는데, 그의 교실에서는 국제 노인의 해에 '세 대를 연결할 수 있다.^Generations Can Connect^'는 프로젝트를 수행했다. 학생들은 노인들을 인터뷰하고 노인들의 삶을 조명할 수 있는 장면들을 사진으로 찍었다. 학생들은 노인 관련 정보를 가지고 웹페이지를 만들고, 그들에게 인터넷 사용법도 가르쳤다. 노인들은 가상 은행 놀이에 참여해서, 학생들에게 계좌를 개설하고, 예산을 계획하고, 대출을 하는 것 등을 가르쳤다[자세한 내용은 Bill의 교실(5학년)교육과정을 소개하는 다음 사이트를 참조하라. www.coolclass.ca].

(3) 지구촌이 함께 하는 딥 러닝

우리는 21세기 교사들을 만나면서 그들의 학생들이 종종 지구촌의 다른 사람들과도 연결한다는 것에 놀랐다. 예를 들어, iEARN(국제 학습 네트워크로서 가장 규모가 크고 가장 오래 운영 중인 K-12용 온라인 학습 사이트이다.)처럼, 교사들은 PLN을 통해서 서로를 알게 된다.

뉴브런즈윅에서 K-12학년을 대상으로 테크놀로지 학습을 멘토링해 주는 Jeff Whipple은 글로벌 협력 프로젝트Global Collaborative Projects를 조직했다. 이 사례도 국제적인 연결망 중 하나다(http://jwhipple.wikispaces.com/Global+Collaborative+Projects). 캐나다 프레더릭턴에 사는 한 학생은 인도 뭄바이에 있는 뭄바이 국제학교에 다니는 학생들과 프랑스어 협력 프로젝트를 수행했다. 여기는 프랑스어를 배우는 학생들이 접속하는데, 이 프로젝트의 빅 아이디어는 공동체이다. 캐나다와 인도 학생들은 자기가 속한 공동체를 표현하는 표지를 만들고, 외교관을 정했다. 캐나다 학생들은 작은 흑곰을 선택했고, 뭄바이의 학생들은 작은 뱀 인형을 선택했다. 학생들은 그들의 외교관을 하키장, 쇼핑몰, 시청 등 지역의 유명 장소에 배치했다. 외교관들은 현장 이미지나 비디오로 이야기를 만들고, 스카이프 등을 통해서 프랑스어를 사용해서 이런 이야기를 들려준다. 이 프로젝트를 수행하는 동안에 학생들은 서로의 정보를 텍스트, 이미지, 비디오로 만들어서 프랑스어로 소통했다. 어떤 학생들은 아바타를 사용하기도 하고, 어떤 학생은 직접 출현해서 비디오를 찍고, 또 어떤 학생은 웹사이트를 만들기도 했다. 위키 지도를 활용해서 학생들이 방문하는 장소도 위성지도로 볼 수 있었다.

독자들도 학생들의 프랑스어 평가를 할 수 있다. 마지막 활동은 스카이프 활동이었다. Whipple은 뉴브런즈윅의 학생들이 뭄바이에 있는 학생들과 스카이프를 하기 위해 오후 6시에 학교에 왔다고 했다. 학생들은 90분 동안 스카이프를 했고, 인도의 세 학생들은 음악에 맞춰 마카레나 춤을 추고, 캐나다의 몇몇 여자아이들이 '양말만 신고 추는 춤'을 추어서 화답했다. 스카이프 활동은 예정보다 약 15분가량 더 했다.

중학생들이 제2외국어로서 프랑스어를 배우는 데 흥미를 갖기는 힘들다. 하지만 이 프로젝트에 참여한 중학생들은 뭄바이 학생들과 교류하면서 프랑스어에 흥미를 가졌다. 대부분의 학생들은 지구촌 다른 나라에 사는 친구들과 교류하면서 프랑스어로 소통했다.

(4) 비영리 기관을 통해서 세계를 연결하기

어떤 교사는 공식 기관을 통해서 국제 교류를 한다. 온타리오주에 사는 교사 Mali Bickley와 Jim Carleton은 iEARN을 알게 되었고, 그들은 지금 이 기구의 캐나다 지역 담당자로 활동 중이다(www.iearn-canada.org). 캐나다에서 개발한 프로젝트로 '학습 사이클' '내가 주인공' '테디 베어 프로젝트' '공공예술 프로젝트' 등이 있다. 여기서는 매년 국제 콘퍼런스도 연다.

Mali는 프로젝트를 고를 때, 연방 교육과정을 고려한다. 대부분의 프로젝트는 교과 통합형이고, 사회적 정의에 중점을 두고 있다. Mali의 학생들은 시에라리온 학생 돕기, 미국 학생들과 태양열 조리기 만들기, 아프가니스탄 어린이를 위한 책 만들기, 지역의 수질을 검사하고 그 결과를 블로그에 올리기, 나사의 우주인 인터뷰하기 등을 수행한다.

Mali의 교실에는 컴퓨터 3대, 비디오 4대, 스마트보드, 프로젝터를 갖추고 있다. 학생들은 테크놀로지를 활용해서 그룹 간 정보를 공유하고 협력한다. Mali는 교실의 이런 설비들 유형이나 수는 문제가 되지 않는다고 생각한다. 학생들은 생각하고, 창조하고, 의사소통하는 법을 배우기 위해 테크놀로지를 활용할 뿐이다. Mali는 학생들에게 과제를 선택하게 하고, 그들이 학습한 것을 어떻게 증명할 것인지를 선택할 때, 학생들이 더 열정적으로 참여하고 더 많이 배운다고 믿는다. 우리는 Mali가 비판적 사고력, 테크놀로지 문해력, 글로벌 책무성 증진을 위해서 배려하는 학습 환경을 만들기 위해 노력하는 선도 교사라고 생각한다.

(5) Be 가르치기

교사들은 자신의 학생들이 배려하는 사람이 되기를 바란다. 우리는 교사들과 KDB에 관하여 대화를 할 때, 그들이 가르치는 가장 중요한 것을 말할 때마다 대부분은 Be라고 말하는 것을 자주 들었다. 최근 출판물 제목들도 주로 Be의 중요성을 표현하고 있다. 『아이들을 잘 가르치라: 성적, 트로피, 입학 허가서보다 가치나 협력이 더 중요하다Teach Your Children Well: Why Values and Coping Skills Matter More Than Grades, Trophies or "Fat Envelopes"』(Levine, 2012), 『회복력: 삶에서 가장 위대한 도전Resilience: The Science of Mastering Life's Greatest Challenges』(Southwick & Charney, 2012) 등이 있다. 교사 저자 Kevin Washburn(2010)은 학생들에게 자신의 학습에 대한 권리를 가르쳐야 한다고 주장한다. 노력해서 성공한 사람 이야기를 의도적으로 자주 할 필요가 있다(Washburn, 2012). Timothy Eaton, Emily Stowe, Thomas Edison, Harriet Tubman, James Bartleman, Terry Fox 등 모든 교과 영역에서는 노력해서 성공한 위인 이야기들이 있다. 우리는 제1장에서 AfL을 설명하면서, Carol Dweck의 개념인 '성장적growth 사고'('고정적fixed 사고'와는 다른)로 설명했다.

시험이나 학업 성취보다는 다른 가치를 더 강조하며 교육 개혁을 하는 교사들은 심리학자 Paul Tough의 관점을 수용하는 편이다. 이런 교사들은 무엇보다도 학생들의 삶에 변화를 주기 위해서 학생들에게 끈기, 투지, 호기심, 자기 조절, 만족 지연, 성실성과 같은 비인지적 기능 등을 가르쳐야 한다고 주장한다. Tough는 『아이들을 어떻게 성공시킬 것인가: 투지, 호기심, 인격이라는 숨어 있는 힘How Kids Succeed: Grit, Curiosity and the Hidden Power of Character』(2012)에서 초등학교부터 대학교까지 학교에서 역경을 경험한 학생들은 뇌 발달이 다르며, 이런 역경은 모든 사회경제 계층에서 모두 경험할 수 있다. Tough의 결론은 인지력이 아닌 회복력이 학생들의 학교생활 여부에 더 강력하게 영향을 미친다는 것이다. 유년기 교육에서 인격 교육이나 협력 기능을 기를 수 있는 프로그램을 수행한 학생들은 대학이나 이후 만나는 역경을 만나도 이를

극복하는 모습을 보였다. Tough는 이런 회복력을 가르칠 수 있고 가르쳐야
한다고 주장한다.

　교육학 분야의 여러 교수도 Be에 주목해야 한다고 말한다. Cape Breton
대학교의 Catherine O'Brien은 지속가능한 행복이라는 강좌를 개설했다. 이
강좌에서는 교육과 의사소통을 다룬다. 지속가능한 행복이란 '개인, 공동
체, 지구가 잘 사는 것, 타인, 환경, 미래 세대를 착취하지 않는 것'이다(www.
sustainablehappiness.ca). 이 강좌의 빅 아이디어(핵심개념)는 지속가능성(나,
타인, 지구의 잘삶), 책무성(부의 소비, 선택), 진짜 행복(계획성, 돌려주기, 공
감) 등이다. 학생들은 여러 사람을 인터뷰하면서 행복이라는 개념을 탐구
한다(O'Brien, 2011). 이 강좌의 온라인 버전이 FosterHicks 모델이다(http://
fosterhicks.com). 이 모델은 적은 비용을 들여서 '지속가능한 행복'을 공영 버
전으로 모든 사람들이 이용할 수 있다(www.sustainablehappinesscourse.com).

(6) 변화하는 사회적 정의 가르치기

　교사는 학생이 열정을 갖도록 하는데, 그 방법 중 하나가 사회적 정의를
가르치는 것이다. 사회 정의는 인격교육이나 사회 변화와도 관련이 있다.
Mahatma Gandhi는 우리에게 "세상을 바꾸고 싶다면, 여러분의 삶부터 바꿔
라."라고 말한다. 이런 멘트는 기도를 하거나 명상을 할 때 외는 주문 같은 것
이다.

　사회 정의란 변화를 위해 행동하는 것이다. 즉, 비판(적 문해력)에 그치지
않는다. 우리는 제1장에서 브라질 교사인 Paulo Freire의 실천을 소개했는데,
이런 것도 사회 정의다. 'Me to We' 캠페인도 사회 정의의 사례이다(www.
metowe.com). 'Me to We'는 Marc와 Craig Kielburger가 설립한 단체로, 청소
년의 변화에 대한 역량 강화 운동을 하는 'Free The Children'[1]과 함께 국제적
인 운동 기구 중 하나다. 학교를 짓기 위한 모금 운동, 에콰도르, 가나, 인도
등의 교실 지원, 지역 이슈나 글로벌 쟁점들을 다룬다.

Tracy Dinsmore는 5학년 프랑스어 교사이다. Tracy는 인권을 빅 아이디어로 수업한다. Tracy는 학생들이 아동의 권리와 자유를 연구하면서 자신들이 처한 부당함을 인식하고 그렇게 알게 된 것을 타인과 공유하기를 바란다. Tracy의 학생들은 자신이 알게 된 것을 하급생들에게 프랑스어로 설명한다. Tracy의 학생들은 또 자신의 목소리를 내도록 하는 의식을 심어 주는 '침묵의 맹세'라는 운동으로 'Me to We' 운동에 참여한다. 학생들은 직접 기금을 모금하고, 모은 기금 액수를 고려해서 참여 학생들에게 상을 주기도 하고, 작은 장난감 등 기념품을 제공하기도 했다. 올해는 학생들이 학교운영위원회와 함께 또 다른 활동들을 기획하고 있다. 학생들은 잡지를 만들고 구독자를 모집해서 기금을 마련하고 있다. 이렇게 모금한 돈을 서아프리카 시에라리온 공화국에 보내서 학교를 짓는 데 기부할 것이다. 기부한 학생들의 이름을 새긴 벽돌로 벽도 만들었다. 이런 벽돌은 온타리오주에서 학교 프로젝트의 상징이 되었다. 첫 해에는 19명의 학생들은 600달러의 기금을 모금했다. 이 단원을 마칠 때, 학생들은 세상을 바꾸었는지는 모르겠지만, 세상을 바꿀 필요가 있다는 것을 배웠다고 말했다.

✋ **여기서 잠깐!** **교실에서 배우는 사회 정의**

서스캐처원의 Shelley Wright 교사는 다음과 같은 감동적인 이야기를 했다.

우리 학교에서는 전적으로 학생들이 캠페인 운동을 진행한다. 학생들은 캠페인이 필요하다고 생각할 때, 3~4명의 어른들의 도움을 받아서 캠페인을 한다. 이런 캠페인을 통해서 20,000달러를 모금한다. 나는 캠페인을 통해서 학생들을 다시 보았다. 무엇보다 학생들은 열심히 했고, 그 과정에서 쑥쑥 성장했다. 지난주에 학교에서는

---

1) 역자 주: 이전에 Free The Children으로 알려진 We Charity는 1995년 인권 옹호자 Marc와 Craig Kielburger가 설립한 국제 개발 자선 단체 및 청소년 역량 강화 운동이다.

모금 행사로 바비큐 파티를 열었다. 학생들이 바비큐를 준비하고, 주문을 받고, 정산했다. 불행하게도 날씨가 영하 20도로 내려가서 준비한 바비큐 두 통 중 한 통만 개봉하여 햄버거와 핫도그를 약 200개 정도 만들어서 2시간 반 동안 행사를 했다.

이런 캠페인 중 하나로 학생들은 또 저녁 식사와 경매를 진행했다. 지역에 거주하는 여러 기관으로 지원 홍보를 하려 나갈 때, 나는 외향적인 학생들이 이 일을 수행하기를 바랐지만, 가장 조용하고 부끄러움을 많이 타는 남학생이 지원자로 나섰다. 이 학생은 거의 50개가 넘는 지역 기업들을 방문했고, 아름다운 기부에 기부할 품목들을 수거해 왔다. 나는 좀 놀라웠다.

지역 라디오 방송국 CHAB에서는 이 캠페인을 지지하며, 우리가 15,000달러 정도 모았고, 이것은 처음 목표로 삼은 금액에 조금 못 미치는 금액이기 때문에 기부가 좀 더 필요하다고 사람들에게 알리기 시작했다. 사람들은 온라인을 통해서 기부했다. 9시 30분까지 우리는 약 19,000달러를 모았다.

몇 명의 학생들은 샌디에이고를 중심으로 활동하는 자선 단체, Invisible Children[2]에서 그들이 목표로 하는 모금액을 다 모아서 축하한다는 방송을 실시간으로 내보냈다. 이 방송을 보고 있던 학생들과 교사는 페이스북을 통해서 샌디에이고의 사람들을 만났다. 그들과의 실시간으로 대화하면서, 우리 학교에도 기부가 들어왔고, 마침내 우리도 목표로 2,000달러를 모았다. 기부를 한 사람들은 우리가 전에 만난 적이 없는 사람들이었다. 나는 그들 중에 몇 명이나 인구 35,000명인 무스 조(서스캐처원주 남부의 도시)에 대해 들어 봤는지 궁금했다. 더 많은 사람이 기부하기 시작했다. 금액이 많아질수록 샌디에이고 사람들은 "무스 조! 무스 조!"를 외쳤다. 마침내 20,000달러를 모금했을 때, 샌디에이고 사람들은 소리를 질렀다. 그들은 "오! 캐나다!"를 외쳤다. 결국 우리는 22,824달러를 모았다. 와우!

---

2) 역자 주: Invisible Children, Inc.는 2004년 중앙아프리카의 저항군과 그 지도자인 조셉 코니의 활동에 대한 인식을 높이기 위해 설립된 조직이다. 특히, 이 단체는 아동의 납치 및 학대와 군인의 역할을 하도록 하는 LRA 관행을 종식시키려고 한다.

4) 변화 주체로서 교사

교육 변화를 연구하는 Michael Fullan(2013)은 테크놀로지를 사용하는 새로운 교수학을 도입해도 학습을 촉진하지는 못한다고 했다. 21세기 변화의 주체는 교사이기 때문이다. 교사가 "학생들이 배움을 열망하고, 배움을 지속할 수 있도록 돕는 데 목적을 둔 새로운 교수학을 열정적으로 실험하는 활동을 해야 한다."(Fullan, 2013, p. 24).

John Hattie는 이런 교사의 열정이나 감화를 지닌 가르침이 특정 교과를 가르치는 교사의 일이 아니라, 일반적인 교사의 전문성이라고 말한다. Hattie(2012)는 변화 주체로서 교사를 '활동가로서 교사'라고 부르며, 이를 21세기 교사가 수행하는 주요한 역할이라고 주장한다. Hattie는 메타연구를 통해서 교사의 역할이 촉진자로서의 교사보다 활동가로서 교사가 더 효율적이라고 주장했다. 촉진자로서 교사도 문제기반 학습이나 발견학습을 한다. 하지만 학습을 단계적으로 조직^{scaffolding}하지는 않는다(제2장과 제6장에서 제시한 Helen Pereira-Raso의 이야기를 참조하라). 활동가로서 교사는 교과를 이해할 뿐만 아니라, 표면적이면서 심도 있는 학습 결과를 추구하고, 구성주의적이고, 과정에서 피드백을 제공한다. 또 학생이 한 학습을 지속적으로 평가하고, Be를 의식적으로 다루며, 학생이 하는 학습에 지속적으로 영향을 미친다.

(1) 활동가로서 교사

혁신적인 학습 방법을 찾는 교사는 교실을 넘어서는 학습을 추구한다. 우리가 제4장에서 만났던 Angie Harrison은 전형적인 활동가로서 교사였다. Harrison은 그녀의 학생들이 전 세계에 있는 다른 교실들과 교류하기를 바랐다. Harrison의 학생들은 자신의 교실 창밖의 풍경들, 학교에 있는 연못 등의 풍경을 디지털 사진으로 찍고, PDF와 동영상으로 전환해서, iBook을 만들었다. Harrison은 그녀의 수업 공간에 다른 나라 교실의 학생과 교사들을 초대했다. 온타리오에 사는 학생들은 알래스카의 학생들이 학교에서 화산이 보인다는 것을 보면서 놀라워했다. Harrison은 학생들을 위해서 그녀의 교실에 북아메리카의 다른 교실을 초대했다. 그들도 비슷한 Book을 만들었다. 학생들이 사는 서로 다른 곳의 풍경들을 보면서 각자의 교실의 벽을 허물었다(Harrison의 교실에서 수행한 이런 'We Can See' 프로젝트를 참조하라. http://wecanseeprojectsharingspace.blogspot.ca).

우리는 미국에서도 활동가로서 교사라고 할 만한 Pernille Ripp을 만났다. Ripp은 미국에서 꽤 인기 있는 'Global Read Aloud' 프로그램을 개발한 교사이다(www.globalreadaloud.com). 교사라면 누구나 가입해서 이 프로그램을 참조할 수 있다. 제4장의 Aviva Dunsiger, Denise Krebs도 이 사이트에 참여하고 있다. 트위터, 이메일, 스카이프를 활용해서 세계 각지의 학생들이 예를 들어, 『납작이가 된 스탠리Tall Flat Stanley』『샬롯의 거미줄Charlotte's Web』 등과 같은 책을 읽으며 공부한다.

브리티시컬럼비아 교사 Sarah Johnson은 자신의 교실과 또 다른 3개의 교실과 함께 "학생이 읽기 능력을 키우려면 테크놀로지를 어떻게 이용할 수 있을까?"라는 탐구 문제를 다루었다(Johnson, 2012). Johnson과 동료교사들도 Ripp이 운영하는 'Global Read Aloud'에 참여했다. 'Global Read Aloud'에서는 2012년 10월에 Katherine Applegate가 쓴 『세상에 단 하나뿐인 아이반The One and Only Ivan』이라는 책을 선정해서 읽었다. Johnson의 교실 학생들은 이 책의 사건, 주제, 캐릭터에 대해 토의하면서, 세계 각지에서 나오는 텍스트들을 연결해 나갔다. 먼저, 학생들은 각자 교실에서 책을 읽고, 학생 전용 블로그인 키즈블로그에 질문들을 올렸다(http:kidblog.org/home). 모두 각지에서 다른 학생들이 올린 질문들을 보며 흥미로워했다. 이 책의 저자인 Applegate는 이 책을 쓴 과정에 대해 이야기했고, 학생들이 한 많은 질문들에 답해 주었다. 이런 저자와 한 대화는 유튜브를 통해서 다시 볼 수 있다(www.youtube.com/watch?v=OqbyWN4f4OM). 학생들은 작가를 만나서 이야기하면서 이 책에 더 관심을 가졌고, 더 열심히 이 책을 읽었다. 교사 또한 이런 프로그램을 좋아했고, 이것을 통해서 교육과정에서 요구하는 기준을 달성할 뿐만 아니라, 동시에 학생들이 다른 나라의 여러 학생들을 더 많이 접속할 수 있도록 해 주었다.

(2) 전문학습공동체 만들기

이 책을 통해서 만난 대부분의 교사들은 Hattie의 학생들이 각자 '자신의 영향력'을 알아차리는 데 대해 매우 공감한다. 교사들은 무엇보다 쉽지 않은 학생들에게 내적인 성취동기를 부여했다는 것을 느꼈고, 평가를 함께 하면서 학생들이 수업에 참여하지 않기는 힘든 상황을 조성했다. 교사들은 학생들에게 기대하는 것과 수준을 다양한 방식으로 명시해 주었다. 교사들은 이런 지속적인 피드백의 영향력도 알고 있고, 학생들을 참여시킬 수 있는 새로운 방법들을 꾸준히 찾고 있었다.

교사들은 블로그나 유튜브를 사용해서 학생들에게 학생이 실행한 것들을 계속해서 보여 주었다. 교사는 학생들이 수행 중인 또는 수행한 과제들을 비디오나 사진 등을 통해서 유튜브에 게시하면서, 학생들이 수행하는 과제와 관련해서 학습하기를 기대하는 것들에 관하여 교사의 생각이나 의견을 지속적으로 상세하게 표현했다. 교사에게 학생, 학부모, 동료들은 학습 파트너였다. 또 학생들은 이런 블로그를 읽는 사람들에게서도 피드백을 받았다. 학생, 학부모, 동료들에게 피드백을 받는 것, 이것이 진정한 동료 평가였다(Davidson, 2011).

뉴브런즈윅의 Jeff Whipple은 21세기 교사라면 학생과 함께 개별 디지털 브랜드를 만들기를 권장한다. 21세기 교사들은 21세기 학습자로서 학생들이 가장 알고 싶어 하는 것으로 교육과정을 개발한다. 이런 교사들은 사회적 연결망을 책임감을 가지고 사용하면서, 학생들에게 자신의 디지털 발자국을 어떻게 관리해야 하는지를 몸소 체험하도록 하면서 학생들에게 잘못된 메시지를 보내지 않도록 유의하게 하는 등 디지털 소양을 갖추게 한다.

　21세기 교사에게 블로그는 가치 있는 도구이다(RSS에서 블로그를 개설할 수 있다). 이 책을 통해서 만난 교사들이 사용하는 블로그나 트위터들은 검색창에서 교사 이름이나 프로그램 이름으로 검색하면 찾을 수 있다(예를 들어, Shelley Wright, Heidi Siwak, Bill Belsey, Kathy Cassidy, Angie Harrison, Aviva Dunsiger, David Truss, Brian Harrison, Neil Stephenson 등).

 21세기 학교

　21세기 학교를 이끄는 활동가로서 관리자는 어떤 모습인가? 온타리오주에서 교장을 하는 Brian Harrison은 21세기 철학을 반영하여 학교를 운영한다. 가령, 학생에게 좋은 것이 최우선이라는 지침으로 학교를 운영한다. 21세기 리더로서 Harrison은 자신의 학교를 운영하는 과정을 블로그를 통해서 공개하고 있다(http://brian-harrison.net). Harrison은 다음 3-I(통합^{inclusion}, 탐구^{inquiry}, 혁신^{innovation})를 중심으로 자신의 학교를 개선하면서 관련 활동들을 블로그에 올린다.

- **통합**: 교직원, 학생, 학부모는 다양성을 인식하고 이를 가치 있게 여긴다.
- **탐구**: 질문은 학습의 뿌리이다. 심층적인 이해 중심 학습을 안내한다. 교사들은 8인 1조로 이런 질문을 개발하고 정선해 간다. 예를 들어, 학교 전체 협의 시간에, 교사들은 "21세기에 수학을 가르치기 위해 나는 무엇을 알아야 하는가?" "학생들이 학습하는 방법은 무엇인가?" "우리는 아이패드를 어떻게 활용할 수 있는가?"와 같은 질문들을 다룬다. Harrison(2012a, 2012b)은 블로그에서 학교의 교육활동은 암기가 아니라, '배움 활동'이며, 교사는 학생 중심 증거들을 분석해서 성공적인 문제 해결 단원을 개발한다고 밝히고 있다.
- **혁신**: 테크놀로지를 사용해서 교육과정과 평가를 통합한다. 예를 들어, 아이폰을 이용해서 학생들이 발표 비디오로 촬영하는 활동은 AfL이기도 하다. 교사는 이런 활동에 대한 피드백을 학생과 학부모들에게 바로 제공한다. 또 학교는 Edmodo와 Moodle과 같은 새로운 학습 관리 체계들을 탐구해야 한다.

(3) 변화 경로

오늘날은 모든 것이 급변하는 시대다. 변화는 늘 차이로부터 시작한다 (Horn, 2013). 실제로 우리는 이미 21세기를 살고 있고, 그 동안의 실행으로부터 배울 수 있는 것들이 있다(Fullan, 2013). 학생들에게 먼저 겪은 사례나 모델들을 보여 주며 수업하는 것처럼, 우리도 변화에 대응하려면 주류적인 변화에 성공적으로 대응하는 교사 모델이 필요하다. 우리는 캐나다교육협회 Canadian Education Association 의 Ron Canuel과 같은 빅 픽처 사상가나, 학생들을 좀 더 능동적으로 참여시키려고 노력하는 교사들을 대상으로 하는 범캐나다적인 연구물들을 통해서 배울 수 있을 것이다. 이 책에서는 당면한 공존하는 모순점들을 해결하는 데 집중하는 교사들을 통해서 배우려고 했다. 이런 교사들은 대개 우리에게 올 미래를 험난하게 생각하지 않고 오는 미래를 만나려고 한다. 이런 교사들은 미래가 주는 불확실성, 그 긴장감을 느끼면서도 현재 해야 할 일이나 길을 찾고 도전한다. 왜냐하면 새로운 실행 이야기를 하는 것이 교사로서 가치 있고, 자신들의 신념과도 맞는다고 보기 때문이다.

4. 나의 이야기

이 책의 마지막 부분에서 나는 나의 이야기, 나의 실행 이야기를 새로 해 보고자 한다. 실행이 수반될 때 교사의 이야기는 새로운 이야기가 된다. 어떤 독자는 지금까지 사례들을 접하면서 약간은 압도하는 느낌을 받았을 수도 있을 것이다. 여러분은 상황에서 만나는 실천상의 괴리를 하나씩 한 걸음씩 해결해 가야 한다.

21세기 학습과는 관계없이 여러분에게 교실은 늘 중요하다. 혁신 교육으로 온타리오주에서 주는 교사상을 수상한 Heidi Siwak도 새로운 학습 모델을 개발해서 실행한 21세기 교사다. 예를 들어 그녀의 학생들은 아이폰으로

'한나의 가방^Hana's suitcase' 앱을 만들고, 트위터를 이용해서 국제적으로 채팅을 하였다(www.hanassuitcase.ca). Siwak은 학생들에게 교과 내용을 가르치기보다는 다음과 같은 내용을 다루어야 한다고 주장한다.

- 사고력, 비판적 문해력, 미디어 문해력을 가르치라.
- 테크놀로지를 기반으로 수학, 과학을 가르치라.
- 학생들이 자신이 한 결정에 대한 영향력과 결과를 인식할 수 있도록 하라. 이를 위해서 세계 각 지의 사람들과 하는 대화에 참여해서 자기가 생각하는 것을 분명히 표현하도록 하라. 최신의 의사소통 방식을 사용해서 학습하는 전략을 세울 수 있도록 도우라.
- 면밀하게 생각한 질문을 하게 하라.
- 예술 활동을 하며 아이디어를 탐색할 기회를 제공하라.
- 협력할 기회를 제공하라.
- 사회에 의미 있게 공헌할 수 있는 기회를 실제로 제공하라.
- 힘들어하는 학생이 있다면, 그들의 부모와 연락해서 대화하라.

Siwak은 현장에서 하는 체험학습과 피자의 날[3]이 중요하고, 이를 위해서 돈이 필요하다고 농담도 한다. 무엇보다 Siwak는 디지털 시대에 교사가 다뤄야 할 넓고 깊이 있는 교육 내용 목록들을 가지고 있다(Siwak, 2011).

1) 나의 이야기: 나의 실행

Hattie가 말한 "여러분의 영향력을 알라." 이 말을 우리 마음속에 새길 필요가 있다. 교사로서 우리는 학습자의 눈으로 학습을 바라볼 필요가 있다. 이에

---

3) 역자 주: 학생의 학습활동을 보상해 주는 날.

이 책의 제3장에서 다뤘던 학습 목표들을 다시 정리해 보자. 이런 목표들은 이 책 전체에서 다루었다.

- 나는 학생들의 눈을 통해서 배운다.
- 나는 학생에게 미칠 수 있는 나의 영향력을 안다.
- 나는 학생들에게 안전하고 보살핌이 있는 환경을 제공한다.
- 나는 백워드 설계를 한다.
- 나는 빅 픽처에서 집중해야 할 것을 보기 위해서 통합적으로 사고한다.
- 나는 교육과정, 수업, 평가를 엮어서 통합한다.
- 나는 국가(주)교육과정을 안내하는 문서를 초기 자료로 사용한다.
- 나는 성취기준을 고려해서 수업을 계획한다.
- 나는 빅 아이디어와 21세기 기능들을 가르친다.
- 나는 학생이 전인적으로 성장하도록 가르친다.
- 나는 학생이 표면적이면서 동시에 심층적인 학습을 하도록 가르친다.
- 나는 학습을 흥미롭게 만든다.
- 나는 테크놀로지를 사용해서 교육과정, 교수학을 더 풍부하게 한다.
- 나는 학습 준거를 명료하게 한다.
- 나는 성취기준을 사용해서 학습 목표를 정한다.
- 나는 학생과 함께 RPAT를 개발한다.
- 나는 평가 과제나 평가 도구들을 (심지어 교육과정도) 학생들과 함께 개발한다.
- 나는 가르친 것만 평가한다.
- 나는 학생들에게 "지금 뭐하고 있니? 어떻게 하고 싶니? 다음은 뭘 할 거야?"라고 묻는다.
- 나는 모든 학생들이 뭔가를 학습하기를 기대한다.
- 나는 나의 교수법이 학생들의 필요와 맞는지 알아보고 조정하기 위해서

학생들의 피드백을 활용한다.

- 나는 교육과정을 언제, 어떻게 차별화하고 학생이 주도하도록 할 것인지 안다.
- 나는 나의 수업/평가 과제를 다양하게 개발한다.
- 나는 노력이 성공의 핵심임을 알 수 있도록 학생을 돕는다.
- 나는 학생들이 하는 실수/오류를 기회로 생각한다.
- 나는 학생들이 학습에 대한 강한 의지와 투지와 회복력을 기를 수 있도록 가르친다.
- 나는 교수 · 학습에 열정적이다.
- 나는 긍정적인 변화를 이끄는 주체이다.
- 나는 동료 교사들과 협력한다.
- 나는 위험을 감수하며 배우는 것을 즐긴다.
- 나는 21세기 교사이다.

5. 결론

교육 이야기는 계속 변한다. 미래를 예견하는 것은 불가능하지만, 아마 이런 변화의 속도는 계속 빨라질 것이다. 이에 우리는 어떻게 해야 이런 변화를 잘 관리할 수 있을까? 우리는 어떻게 해야 우리가 바라는 교사가 될 수 있을까? 우리는 어떻게 실천상의 모순들을 해결할 수 있을까?

한 블로그에서는 이런 일련의 질문들에 대한 답이 될 만한 제목을 사용하고 있다. '과거라는 천을 가지고 미래의 교실을 만들라Tailoring the classroom of the future with the fabric of the past'(Walsh, 2012). 이 블로그 주인은 고등학교에서 화학을 가르치는 교사인 Matt Myers다. 그는 이 블로그에 자신의 실행을 기록하고 있다. 학생들을 학습에 어떻게 참여시킬 수 있을까? 이런 질문에 Myers는 다음과 같이 대답한다. 테크놀로지를 사용해서 학생들을 학습에 참여시키는 것도 이전에 우리가 교사로서 했던 것들과 유사하다. Myers는 학교에서 수행하는 과제를 가지고 "페이스북, 트위터, 유튜브에 중독되게 만들어라."라고 조언한다.

우리는 이 책이 여러분과 여러분의 학생이 학습에 중독되는 여러 가지 방법을 제공했기를 바란다. 우리는 또 새로운 이야기가 불가피하다는 것도 안다. 여러분도 위험을 감수하며 실제로 더 좋은 교수나 더 좋은 학습에 대한 새로운 이야기를 하는 수많은 교사들을 만날 것이다. 교육과정에 수업과 평가를 엮어서 하나로 통합하는 것은 이런 교사들이 행위 하는 방식이며, 과거의 것을 가지고 미래의 교실을 만들어 가는 길이다.

토론해 봅시다

1. 이 장에서 우리가 한 문화적/세계적 이야기에 대해 어떻게 생각하는가? 교사인 여러분에게 실천적 괴리를 유발하는 새로운 이야기가 있는가? 여러분은 가치 있다고 여기는 것과 그것을 실제로 구현하는 것 간에 벌어지는 간극을 어떻게 메우는가?

2. 캐나다 교사들의 블로그들을 방문해 보시오. 테크놀로지를 사용해서 교실을 더 풍부하게 만들고, 새로운 교수학을 실행하면서, 변화의 주체로서 사는 교사를 만나게 될 것이다. 이런 교사들의 블로그에서 Fullan이 말하는 3가지 21세기 체계가 어떤 모습인지를 분석해 보시오.

3. 이 장의 마지막 부분에서 우리가 정리한 학습 목표들을 보시오. 가장 인상적인 목표는 무엇인가? 가장 놀라운 목표는 무엇인가? 가장 저항감이 드는 목표는 무엇인가? 왜 그런가?

4. 이런 학습 목표를 구현할 수 있는 성취기준은 무엇인가?

용어설명

21세기 기능twenty-first-century skills: 21세기 삶에 필요한 기능(또는 역량)으로 다양하게 정의한다. 의사소통, 고등사고 기능, 디자인과 구성(창의성), 학문적 리터러시, 새 리터러시(테크놀로지컬 리터러시) 등과 같은 복합적인 간학문적 기능들을 포함한다.

Bloom의 분류체계 Bloom's taxonomy: Benjamin Bloom이 주도하여 개발한 후, 1965년 교육위원회가 제안한 것으로, 이 분류체계는 학습 목표를 6가지 유형으로 구분한다(지식, 이해, 적용, 분석, 종합, 평가). 각 범주는 학생들이 수행해야 할 사고 기능 동사들이 있다. 예를 들어, 지식은 '진술하다, 열거하다, 확인하다'와, 평가는 '판단하다, 방어하다'라는 동사와 관련이 있다. 분류체계에서 낮은 사고 기능인 지식에서부터 높은 사고 기능인 평가까지는 위계가 있다. 이런 위계에 대한 비판이 많았고, 나중에 수정해서 제안했다.

both/and 접근both/and approach: both/and(둘 모두) 접근은 either/or(둘 중 하나) 사고의 대안이다. both/and는 두 가지 대비적인 아이디어를 포함한다. 예를 들어, both/and 접근은 학생은 경험을 기반으로 스스로 의미를 구성한다고 말하면서 전문가의 직접교수법도 포함한다.

Hoberman의 구 Hoberman sphere: Hoberman의 구는 Chuck Hoberman이 개발한 것이다. 펼치면 구지만, 접합 부분이 가위와 같은 역할을 하기 때문에 스스로 줄어들며 접힌다(www.youtube.com/watch?v=sZb27h-aF1g&NR=1).

J곡선J curve: 일부 구간에서는 편평한 선을 보이지만 대부분의 구간에서 확연한 증가

를 보이는 분포 곡선. 평가에서, J곡선은 몇몇 학생들은 성공하지 못하지만, 대부분의 학생들이 학습 목표에 도달한다. 이것은 정상분포곡선과 대조적이다.

KDB 모델KDB framework: 교육과정 문서에 명시적이든, 혹은 내재적으로 표현하는 지식 Know(알아야 할 것), 기능Do(할 수 있어야 할 것), 태도Be(되어야 할 것)를 의미한다.

개념 모델concept attainment model: 학생들은 범주 특성을 알아냄으로써 개념에 대한 이해를 발전시켜 나간다. 학생들은 여러 예들을 비교하면서 찾은 특성들이 개념에 포함되는지 혹은 포함되지 않는지를 생각한다. 이 과정에서 개념에 대한 속성을 명확히 한다.

개인 학습 네트워크personal learning network: PLN: 비공식적으로 대중들이 참여해서 하나의 주제에 관한 서로의 생각을 공유하는 방법이다. 종종 PLN은 사회적 연결망을 활용하는 온라인 형태이다. 구성원이 유동적이며 항상 다른 사람들이 참여하기도 한다. 학습자들은 서로를 개인적으로 알아야 할 필요가 없으며 실제로 직접 만나지도 않는다. 그럼에도 불구하고 소속감이 매우 강하다.

결과outcome: 교육과정 문서에 가르쳐야 할 것이라고 진술해 놓은 것은 교육과정 결과이다(정해 놓은 학습 결과, 기대, 능력, 성취기준 등으로도 부른다).

고등사고 기능higher-order thinking skills: HOTS: 분석, 평가, 창의적 사고, 비판적 사고와 같은 인지기능. 고등사고 기능은 Bloom의 분류체계에서 상위 수준에 해당한다.

공장 모델factory model: 공교육을 19세기 공장으로 표현하는 하나의 은유다. 이 모델은 광범위한 효율성, 순차적인 학년 과정(생산 라인), 생산 제품을 향한(졸업), 하향식 권위 구조, 표준 기반 질 관리(점수, 시험) 등의 특징을 지니고 있다.

공정성fairness: 공정성은 평가와 관련해서 모든 학생들이 성, 선지식, 편견 등 가르친 것과 평가해야 할 것과 관계없는 다른 요소들이 미치는 영향을 배제하고 모두에게 동등한 기회를 제공해야 한다는 것을 의미한다.

과제별 루브릭task-specific rubric: 일반적 루브릭과는 다르게, 과제별로 개발하는 루브릭이다. 오직 한 과제에만 사용할 수 있고, 학생의 수행 및 평가의 질적 차이를 구분하는 준거에 맞춰서 각 수준의 특정적인 특성을 진술한다. 종종 과제 지향적 루브릭은 일반적 루브릭에 비해서 과제 맞춤형 버전이라고도 한다.

과학적 방법scientific method: 과학적 방법은 체계적이고 경험적인 탐구를 기반으로 한다(가설을 증명하거나 반박하기 위한 실험을 한다). 결과는 측정 가능하고 결론은 논리적이어야 한다.

구성주의 접근constructivist approach: 학습자가 지식을 능동적으로 유의미하게 구성한다고 보는 학습 이론이다. 그리고 이런 학습자의 경험과 관점은 계속 변한다. 지식이란 개인이 내부에서 독특하게 구성하는 것이다. 반대로 객관주의에서는 지식을 학습자 밖에 놓고 조망한다.

구조적인 발견 모델guided discovery model: 구성주의로 수업에 접근한다. 교사는 촉진자 역할을 수행하고, 직접교수보다는 주로 질문이나 활동을 중심으로 한다.

기대expectations: 교육과정 문서에 가르쳐야 할 것이라고 명시하는 교육과정 결과 curriculum outcomes이다. 사전에 정해 놓은 학습결과prescribed learning outcomes 혹은 성취기준standard이라고도 불린다.

내재적 동기intrinsic motivation: 인간 안에 존재하는 동기, 외재적인 보상보다도 그 자체를 즐긴다.

다중지능multiple intelligences: Howard Gardner의 지능 이론이다. 다중지능 이론에서는 인간의 지능을 여러 영역으로 본다. 교육에서는 학생의 강점을 찾거나 차별화 교수법에 다중지능 이론을 활용한다.

동기motivation: 목표를 향해 행위하는 것이다.

루브릭rubric: 루브릭은 수행의 질적 차이를 구분하는 준거를 가지고 있다. 일반화해서 사용할 수 있는 루브릭도 있고(일반적 혹은 종합적 루브릭), 특정 과제에 대한 루브릭도 있다(분석적 혹은 과제별 루브릭).

문제기반 학습problem-based learning: 문제기반 학습은 조정 가능하고, 애매하기도 한 당면하는 문제(해결책이 하나 이상인 것)로 시작한다. 학생은 문제를 다루기 위해 내용지식을 습득해야 한다. 문제는 해결해야할 딜레마, 의사결정, 해결을 요하는 이슈, 정책 토론, 새 상품이나 서비스 개발하기 등으로 나타난다.

백워드 설계 과정backward design process: 백워드 설계는 3단계를 밟으면서 교육과정을 개발한다.

- 개발자는 학습 목표를 확인한다. 즉, 교육과정 성취기준/결과/기대수준을 확인한다.
- 개발자는 성취해야 할 것을 학습했다는 증거들을 정한다. 이것이 수행/평가 과제이다. 학생들이 학습했다는 것을 입증하는 것이다.

- 개발자는 수업으로 수행할 활동들을 계획한다. 이런 수업 활동을 통해서 학생들은 수행/평가 과제를 수행하면서 성취해야 할 지식인 기능들을 익힌다.

본질적 질문 Essential Questions: 정답이 없는 질문으로 복잡하고 풍부한 답이 가능한 질문이다. 고등사고 기능을 요구하는 질문이다.

분석 철학analytic philosophy: 현상을 기술하기 위해 논리적이고 명확한 언어에 집중하는 철학. 교사에게 주어지는 교육과정 성취기준들은 이런 아이디어를 반영하고 있다.

분석적 루브릭analytic rubric: 평가 과제를 구체적으로 안내하는 것으로 수행해야 하는 것들 역할을 한다. 등급/점수/단계마다 준거를 정한다.

비판적 교수학critical pedagogy: 사회적 영향을 전제로 하는 교육이론이다. 여기에는 '무학습unlearning'과 '재학습relearning'을 포함하고, 사회적 정의 관점에서 접근한다.

빅 아이디어 Big Idea: 빅 아이디어는 한두 개의 단어를 포함하고 있는 개념이다. 빅 아이디어는 광범위하고, 추상적이며, 시간이 지나도 변하지 않는다.

사전에 진술해 놓은 학습 결과prescribed learning outcomes: 교육과정 문서에서 가르쳐야 할 것이라고 미리 진술해 놓은 교육과정 결과(기대, 기준 등으로도 부른다.)이다.

사회 재건주의social reconstruction: 사회경제적 측면과 정치적 측면에서 발생하는 불평등 문제를 교육을 통해서 바로잡고자 한다. 21세기 들어서 이는 교육뿐만 아니라, 지역, 전 세계에서 나타나고 있다. 권리의 인식과 시민의 책무성을 장려한다.

삼원지능triarchic intelligences: Robert Sternberg(1988, 1997)의 지능 이론이다. 학생들은 세 가지 지능인 분석적, 실제적, 창조적 지능을 모두 가지고 있으며, 이것들을 서로 다른 정도로 사용한다.

성찰적 실천가reflective practitioner: Donald Schön의 용어로, 전문적 사고 과정을 탐구한다. Schön은 실천가에게 행위 중 성찰(자신의 입장에서 생각하는 것)과 행위에 대한 성찰(행위와 상황을 회고적으로 검토하는 것)을 모두 해야 자신의 실행을 이해할 수 있고, 이런 이해가 행동으로 나타난다고 주장한다.

성취 준거success criteria: 학습 목표를 성취하기 위해 '바라는 것'으로 명시적인 진술문이다. 성취 준거는 학생 친화적 언어로 진술하여, 학생이 학습을 통해서 이를 성공적으로 성취하도록 명백하게 진술한다. 교사는 학생이 스스로 자신의 학습을 증진시키도록 하기 위해서 이런 성취 준거를 학생과 함께 만들기도 한다.

성취기준standards: 교육과정을 개발할 때 개발한다. 성취기준은 학습 결과 혹은 기대라고도 부른다. 이것은 주 정부나 국가교육과정 문서에서 학생이 배워야 할 것들을 표현한다. 학생의 학업 성취를 평가해야 하는 준거이기도 하다. 예를 들어, 온타리오의 성취기준 목록 중에서 3수준이 온타리오주에서 요구하는 성취기준이다.

수행 과제performance task: 학생이 어떤 수행을 함으로써 자신이 학습했다는 것을 증명하는 과제이다. 예를 들어, 웹사이트 만들기, 역사에 관한 인터뷰를 하는 역할극, 에세이 쓰기 등이 있다.

신 Bloom 분류체계 Bloom's revised taxonomy: Bloom 등이 개발한 처음 분류체계를 몇 번에 걸쳐서 개정한 개정본이 있다. 하나는 위계를 삭제하고, 총체적으로 상호의존적인 체계로 수정했다. 또 하나의 개정본에서는 아래 3개의 사고 기능과 위 3개의 사고로 위계를 구분하고, 3개 안에서 사고 기능들을 동등하게 다루도록 했다. Lorin Anderson은 1990년도에 개정 분류체계를 21세기 맥락을 반영했다고 말한다. 개정 체계에서 가장 위에 있는 상위 사고는 '창의적 사고'이다.

신뢰도reliability: 평가 결과의 일관성 정도. 신뢰도가 있는 평가는 언제, 어디서, 누가 평가해도 일관성 있는 결과를 낸다.

실증 연구empirical research: 관찰 가능한 증거를 기반으로 결론 및 해결책을 마련하는 연구이다. 종종 실험을 통해서 수행하기도 한다.

실천상의 괴리living contradiction: Jack Whitehead(2012)의 용어로, 교사가 추구하는 가치와 교사가 실천하는 교육 현장이 다를 때 느끼는 긴장감이다. 예를 들어, 교사는 구성주의 교육을 추구하지만, 현실은 학생의 학습을 시험으로 평가한다. 교사는 이런 가치와 실행 사이의 간극을 좁혀나갈 수 있다.

역량competencies: 어떤 주에서는 학생들이 지식과 기능이 아니라, 역량을 배워야 한다고 한다. 비슷한 용어로는 기대expectations와 결과outcomes라는 용어도 사용하고, 21세기 교육을 설명하는 용어로 사용하기도 한다. 유창성fluency도 비슷하다. 역량은 협력, 비판적 사고력, 의사소통 등을 포함하고 있다.

열정기반 학습passion-based learning: 학생의 흥미와 헌신이 주도하는 수업. 이에 교육과정은 개별화형이거나 상관형이다.

영속적 이해 Enduring Understandings: 학생들이 수업을 마친 후에도 지속적으로 가지고 있어야 하거나 학년 내에 완수해야 할 일반적인 이해, 원리, 본질 등이다.

완전학습mastery learning: 학습을 촘촘하게 계열화해서 작은 단위로 쪼갠다. 학생은 한 단위에서 다음 단위로 넘어가기 전에 해당 단위를 완벽하게 수행했는지 증명해야 한다. 완전학습 교육과정을 개발할 때는 학습 목표를 잘 정의해야 한다. 평가는 단원의 목표에 집중한다. 교수법은 교사 주도형부터, 자기조절학습, 개별화된 컴퓨터 학습 등 다양하다.

외재적 동기extrinsic motivation: 외적 보상(상, 돈) 혹은 처벌(특혜 상실) 등으로 학습을 유발하는 것이다.

일반적 루브릭generic rubric: 한 번 이상 사용할 수 있는 것으로 평가 과제를 수행하는 일반적인 특성들을 진술한 루브릭. 이러한 과제는 에세이, 실험 보고서, 반성적인 블로그 글 등을 포함한다.

읽기 및 스토리텔링 활용 교수법teaching precision through reading and storytelling: TPRS: 어린아이들이 모국어를 막 습득했을 때, TPRS로 제2언어를 가르친다. 이런 방법으로 학생들이 듣기와 쓰기에 몰두할 수 있도록 돕는다. 이런 구어적 기반을 다지고 읽기와 쓰기를 가르친다. 스토리텔링과 역할놀이를 주로 하는 것이 특징이다.

전문적 학습 공동체professional learning communities: PLC: Richard Dufour가 개발한 개념으로, PLC는 학생들의 학습이나 학교 자체를 개선하기 위한 목적으로 자신의 실행을 개선하려는 교사들이 모여서 활동하고 활동한 것을 성찰한다. PLC는 학교를 기반으로 하는 공식적인 협력단체이다.

전통적인 접근traditional approach: 이 개념은 소위 공장 모델을 기반으로 한 교육을 설명할 때 사용하는 용어다. 전통적 모델은 교사가 학생에게 지식을 전달하는 것, 제한된 사회적 상호작용, 표준화된 시험과 등급, 학년별 대집단 학습, 계열화된 진급 등을 특징으로 한다. 전통적 모델은 종종 진보적 모델과는 반대로 설명하곤 한다.

정상분포곡선bell curve: 종 모양으로 중심부에 몰려 있고, 가장자리로 갈수록 점점 줄어드는 분포를 보이는 그래프이다. 교육평가에서 정상분포곡선은 소수의 학생들만이 성취하지 못하거나 탁월한 성취를 보이고, 대부분의 학생들은 중간에 있다. 정상분포 곡선에서 간격을 구분하고 등급을 매겨서 학생들을 등급별로 구분할 수 있다(예, 10%만 A를 받고, 20%는 B 등). 정상분포곡선과는 반대는 J곡선이 있다.

종합적 루브릭holistic rubric: 분석적 루브릭과는 다르게, 종합적 루브릭에서는 수행 전체를 기반으로 하나의 등급/점수/수준을 판단하도록 돕는다.

진단평가diagnostic assessment: 학생들이 이미 알고 있는 것과 할 수 있는 것, 학생들이 선호하는 학습방식과 흥미 등 일반적인 정보를 수집하는 평가이다. 진단 평가는 대체로 수업 전에 하며, 학습을 위한 평가의 하나다. 다른 하나는 형성평가이다.

진보주의 교육progressive education: '진보주의'는 20세기 초에 등장한 용어로, '전통주의' 교육과 구분하면서 사용했다. 진보주의 교육의 특성은 경험학습, 협력적 프로젝트, 수행 과제, 통합교육과정 등이다.

차별화 수업differentiated instruction: DI: 개인이나 소집단별로 학생들의 학습 여건(예를 들어, 읽기, 흥미, 선지식, 학습 선호도 등)에 맞추어 수업에 접근한다.

참평가authentic assessment: 참평가는 평가 과제가 현실 세계의 도전을 다룰 때, 학생들이 선택지를 고르는 것보다 자기 자신의 반응을 구성하도록 한다. 예를 들어, 역사 수업에서는 참평가로 학생들에게 역사가처럼 행동하기를 요구할 수 있다. 학생들은 문제를 확인하고, 잠정적인 가설을 설정하고, 연구를 주도해 나간다. 또한 참고한 정보들을 평가하고, 스스로 결론을 짓는다. 몇몇 수행 과제들은 과제가 현실 세계와 관련 있거나 교사가 아닌 해당 분야 전문가가 평가하면 참평가라고 하기도 한다.

총괄평가evaluation: 학기 말, 한 학기 학습을 모두 마치고 학생이 성취한 것을 평가한다.

총론unifying framework: 요소 간 수렴적 관계를 설명하는 조직 구조. 주나 연방 정부에서 중시하는 교육 철학 및 비전을 전달한다.

타당성validity: 평가 데이터가 적절하고 의미 있는지를 기반으로 해석한다. 예를 들어, 교통 규칙에 관한 선다형 시험은 개인의 지식을 평가하는 데는 타당하지만 그의 실제 운전 기능을 평가하는 데는 타당하지 않다.

탐구 학습inquiry learning: 학생들이 문제나 이슈, 주장을 탐구하거나 해결하는 과정에서 새로운 것을 배우게 하는 교육과정 개발 방법이면서 수업 방법이다. 문제기반 학습과 유사하다.

통합적 사고integrative thinking: Roger Martin이 개발한 용어로, 반대되는 모델을 버리고 하나를 선택하는 것이 아니라 반대 모델의 긴장감을 대면하는 능력을 의미한다. 새 모델은 각각의 모델 요소를 포함하고 있지만 각각보다 뛰어나며 이를 통해 창의적으로 문제를 해결한다.

평가assessment: 평가는 교실을 기반으로 하며, 학습을 증진시키기 위해 수업 중에 하는 진단 피드백과 형성 피드백을 포함한다.

평가 과제assessment task: 학생들이 학습했다는 것을 증명하기 위해서 수행하는 활동. 과제는 주로 학습의 결과물이기도 하다. 평가나 프로젝트와 동일하다. 공통적인 형태다. AfL 평가/수행 과제는 수업에 포함되어 있다.

평가 도구assessment tool: 수행을 포착하고 알기 위한 정보를 제공하는 메커니즘. 루브릭, 체크리스트, 점수 안내서 등이 대표적이다.

평가 조율moderated marking: 학생 간, 교실 간 혹은 학교 간 사용하는 평가 준거를 공통 사용할 수 있도록 조정하는 것이다. 교사는 학생과 함께, 각 교실 혹은 각 학교 교사들과 함께 이런 작업을 하고, 서로 대항적인 평가 준거들을 공유한다.

평가 준거assessment criteria: 학생의 과제를 판단하기 위한 것이다.

풍부한 수행/평가 과제rich performance assessment task: RPAT: 학생이 활동, 증명, 문제, 도전할 때 깊이 있는 지식과 복잡한 기능들을 적용할 수 있는 풍부한 과제이다. 이 과제는 '수행'을 진술하며, 이 수행을 통해서 학생들이 무엇을 알고 있고 어떤 것을 할 수 있는지 '볼 수 있다'.

프로젝트기반 학습project-based learning: 학생의 제안이나 질문으로부터 학습을 시작한다. 학생들은 비교적 긴 시간 동안 프로젝트기반 학습을 하며, 간학문적이고, 학생 중심적이다. 또 프로젝트기반 학습에서는 실세계의 이슈를 다룬다. 학생은 어떻게 답을 찾을 것인지 또 문제를 어떻게 해결할지 정한다(Alberta Ministry of Education, 2004).

학습 목표learning goals: 학습자가 도달해야 할 교육과정 결과를 진술한 문장. 이것은 종종 "…할 수 있다."와 같이 진술한다. 예를 들어, "나는 도입-전개-결말, 3개의 문단으로 설명문을 쓸 수 있다."라고 진술할 수 있다.

학습 유형learning styles: 사람마다 가장 잘 배우는 양식이 있다는 것을 전제로 하는 학습 이론이다. 시각적 학습, 청각적 학습, 운동 감각적 학습으로 구분하며, 어떤 교사는 이것을 효율적으로 학습을 구별하는 방식이라고 환영하지만, 다른 교사는 경험적인 증거가 부족하다고 비판한다.

학습에 대한 평가assessment of learning: AoL: 정해 놓은 기준이나 목표로 학생이 학습한 것을 파악하고, 설정된 준거를 바탕으로 학생이 수행한 학습의 질과 정도를 판단하고, 학습의 질에 가치를 부과하는 데 필요한 학습 증거들을 모으고 해석하는 과정이다. 이것은 학습 마무리 단계에서 수행한다.

학습으로서 평가assessment as learning: AaL: 학생들이 메타인지를 발휘하도록 지원하는 전략이며 과제다. 평가 과정에 학생이 참여하면서, 학생들은 자기 평가 역량을 습득한다. 학생들은 목표를 설정하고, 계획하고, 자신의 학습 전략을 조정하면서 실행하고 자신의 학습을 스스로 검토한다.

학습을 위한 평가assessment for learning: AfL: 학생이 배우는 것, 학습 과제의 필요성, 도달 방법 등을 학생이 정한다. 이 과정에서 학생이 학습한 증거들을 모으고 해석하는 지속적인 과정이다. 교사는 수집한 정보를 학생에게 학습에 대한 피드백을 해 줄 때, 수업을 조정할 때, 학습 초점을 다시 맞추어야 하는지를 판단할 때 활용한다. 학습을 위한 평가는 학생들이 지속적으로 학습하고 학생들의 학습을 증진시키는 수업 전략이기도 하다.

협력 학습co-operative learning: 학생들이 소규모 집단에서 함께 과업을 수행한다. 전체 집단의 학습 성공 여부는 각 소집단 구성원들의 학습 성공 여부에 달려 있다. 경쟁보다 협력이나 상호의존을 전제로 한다.

형성평가formative assessment: 종종 비형식적으로 하는 평가이며, 입증보다는 피드백으로 수업의 일부로 하는 평가다. AfL과 마찬가지로 평가하는 목적은 학습 하는 동안에 학생들이 자신의 학습을 개선하도록 도와주려는 평가다.

홀리스틱 교육과정holistic curriculum: 전인을 강조하는 이론. 홀리스틱 교육과정에서는 신체적, 정서적, 영적, 인지적인 것을 통합한다.

참고문헌

Action Canada. (2013). *Future tense: Adapting Canadian education systems for the 21st Century.* Retrieved from www.actioncanada.ca/en/wp-content/uploads/2013/02/TF2 Report_Future-Tense_EN.pdf

Adams, C. (2013, February 27). Character education seen as student achievement tool. *Eduweek.org.* Retrieved from www.edweek.org/ew/articles/2013/02/27/22character.h32.html?r=1927265351

Aikin, W. (1942). *The story of the eight year study.* New York, NY: Harper.

Airasian, P., Engemann, J., & Gallagher, T. (2012). *Classroom assessment: Concepts and applications.* Toronto, ON: McGraw-Hill Ryerson.

Alberta Ministry of Education. (2004). *Focus on inquiry: A teacher's guide to implementing inquiry-based learning.* Edmonton, AB: Alberta Learning: Learning and Teaching Resources. Retrieved from http://education.alberta.ca/media/313361/focusoninquiry.pdf

Alberta Ministry of Education. (2007). *Primary programs framework for teaching and learning: Kindergarten to Grade 3.* Retrieved from http://education.alberta.ca/teachers/program/ecs/ppp.aspx

Alberta Ministry of Education. (2010). *Inspiring action on education.* Retrieved from http://ideas.education.alberta.ca/media/2905/inspiringaction%20eng.pdf

Amnesty International. (2012). *Becoming a human rights friendly school: a guide for schools around the world.* Retrieved from http://amnesty.org/en/library/info/POL32/001/2012/en

Anderson, L., Airasian, P., Cruikshank, K., Krathwohl, D., Mayer, R., & Wittrock, M. C. (2001). *A taxonomy for learning, teaching and assessing: A revision of Bloom's taxonomy of educational objectives.* Boston, MA: Allyn and Bacon. Pearson Education.

Andrade, H. (2007/2008). Self-assessment through rubrics. *Educational Leadership, 65*(4), 60-63.

Armbruster, B., & Ostertag, J. (1989). Questions in elementary science and social studies textbooks. *Center for the Study of Reading Technical Report No. 463.* Retrieved from www.ideals.illinois.edu/bitstream/handle/2142/17741/ctrstreadtechrepv01989i00463_opt.pdf

Ash, K. (2013, March 11). Digital learning priorities influence school building designs. *Education Week.* Retrieved from www.edweek.org/ew/articles/2013/03/14/25newlook.h32.html?tkn=NOLFcJLiUbXysT%2F0HobTHOF1Yhv3Pw%2BvXm5X&cmp=ENL-DD-NEWS1

Assembly of First Nations. (2010). *Transforming the relationship: Sustainable fiscal transfers for First Nations.* Retrieved from www.afn.ca/misc/PBS-2010.pdf

Assessment Reform Group. (2002). *Assessment for learning: 10 principles. Researched-based principles to guide classroom practice.* Retrieved from http://assessmentreformgroup.files.wordpress.com/2012/01/10principles_english.pdf

Atlantic Provinces Education Foundation. (2001). *Atlantic Canada framework for essential graduation learnings in schools.* Retrieved from www.ednet.ns.ca/files/reports/essential_grad_learnings.pdf

Auditor General of Canada. (2011). Chapter four: Programs for First Nations on reserves. *June Status Report of the Auditor General of Canada.* Retrieved from www.oagbvg.gc.ca/internet/English/parl_oag_201106_04_e_35372.html

Bain, K . (2012). *What the best college students do.* Cambridge, MA: Harvard University Press.

Barbar, M., Donnelly, K., & Rizvi, S. (2012). *Oceans of innovation.* London, UK: Institute for Public Policy Research (IPRR). Retrieved from www.ippr.org/publication/55/9543/oceans-of-innovation-the-atlantic- the-pacific-global-leadership-and-the-future-of-education

Barlow, R. (2012, November). Addressing Canada's declining youth STEM engagement: An urgent and important change. Retrieved from http://doc.mediaplanet.com/all_projects/11379.pdf

Beane, J. (1993). *A middle school curriculum: From rhetoric to reality*(2nd ed.). Columbus, OH: National Middle School Association.

Beane, J. (1997). *Curriculum integration: Designing the core of democratic education.* New York, NY: Teachers College Press.

Bereiter, C. (2002). *Education and mind in the knowledge age.* Hillsdale, NJ: Lawrence Earlbaum & Associates.

Berkowitz, M. W., & Bier, M. C. (2004). Research-based character education. *Annals of the American Academy of Political and Social Science, 591,* 72-85.

Black, P., Harrison, C., Lee, C., Marshall, B., & Wiliam, D. (2003). *Assessment for learning: putting it into practice.* New York, NY: Open University Press.

Black, P., & Wiliam, D. (1998). Inside the black box: Raising standards through classroom assessment. *Phi Delta Kappan, 80*(2), 139-148.

Black, P. & Wiliam, D. (2004). The formative purpose: Assessment must first promote learning. *Yearbook of the National Society for the Study of Education, 103*(2), 20-50.

Bloom, B. (1956). *Taxonomy of educational objectives: The classification of educational goals. Handbook 1: Cognitive domain.* New York, NY: David McKay Co. Inc.

Boss, S. (2013, April 4). Shoe design offers a Trojan horse for problem solving with design thinking. *Edutopia.* Retrieved from www.edutopia.org/blog/design-thinking-opportunity-problem-solving-suzie-boss

Bransford, J., Brown, A., & Cocking, R. (2000). *How people learn: Brain, mind, experience, and school.* Committee on Learning Research in the Science of

Learning, National Research Council. Washington, DC: National Academy Press. Retrieved from www.nap.edu/openbook.php?record_id=9853& page=R1

British Columbia Ministry of Education. (2008). *Making spaces: Teaching for diversity and social justice throughout the K to 12 curriculum.* Retrieved from www.bced.gov.bc.ca/irp/pdfs/making_space/mkg_spc_intr.pdf

Brookhart, S. (2004). Classroom assessment: Tensions and intersections in theory and practice. *Teachers College Record, 106*(3), 429-458.

Brookhart, S. (2011). Starting the conversation about grading. *Educational Leadership, 69*(3), 10-14.

Brookhart, S., Moss, C., & Long, B. (2008). Formative assessment that empowers. *Educational Leadership, 66*(3), 52-57.

Brown, G. (2011). Self-regulation of assessment beliefs and attitudes: A review of the students' conceptions of assessment inventory. *Educational Psychology, 31*(6), 731-748.

Buck Institute for Education. (2009). Does PBL work? *Project-Based Learning for the 21st Century.* Retrieved from www.bie.org/research/study/does_pbl_work

C21 Canada. (2012). *Shifting minds: A 21st century vision of public education for Canada.* Retrieved from www.c2lcanada.org/wp-content/uploads/2012/10/Summit-design-English-version-Sept.-26.pdf

Canadian Education Association. (2012, July). *Teaching the way we aspire to teach: Now and in the future.* Toronto, ON: Author. Retrieved from www.cea-ace.ca/sites/cea-ace.ca/files/cea-2012-aspirations.pdf

Cassidy, K. (2013a, March 24). Whose conference is it anyhow? *Primary preoccupation* [Web log message]. Retrieved from http://kathycassidy.com/2013/03/24/whose-conference-is-it-anyhow

Cassidy, K. (2013b). *Connected from the start: Global learning in primary grades.* Available at http://plpnetwork.com/connectedkids.

Catterall, J., Dumais, S., & Hamden-Thompson, G. (2012). *The arts and achievement in at-risk youth: Findings from four longitudinal studies, Research Report 55.* Retrieved from www.nea.gov/research/arts-at-risk-youth.pdf

Charlton, B. (2005). *Informal assessment strategies.* Markham, ON: Pembroke.

Clandinin, D., & Connelly, F. (1992). Teacher as curriculum maker. In P. W. Jackson (Ed.), *Handbook of research on curriculum* (pp. 363-401). New York, NY: Macmillan.

Clarke, K. (2013, Spring). Assessment intelligence: Student engagement in their growth. *The Trillium: Ontario ASCD*, 1-2.

Clausen, K., & Drake, S. (2010). Interdisciplinary practices in Ontario: Past, present and future. *Issues in Integrative Studies, 28*, 69-108.

Collins, S. (2008). *The hunger games.* New York, NY: Scholastic Inc.

Cookson, P. (2009). What would Socrates say? Teaching for the 21st century. *Educational Leadership. 67*(1), 8-14.

Cooper, D. (2006). *Talk about assessment: Strategies and tools to improve teaching and learning.* Toronto, ON: Thomson Nelson.

Cooper, D. (2010). *Talk about assesment: High school strategies and tools.* Toronto, ON: Nelson Education.

Cooper, D. (2011). *Redefining fair: How to plan, assess, and grade for excellence in mixed ability classrooms.* Bloomington, IN: Solution Tree.

Costa, A., & Kallick, B. (2000). *Describing 16 habits of the mind.* Alexandria, VA: Association for Supervision and Curriculum Development.

Costello, D. (2012). Why am I teaching this? Investigating the tension between mandated curriculum and teacher autonomy. *Canadian Journal of Action Research, 13*(2), 51-59.

Crewe, R. (2011). Passion versus purpose. In R. Elmore(Ed.), *I used to think ⋯ And now I think* (pp. 19-24). Cambridge MA: Harvard University Press.

Crossman, J. (2007). The role of relationships and emotions in student perceptions of learning and assessment. *Higher Education Research Development, 26*(3), 313-327.

Curry, L., Samara, J., & Connell, R. (2005). *The Curry/Samara Model: Curriculum, Instruction, Assessment.* Retrieved from www.roell.k12.il.us/GES%20Stuff/Day%205/Models%20Packet.pdf

Davidson, C. (2011). *Now you see it: How the brain science of attention will transform how you learn.* New York, NY: Viking.

Davidson, M. (2012, April). *OECD international assessment of problem-solving skills.* Presented at Educating for Innovative Societies. Paris, France. Retrieved from www.oecd.org/edu/ceri/50435683.pptx

Dean, C., Hubbell, E., Pitler, H., & Stone, B. (2012). *Classroom instruction that works* (2nd ed.). Alexandria, VA: Association for Supervision and Curriculum Development.

Della Vedova, T. (2013). Teaching and leading in a "Facebook meets face-to face" environment. *ASCD Express, 8*(12). Retrieved from www.ascd.org/ascd-express/vol8/812-vedova.aspx

Delors, J. (1999). *Learning: The treasure within.* Report to UNESCO of the International Commission on Education for the Twenty-First Century. UNESCO Publishing. Retrieved from http://unesdoc.unesco.org/images/0010/001095/109590eo.pdf

Dewey, J. (1910). *How we think.* Boston, MA: Heath. Retrieved from: http://archive.org/stream/howwethink000838mbp#page/n9/mode/2up

Dewey, J. (1938). *Experience in education.* New York, NY: Collier Books.

Dewey, J. (1966). *Democracy and education.* New York, NY: McMillan/Free Press. (Originally published in 1916).

DeZure, D. (1999). Interdisciplinary teaching and learning: Essays on teaching excellence. *The Professional & Organizational Development Network in Higher Education.* Retrieved from www.podnetwork.org/publications/teachingexcellence/98-99/V10,%20N4%20DeZure.pdf

Doidge, N. (2007). *The brain that changes itself.* London, UK: Penguin Books.

Drake, S. (1993). *Planning integrated curriculum: The call to adventure.* Alexandria, VA: Association for Supervision and Curriculum.

Drake, S. (2007). *Creating standards-based integrated curriculum.* Thousand Oaks, CA: Corwin Press.

Drake, S. (2010). Enhancing Canadian teacher education using a story framework. *The Canadian Journal for the Scholarship of Teaching and Learning, 1*(2), Article 2. doi: http://dx.doi.org/10.5206/cjsotlrcacea.2010.2.2. Retrieved from http://ir.lib.uwo.ca/cjsotl_rcacea/vol1/iss2/2

Drake, S. (2012). *Creating standards-based integrated curriculum: The common core edition* (3rd ed.). Thousand Oaks, CA: Corwin.

Drake, S., & Reid, J. (2010). Integrated curriculum. *What Works? Research into Practice Monograph #28.* The Literacy and Numeracy Secretariat. Toronto, ON: Queen's Printer. Retrieved from www.edu.gov.on.ca/eng/literacynumeracy/inspire/research/WW_Integrated_Curriculum.pdf

Drake, S., Reid, J., & Beckett, D. (2011, May). *Exploring best stories of assessment experiences.* Ministry of Ontario/Faculty of Education Conference, Toronto, ON.

Dufour, R., & Marzano, R. (2011). *Leaders of learning: How districts, schools and classroom leaders improve schools.* Bloomington, ID: Solution Tree Press.

Dunsiger, A. (2012, October 13). Linking curriculum and student interests. *Living Avivaloca* [Web log message]. Retrieved from http://adunsiger.com/2012/10/19/linking-curriculum-and-student-interests

Durlak, J., Weissberg, R., Dymnicki, A., Taylor, R., & Schellinger, K. (2011). The impact of enhancing students' social and emotional learning: A meta-analysis of school-based universal interventions. *Child Development, 82*(1), 405-432. doi: 10.1111/j.1467-8624.01564.x

Dweck, C. (2006). *Mindset: The new psychology of success.* New York, NY: Random House.

Earl, L. (2003). *Assessment as learning.* Thousand Oaks, CA: Corwin.

Earl, L., & Katz, S. (2006). *Rethinking classroom assessment with purpose in mind: Assessment for learning, assessment as learning, assessment of learning.* Western and Northern Canadian Protocol for Collaboration in Education.

Retrieved from www.wncp.ca

Earl, L., Volante, L., & Katz, S. (2011). Unleashing the promise of assessment for learning. *Education Canada, 51*(3), 17-20.

EduGAINS. (2012). Adolescent literacy: Engaging research and teaching. Retrieved from www.edugains.ca/resourcesLIT/AdolescentLiteracy/AL_Resources/TalkingtoLearnALERT_8X11.pdf

EduPress. (n.d.). *Questions for the revised Bloom's taxonomy.* EduPress Inc. EP 729. Retrieved from www.edupressinc.com

Egan, K. (2010) *A brief guide to learning in depth.* The Imagination Education Research Group. Retrieved from www.sfu.ca/~egan/A%20Brief%20Guide%20to%20LiD.pdf

Eggen, P., & Kauchak, D. (2012). *Strategies and models for teachers: Teaching content and thinking skills.* Toronto, ON: Pearson.

Emerson, R. W. (1903). *The complete works (Vol. III).* Boston, MA: Houghton Mifflin.

Erickson, L. (1995). *Stirring the head, heart and soul.* Thousand Oaks, CA: Corwin Press.

Erickson, L. (2005). *Concept-based curriculum and instruction.* Thousand Oaks, CA: Corwin Press.

Erikson, J. (2011). How grading reform changed our school. *Educational Leadership, 69*(3), 67-70.

Estes, T. H., Mintz, S. L., & Gunter, M. A. (2011). *Instruction: A models approach*(6th ed.). Upper Saddle River, NJ: Pearson .

Expeditionary Learning. (2013). *Academic achievement.* Retrieved from http://elschools.org/our-results/academic-achievement

Field, E., & Kozak, S. (2011). Advancing integrated programs framework. *EASO Formal ED Committee Report.* Retrieved from www.esdcanada.ca/files/IP%20steering%20Advancing%20Integrated%20Programs%20Framework.pdf

Fisher, D., Frey, N., & Pumpian, I. (2011). No penalties for practice. *Educational Leadership, 69*(3), 46-51.

Fleming, N., & Mills, C. (1992). Not another inventory, rather a catalyst for reflection. *To Improve the Academy, 11*, 137.

Fogarty, R. (1991). *The mindful school: How to integrate the curricula.* Palantine, IL: Skylight.

Friesen, S., & Jardine, D. (2009), *21st Century Learning and Learners.* Retrieved from http://education.alberta.ca/media/1087278/wncp%2021st%20cent%20 learning%20(2).pdf

Fullan, M. (2013). *Stratosphere.* Toronto, ON: Pearson.

Galileo Educational Network. (2000-2013). *Discipline-based inquiry rubric.* Retrieved from www.galileo.org/research/publications/rubric.pdf

Gardner, H. (1983). *Frames of mind: The theory of multiple intelligences.* New York, NY: Basic Books.

Gipps, C. (1999). Sociocultural aspects of assessment. *Review of Research in Education, 24*, 375-392.

Goodrich, H. (1996/1997). Understanding rubrics. *Educational Leadership, 54*(4), 14-17.

Guskey, T. (2003). How classroom assessments improve learning. *Educational Leadership, 60*(5), 6-11.

Hargreaves, A., & Fullan, M. (2012). *Professional capital: Transforming teaching in every school.* Toronto, ON: Ontario Principal's Council.

Harlen, W. (2005). Teachers' summative practices and assessment for learning-tensions and synergies. *The Curriculum Journal, 16*(2), 207-223.

Harris, L. & Brown, G. (2009). The complexity of teachers' conceptions of assessment: Tensions between the needs of schools and students. *Assessment in Education: Principles, Policy & Practice, 16*(3), 365-381.

Harrison, B. (2012a, October 14). Mathematizing mathematics. *The Open Office.* [Web log message]. Retrieved from http://brian-harrison.net/2012/10/14/ mathematizing-mathematics

Harrison, A. (2012b, October 23). What can you see? *Expanding teaching, exploring technology* [Web log message]. Retrieved from http://techieang.

edublogs.org/2012/10

Harvey, L. (2004–2009). *Analytic quality glossary*. Quality Research International. Retrieved from www.qualityresearchinternational.com/glossary

Hattie, J. (2009). *Visible learning: A synthesis of over 800 meta-analyses relating to achievement*. New York, NY: Routledge.

Hattie, J. (2012). *Visible learning for teachers: Maximizing impact on learning*. New York, NY: Routledge.

Hattie, J., & Timperley, H. (2007). The power of feedback. *Review of Educational Research, Academic Research Library, 77*(1), 81–112.

Helm, J., Beneke, S., & Steinheimer, K. (2007). *Windows on learning: Documenting young children's work* (2nd ed.). New York, NY: Teachers College Press.

Hlebowitsh, P. (2005). *Designing the school curriculum*. Upper Saddle River, NJ: Pearson.

Horn, M. (2013). *Disrupting class: How disruptive innovation will change how the world learns*. Presentation at OERS (Ontario Education Research Symposium).

Huxley, A. (1970). *The perennial philosophy*. New York, NY: HarperCollins Publishers.

Inglis, L. & Miller, N. (2011). Problem-based instruction: Getting at the big ideas and developing learners. *Canadian Journal of Action Research, 12*(3), 6–12.

International Baccalaureate Organization. (2009). *Primary years programme: A basis for practice*. Wales: Cardiff House.

Jacobs, H. (Ed.). (1989). *Interdisciplinary curriculum: Design and implementation*. Alexandria, VA: Association for Supervision and Curriculum.

Jacobs, H. (Ed.). (2010). *Curriculum 21: Essential education for a changing world*. Alexandria VA: Association for Supervision and Curriculum Development.

Janks, H., Dixon, K., Ferreira, A., Granville, S., & Newfield, D. (2013). *Doing critical literacy: Texts and activities for students and teachers*. London, UK: Routledge.

Johnson, L., Smith, R., Smyth, J., & Varon, R. (2009). *Challenge-based learning: An approach for our time*. Austin, TX: The New Media Consortium.

Johnson, S. (2012). Day 47: Sarah Johnson, Teacher (Cougar Canyon Elementary): The global read aloud. *180 Days of Learning!* Retrieved from https://deltalearns.ca/180daysoflearning/2012/11/14/day-47-sarah-johnson-teacher-cougar-canyon-elementary

Joint Advisory Committee. (1993). *Principles for fair student assessment practices for education in Canada.* Centre for Research in Applied Measurement and Evaluation, University of Alberta, Edmonton, AB. Retrieved from http://www2.education.ualberta.ca/educ/psych/crame/files/eng_prin.pdf

Kanoid, T. (2011). *The five disciplines of PLC leaders.* Bloomington, IN: Solution Tree Press.

Kearns, L. (2011). High-stakes standardized testing and marginalized youth: An examination of the impact on those who fail. *Canadian Journal of Education, 34*(2), 112-130.

Kilpatrick, W. (1918). The project method. *Teachers College Record, 19,* 319-335.

King, A. (1995). Inquiring minds really do want to know: Using questioning to teach critical thinking. *Teaching of Psychology, 22*(14).

Klein, J. (1990). *Interdisciplinarity: History, theory and practice.* Detroit, MI: Wayne State University Press.

Kohlberg, L. (1981). *The philosophy of moral development.* San Francisco, CA: Harper & Row.

Krathwohl, D. (2002). Revising Bloom's taxonomy. *Theory into Practice, 41*(4), 212-218.

Krebs, D. (2011, November 2). Genius Hour. *Dare to Care.* [Web log message]. Retrieved from http://mrsdkrebs.edublogs.org/2011/11/02/genius-hour

Kuhlthau, C., Maniotes, L., & Caspari, A. (2007). *Guided inquiry: Learning in the 21st century.* Westport, CT: Greenwood Publishing Group Inc.

Leighton, J. P., Gokiert, R., Cor, M. K., & Heffernan, C. (2010). Teacher beliefs about the cognitive diagnostic information of classroom-versus large-scale tests: Implications for assessment literacy. *Assessment in Education: Principles, Policy & Practice, 17*(1), 7-21.

Levine, M. (2012). *Teach Your Children Well: Why Values and Coping Skills Matter More than Grades, Trophies or "Fat Envelopes.* New York, NY: HarperCollins.

Lew, J., & Hardt, M. (2011). *Controlling complexity: An introduction to question structure.* Burnaby, BC: Skillplan B.C. Construction Industry Skills Improvement Council. Retrieved from www.skillplan.ca/tools-and-publications

Literacy GAINS. (2013). Alert! Make room for students to pose and pursue questions. Retrieved from www.edugains.ca/resourcesLIT/AdolescentLiteracy/AL_Resources/Questioning ALERT_11X17.pdf

Littky, D. (2004). *The big picture.* Alexandria, VA: Association for Supervision and Curriculum Development.

Locke, J. (1693). *Some thoughts concerning education.* Retrieved from http://archive.org/details/13somethoughtsconoclockuoft

MacPhail, A., & Halbert, J. (2010). 'We had to do intelligent thinking during recent PE': Students' and teachers' experiences of assessment for learning in post-primary physical education. *Assessment in Education, 17*(1), 23-39.

Maiers, A. (2011, July). Guidelines of passion-based learning [Web log message]. Retrieved from www.angelamaiers.com/2011/07/guidelines-of-passion-based-learning.html

Maiers, A., & Sanvold, A. (2010). *The passion-driven classroom: A framework for teaching and learning.* Larchmount, NY: Eye on Education.

Manitoba Ministry of Education. (2006). *Grade 7 Social Studies: People and places in the world: A foundation for implementation.* Retrieved from www.edu.gov.mb.ca/k12/cur/socstud/foundation_gr7/index.html

Manitoba Ministry of Education. (2009). *Grades 9 to 12 mathematics: Manitoba curriculum framework for outcomes.* Retrieved from www.edu.gov.mb.ca/k12/cur/math/framework_9-12

Marsh, H. & Martin, A. (2011). Academic self-concept and academic achievement: Relations and causal ordering. *British Journal of Educational Psychology, 81,* 59-77. doi: 10.1348/000709910X503501

Martellacci, R. (2012, October 2). Canadian School Boards Association endorses the "Shifting minds: A 21st century vision of public education in Canada," document. *C21 Blog: Canadians for 21st Century Learning and Innovation.* Retrieved from www.c21canada.org/2012/10/02/canadian-school-boards-association-endorses-the-shifting-minds-a-21st-century-vision-of-public-education-in-canada-document

Martin, R. (2007). *The opposable mind: How successful leaders win through integrative thinking.* Boston, MA: Harvard Business School Press.

Marzano, R., & Heflebower, T. (2011). *Teaching and assessing 21st century skills.* Bloomington, IN: Marzano Research Laboratory.

Maslow, A. (1970). *Motivation and personality.* New York, NY: Harper & Row.

McDonald, H. (2012, July 9). One genius thing we did in our class this year. *Today is a great day for learning.* [Web log message]. Retrieved from http://hughtheteacher.wordpress.com/2012/07/09/1-genius-thing-we-did-in-our-class-this-year

McKenzie, J. (2005). *Learning to question to wonder to learn.* The FNO Press Bookstore. Retrieved from http://fno.org/qwl/qwl.html

McLaren, P. (1989). *Life in schools: An introduction to critical pedagogy in the foundations of education.* New York, NY: Longman.

McMillan, J. H., Hellsten, L., & Klinger, D. (2010). *Classroom assessment principles and practice for effective standards-based instruction.* Toronto, ON: Pearson.

McMurtry, A. (2011). The complexities of interdisciplinarity: Integrating two different perspectives on interdisciplinary research and education. *Complicity: An International Journal of Complexity and Education, 8,* 19-35.

Miller, L. (2005, June). Professional learning communities: Model for collaborative teaching or the latest bandwagon? *Professionally Speaking.* Retrieved from http://professionally-speaking.oct.ca/june_2005/plc.asp

Miller, J. (2007). *The holistic curriculum* (2nd ed.). Toronto, ON: University of Toronto Press Scholarly Publishing.

Milligan, A., & Wood, B. (2010). Conceptual understanding as transition points:

Making sense in a complex world. *Journal of Curriculum Studies, 42*(4) 487–501. doi: 10.1080/00220270903494287

MISA. (2012). Assessment and evaluation: Understanding learning skills and work habits videos. Retrieved from http://misalondon.ca/ae_01.html

Mishra, P., & Koehler, M. (2006). Technological pedagogical content knowledge: A new framework for teacher knowledge. *Teachers College Record, 108*(6), 1017–1054.

Naidu, S. (2008). Enabling time, pase, and place independence. In J. M. Spector, M. D. Merrill, J. J. G. Van Merriënboer, & M. P. Driscoll (Eds.). *Handbook of research on educational communications and technology* (3rd ed.) (pp. 259–268). New York, NY: Lawrence Erlbaum Associates.

Neal, M. (2012). Appreciative assessment: inquire! *Education Canada, 52*(5). Retrieved from http://www.cea-ace.ca/education-anada/article/appreciative-assessment-inquire

Nobori, M. (2012). A step-by-step guide to the best projects. *Edutopia.* Retrieved from www.edutopia.org/stw-project-based-learning-best-practices-guide

Nolen, S. B. (2011). The role of educational systems in the link between formative assessment and motivation: Theory into practice. *The College of Education and Human Ecology,* Ohio State University, 50, 319–326. doi: 19.1080/00405841.2011.60739

O'Brien, C. (2011, November/December). Sustainable happiness for teachers and students. *Canadian Teacher Magazine,* 18–19. Retrieved from www.sustainablehappiness.ca/wp-content/uploads/2011/11/CTMNovDecll-sustainable.pdf

O'Connor, K. (2011). *A repair kit for grading: 15 fixes for broken grades* (2nd ed.). Boston, MA: Pearson.

OECD (Organisation for Economic Cooperation and Development). (2011). *Education at a Glance 2011: OECD Indicators.* Retrieved from www.oecd.org/education/school/educationataglance2011oecdindicators.htm

Ontario Ministry of Education. (2000). *The Ontario curriculum, Grades 11 and 12:*

Social sciences and humanities. Retrieved from www.edu.gov.on.ca/eng/curriculum/secondary/sstudies1112curr.pdf

Ontario Ministry of Education. (2002). *The Ontario curriculum, Grades 11 and 12: Interdisciplinary studies.* Retrieved from www.edu.gov.on.ca/eng/curriculum/secondary/interdisciplinaryl112curr.pdf

Ontario Ministry of Education. (2004). *The Ontario curriculum: Social studies Grades 1-6; History and geography Grades 7 and 8.* Retrieved from www.edu.gov.on.ca/eng/curriculum/elementary/sstudies18curr.pdf

Ontario Ministry of Education. (2005a). *The Ontario curriculum, Grades 9 and 10: Canadian and world studies.* Retrieved from www.edu.gov.on.ca/eng/curriculum/secondary/canworld 910curr.pdf

Ontario Ministry of Education. (2005b). *The Ontario curriculum, Grades 11 and 12: Canadian and world studies.* Retrieved from www.edu.gov.on.ca/eng/curriculum/secondary/canworld1112curr.pdf

Ontario Ministry of Education. (2007). Student self-assessment. *The Literacy and Numeracy Secretariat Capacity Building Series.* Retrieved from www.edu.gov.on.ca/eng/literacynumeracy/inspire/research/StudentSelfAssessment.pdf

Ontario Ministry of Education. (2008a). *The Ontario curriculum: Grades 9 and 10: Science.* Retrieved from www.edu.gov.on.ca/eng/curriculum/secondary/science910_2008.pdf

Ontario Ministry of Education. (2008b). *The Ontario curriculum: Grades 11 and 12: Science.* Retrieved from www. edu.gov.on.ca/eng/curriculum/secondary/2009scienceli_12.pdf

Ontario Ministry of Education. (2010a). *Student success differentiated instruction educator's package.* Toronto, ON: Queen's Printer for Ontario. Retrieved from www.edugains.ca/resourcesDI/EducatorsPackages/DIEducatorsPackage2010/2010EducatorsGuide.pdf

Ontario Ministry of Education. (2010b). *Growing success: Assessment, evaluation and reporting, improving student learning.* Toronto, ON: Queen's Printer for Ontario. Retrieved from www.edu.gov.on.ca/eng/policyfunding/

growSuccess.pdf

Ontario Ministry of Education (2010c). *The Ontario curriculum: The arts.* Toronto, ON: Queen's Printer of Ontario.

Ontario Ministry of Education. (2010d). *Learning goals and success criteria: Assessment for learning video series viewing guide.* Retrieved from www.edugains.ca/resourcesAER/VideoLibrary/LearningGoalsSuccessCriteria/LearningGoalsSuccessCriteriaViewingGuide2011.pdf

Ontario Ministry of Education. (2011). *Learning for all: A guide to effective assessment and instruction for all students, kindergarten to Grade 12.* Retrieved from www.edu.gov.on.ca/eng/general/elemsec/speced/learningforall2011.pdf

Ontario Ministry of Education. (2013). *The Ontario curriculum: Social Studies, Grades 1 to 6; History and Geography, Grades 7 and 8.* Retrieved from www.edu.gov.on.ca/eng/curriculum/elementary/sshg18curr2013.pdf

Piaget, J. (1963). *The origins of intelligence in children.* New York, NY: Norton.

Pink, D. (2005). *A whole new mind.* New York, NY: Penguin.

Pink, D. (2009). *Drive: The surprising truth about what motivates us.* New York, NY: Riverhead Books.

Pink, D. (2011, July 18). The Genius Hour: How 60 minutes a week can electrify your job. *Daniel H. Pink* [Web log message]. Retrieved from www.danpink.com//2011/07/the-genius-hour-how-60-minutes-a-week-can-electrify-your-job

Pope, N., Green, S., Johnson, R., & Mitchell, M. (2009). Examining teacher ethical dilemmas in classroom assessment. *Teaching and Teacher Education, 25,* 778-782.

Popham, W. (1997). What's wrong-and what's right-with rubrics. *Educational Leadership, 55*(2), 72-75.

Popham, W. J. (2008). *Classroom assessment: What teachers need to know* (5th ed.). Boston, MA: Pearson.

Prensky, M. (2001). Digital natives, digital immigrants. *On the Horizon, 9*(5).

Retrieved from www.albertomattiacci.it/docs/did/Digital_Natives_Digital_Immigrants.pdf

Prensky, M. (2013). Our brains extended. *Educational Leadership, 70*(6), 22-27.

Pulfrey, C., Buchs, C., & Butera, F. (2011). Why grades engender performance-avoidance goals: The mediating role of autonomous motivation. *Journal of Educational Psychology, 103*(3), 683-700.

Quebec Ministry of Education. (2003). *Policy on the evaluation of learning.* Quebec: Government of Quebec. Retrieved from www.mels.gouv.qc.ca/lancement/pea/13-4602A.pdf

Quebec Ministry of Education. (2007). Integrative project. *Québec education program.* Retrieved from www.mels.gouv.qc.ca/sections/programmeFormation/secondaire2/medias/en/08-00749_Integrative Program.pdf

Ravitz, J. (2009). Introduction: Summarizing Findings and looking ahead to a new generation of PBL research. *Interdisciplinary Journal of Problem-Based Learning, 3*(1), Article 2.

Reeves, D. (2011). From differentiated instruction to differentiated assessment. *ASCD Express, 6*(20).

Rennie, L., Venville, G., & Wallace, J. (2012). *Knowledge that counts in a global community: Exploring the contribution of integrated curriculum.* London, UK: Routledge.

Reynolds, A. (2009). Why every student needs critical friends. *Educational Leadership, 67*(3), 54-57.

Reynolds, C. (2012, October 31). Why are schools brainwashing our children? *Maclean's.* Retrieved from http://www2.macleans.ca/2012/10/31/why-are-schools-brainwashing-our-children

Rogers, C. (1969). *Freedom to learn.* Columbus, OH: Charles Merrill.

Rolheiser, C., Bower, B., & Stevahn, L. (2000). *The portfolio organizer: Succeeding with portfolios in your classroom.* Alexandria VA: Association for Supervision and Curriculum.

Saskatchewan Ministry of Education. (2010). *Renewed curricula: Understanding outcomes.* Regina, SK: Author. Retrieved from www.education.gov.sk.ca

Schleicher, A. (2010, September). *Is the sky the limit to educational improvement?* Presented at the Education Summit, Toronto, ON.

Schön, D. (1983). *The reflective practitioner: How professionals think in action.* London, UK: Temple Smith.

Schwab, J. (1983). The practical 4: Something for curriculum professors to do. *Curriculum Inquiry, 13*(3), 239-265.

Schwartz, J. E. (2007). *Elementary mathematics pedagogical content knowledge: Powerful ideas for teachers,* Boston, MA: Allyn & Bacon.

Sewell, K. W. (2005). Constructivist trauma psychotherapy: A framework for healing. In D. Winter & L. Viney (Eds.), *Personal Construct Psychotherapy: Advances in Theory, Practice, and Research* (pp. 165-176). London, UK: Whurr.

Shepard, L. (2000). The role of assessment in a learning culture. *American Educational Research Association, 19*(7), 4-14.

Siwak, H. (2011, January 23). My students need me after all. *21 Century classroom: The Amaryllis.* [Web log message]. Retrieved from http://www.heidisiwak.com/2011/01/my-students-need-me-afterall.html

Skinner, B. F. (1954). The science of learning and the art of teaching. *Harvard Educational Review, 24,* 86-97.

Skinner, B. F. (1968). *The technology of teaching.* East Norwalk, CT: Appleton-Century-Crofts.

Small, G., & Vorgan, G. (2008). *iBrain: Surviving the technological alteration of the modern mind.* New York, NY: HarperCollins.

Smith, T. (2012). *Take one sheet and really get to know your pupils. Teacher Network: Resources, jobs and professional development for teachers.* [The Guardian Web log message]. Retrieved from www.guardian.co.uk/teacher-network/teacher-blog/2012/nov/28/school-personalised-learning-system-one-page-profile

Smith, E., & Tyler, R. (1942). *Appraising and recording student progress*. New York, NY: Harper & Brothers.

Sobel, D. (2004). *Place-based education: Connecting classrooms and communities*. Great Barrington, MA: Orion Society.

Sousa, D. A. (1998). The ramifications of brain research. *School Administrator, 55*(1), 22.

Southwick, S., & Charney, D. (2012). *Resilience: The science of mastering life's greatest challenges*. New York, NY: Cambridge University Press.

Steinberg, C. (2008). Assessment as an emotional practice. *English Teaching: Practice and Critique, 7*(3), 42-64.

Stephan, Y., Caudroit, J., Boiché, J., & Sarrazin, P. (2011). Predictors of situational disengagement in the academic setting: The contribution of grades, perceived competence, and academic motivation. *British Journal of Educational Psychology, 81,* 441-455. doi: 10.1348/000709910X522285

Sternberg, R. (1988). *The triarchic mind: A theory of human intelligence*. New York, NY: Viking.

Sternberg, R. (1997). *Thinking styles*. New York, NY: Cambridge University Press.

Taba, H. (1962). *Curriculum development: Theory and practice*. New York, NY: Harcourt Brace Jovanovich.

Tanner D., & Tanner, L. (1995). *Curriculum development* (3rd ed.). New York, NY: Macmillan.

Taylor, F. (1911). *The principles of scientific management*. Project Gutenberg eBook. Retrieved from www.gutenberg.org/catalog/world/readfile?pageno=1&fk_files=2268784

Thomas, D., & Seeley Brown, J. (2011). *A new culture of learning: Cultivating the imagination for a world of constant change*. CreateSpace.

Thorndike, E. L. (1911). *Education*. New York, NY: MacMillan.

Tierney, R., & Simon, M. (2004). What's still wrong with rubrics: Focusing on the consistency of performance criteria across scale levels. *Practical Assessment, Research & Evaluation, 9*(2).

Tierney, R., Simon, M., & Charland, J. (2011). Being fair: Teachers' interpretations of principles for standards-based grading. *The Educational Forum, 75*(3), 210-227.

Tomlinson, C. (2001). *How to differentiate instruction in mixed-ability classrooms.* Alexandra, VA: Association for Supervision and Curriculum.

Tomlinson, C., & Imbeau, M. (2010). *Leading and managing a differentiated classroom.* Alexandria, VA: Association for Supervision and Curriculum.

Tomlinson, C., Kaplan, S., Renzulli, J., Leppien, J., Purcell, J., Burns, D., Strickland, C., & Imbeau, M. (2009). *The parallel curriculum* (2nd ed.). Thousand Oaks, CA: Corwin Press.

Toronto District School Board. (n.d.). Equinox Holistic Alternative School. Retrieved from www.tdsb.on.ca/schools/index.asp?schno=5903

Tough, P. (2012). *How kids succeed: Grit, curiosity and the hidden power of character.* New York, NY: Hougton, Mifflin and Harcourt.

Truss, D. (2013, March 25). How do you teach digital literacy? *EDTECH: Focus on K-12.* Retrieved from www.edtech-magazine.com/k12/article/2013/03/how-do-you-teach-digital-literacy

21st Century Fluency Project. (2013). 21st Century Fluencies. Retrieved from http://fluency21.com/fluencies.html

Upitis, R. (2011). *Arts Education for the development of the whole child.* Prepared for the Elementary Teachers' Federation of Ontario, Canada. Retrieved from www.etfo.ca/Resources/ForTeachers/Documents/Arts%20Education%20for%20the%20Development%20of%20the%20Whole%20Child.pdf

Van Zoost, S. (2012). realfriends: A student social action project. *Education Canada, 52*(1), 25-27.

Vars, G. (2001). On research, high stakes testing and core philosophy. *Core Teacher, 50*(1), 3.

Vega, V. (2012a). A research-based approach to arts integration. *Edutopia.* Retrieved from www.edutopia.org/stw-arts-integration-research

Vega, V. (2012b). Research-supported PBL practices that work. *Edutopia.* Retrieved from www.edutopia.org/stw-project-based-learning-best-practices-new-tech-research#graph

Vega, V. (2012c). Social and emotional learning research: Annotated bibliography. *Edutopia.* Retrieved from www.edutopia.org/sel-research-annotated-bibliography

Vega, V., & Terada, Y. (2012). Research supports global curriculum. *Edutopia.* Retrieved from www.edutopia.org/stw-global-competence-research

Vickers, B. (Ed.). (2002). *Francis Bacon: The major works.* Oxford, UK: Oxford University Press.

Vygotsky, L. (1978). *Mind in society: The development of higher mental processes.* Cambridge, MA: Harvard University Press.

Walker, E., McFadden, L., Tabone, C., & Finkelstein, M. (2011). Contribution of drama-based strategies. *Youth Theatre Journal, 25*(1), 3-15.

Walsh K. (2012, August 19). Tailoring the classroom of the future with the fabric of the past. *Emerging EdTech* [Web log message]. Retrieved from www.emergingedtech.com/2012/08/tailoring-the-classroom-of-the-future-with-the-fabric-of-the-past

Washburn, K. (2010). *The architecture of learning: Designing instruction for the learning brain.* Pelham, AL: Clerestory Press.

Washburn, K. (2012, November 21). Inscribe upon my wrist: Emphasizing effort to empower learning. *Smart Blog on Education* [Web log message]. Retrieved from http://smartblogs.com/education/2012/11/21/inscribed-upon-my-wrist-emphasizing-effort-empower-learning-kevin-washburn

Wesson, K. (2012, April). From STEM to ST^{2}REAM: Reassembling our disaggregated curriculum. *Education Week.* Retrieved from www.edweek.org/ew/articles/2012/10/24/09wesson.h32.html

Whitehead, J. (2012). Educational research for social change with living educational theories. *Educational Research for Social Change (ERSC), 1*(1), 5-21.

Wiggins, G., & McTighe, J. (2005). *Understanding by design.* Alexandria, VA: Association for Supervision and Curriculum Development.

Willingham, D. (2004). Reframing the mind: Howard Gardner and multiple intelligences. *Education Next*. Retrieved from http://educationnext.org/reframing-the-mind

Willis, J. (2006). *Research-based strategies to ignite student learning*. Alexandria, VA: Association for Supervision and Curriculum.

Willis, J. (2008). *How your child learns best*. Naperville, IL: Sourcebooks Inc.

Willis, J. (2011, June). Understanding how the brain thinks. *Edutopia*. Retrieved from www.edutopia.org/blog/understanding-how-the-brain-thinks-judy-willis-md

Willms, D., Friesen, S., & Milton, P. (2009). *What did you do in school today? Transforming classrooms through social, academic and intellectual engagement*. Toronto, ON: Canadian Education Association.

Willms, J., & Friesen, S. (2012). The relationship between instructional challenge and student engagement: What did you do in school today? *Research Series Report Number Two*. Toronto, ON: Canadian Education Association.

Winger, T. (2009). Grading what matters. *Educational Leadership, 67*(3), 73-75.

Wolpert-Gawron, H. (2012, April 26). Kids speak out on student engagement. *Edutopia*. Retrieved from www.edutopia.org/blog/student-engagement-stories-heather-wolpert-gawron

Worth, K., & Grollman, S. (2003). *Worms, shadows, and whirlpools: Science in the early childhood classroom*. Portsmouth, NH: Heinemann.

Wraga, W. (2009). Toward a connected core curriculum. *Educational Viewpoints, 51*(2), 11-31.

Wright, S. (2012, November 8). I used to think . . . Powerful learning practice [Web log message]. Retrieved from http://plpnetwork.com/2012/11/08/think

Wyatt-Smith, C., Klenowski, V., & Gunn, S. (2010). The centrality of teachers' judgment practice in assessment: A study of standards in moderation. *Assessment in Education: Principles, Policy & Practice, 17*(1), 59-75.

York Region District School Board. (n.d.). Character matters. Retrieved from www.yrdsb.edu.on.ca/page.cfm?id=ICM 200203

Zvi, G. (2012). Genius Hour: Exploring your passion. *Innovative Learning Design.* [Web log message]. Retrieved from http://innovativelearningdesigns.ca/ wordpress/?p=740by

찾아보기

저자 소개

Susan M. Drake
중학교 교사로 시작하여 캐나다 Brock 대학교에서 교수로서 교육개혁이나 교육과정
혁신에 관심을 가지면서 통합교육과정 분야 연구자로 활동하였다. 온타리오주 교육
과정 개발에 참여하였고 홍콩, 한국 등 아시아 지역 국가에서 통합교육과정을 매개로
활동하였다. 『Integrated Curriculum』(2000), 『Creating Standards-Based Integrated
Curriculum: The Common Core State Standards Edition, 3rd ed』(2012), 『Meeting
Standards Through Integrated Curriculum』(2004) 등 다수의 저서가 있다.
sdrake@brocku.ca

Joanne L. Reid
Susan과 같은 중학교에서 교사로 지냈고, 학교 차원과 교실 차원에서 통합교육과정을
실행하는 교사이다.

Wendy Kolohon
온타리오주 교육과정 개발자로 참여하며 Susan과 친분을 쌓았다. 학교 차원과 교실
차원에서 통합교육과정을 실행하는 교사이며, 주 교육부 차원에서 통합교육과정 개발
에 관심을 가지고 참여하는 연구자이다.

역자 소개

정광순(Jeong Gwangsoon)

1989년부터 초등학교 교실에서 교사로서 가르치기 시작하였다. 2010년 이후부터는 한국교원대학교에서 교수로서 예비교사 교육자로 활동 중이다. 주로 통합교과, 교육과정 기반 수업 설계, 교사의 교육과정 문해력 등을 강의하고, 한국통합교육과정학회, 한국교육과정학회, 한국초등교육학회를 중심으로 연구 활동 중이며, 국가수준 초등통합교과 교육과정 및 교과용 도서 개발에 참여해 왔다. 『교육과정에 기초한 초등통합교과 지도』(양서원, 2010) 등의 저서와 『가르친다는 것의 의미』(공역, 학지사, 2012) 등의 역서가 있다.

jks5133@knue.ac.kr

조상연(Jo Sangyeon)

초등학교 교사로 오랫동안 근무했으며 현재 춘천교육대학교 교육학과 교수로 재직 중이다. 통합교육과정, 초등학교 통합교과, 초등학교 교육과정을 주로 연구하고 있으며 한국통합교육과정학회, 한국초등교육학회를 중심으로 학술 활동 중이다. 국가수준 초등통합교과 교육과정 및 교과용 도서 개발에 참여해 왔고 『초등학교 통합교과의 성격』(공저, 학지사, 2018) 등의 저서와 『다중 지능 활용 통합교육과정 만들기』(공역, 교육과학사, 2014) 등의 역서가 있다.

choo90@cnue.ac.kr

김세영(Kim Seyoung)

초등학교 교사로 아이들과 함께했으며 현재 한국교원대학교 교육정책대학원 교수로 있다. 교육과정 문해력, 교사교육과정, 현장중심교육과정 정책 등에 관심이 있으며, 한국통합교육과정학회, 한국교육과정학회를 중심으로 연구 활동 중이다. 국가수준 초등통합교과 교육과정 및 교과용 도서 개발에 참여하였고 『꼬마시민을 기르는 통합교육과정』(공저, 살림터, 2021) 등의 저서와 『교사, 교육과정을 만나다』(공역, 강현출판사, 2014) 등의 역서가 있다.

shenge@knue.ac.kr

교실에서 교사가 개발하는
통합교육과정으로 수업과 평가 엮기

Interweaving Curriculum and Classroom Assessment:
Engaging the 21st-Century Learner

2022년 12월 15일 1판 1쇄 인쇄
2022년 12월 20일 1판 1쇄 발행

지은이 • Susan M. Drake · Joanne L. Reid · Wendy Kolohon
옮긴이 • 정광순 · 조상연 · 김세영
펴낸이 • 김진환
펴낸곳 • ㈜ 학지사

　　　　　04031 서울특별시 마포구 양화로 15길 20 마인드월드빌딩
대표전화 • 02-330-5114　　팩스 • 02-324-2345
등록번호 • 제313-2006-000265호

홈페이지 • http://www.hakjisa.co.kr
페이스북 • https://www.facebook.com/hakjisabook

ISBN 978-89-997-2825-9　93370

정가 18,000원

출판미디어기업 학지사

간호보건의학출판 **학지사메디컬** www.hakjisamd.co.kr
심리검사연구소 **인싸이트** www.inpsyt.co.kr
학술논문서비스 **뉴논문** www.newnonmun.com
교육연수원 **카운피아** www.counpia.com